SUFFOLK RECORDS SOCIETY

SUFFOLK CHARTERS

General Editor   R. Allen Brown

IV

STOKE BY CLARE CARTULARY

BL Cotton Appx.xxi

Part One

SUFFOLK RECORDS SOCIETY

SUFFOLK CHARTERS

General Editor
Professor R. Allen Brown

External Advisors

Professor G. W. S. Barrow   Dr Marjorie Chibnall
Dr Pierre Chaplais   Miss Kathleen Major

Secretary
Donald Desborough

STOKE BY CLARE CARTULARY

BL Cotton Appx. xxi

PART ONE

Edited by Christopher Harper-Bill and Richard Mortimer

Published by Boydell & Brewer Ltd
for the Suffolk Records Society

© C. Harper-Bill & R. Mortimer 1982

Published for the Suffolk Records Society by
Boydell & Brewer Ltd
PO Box 9, Woodbridge, Suffolk IP12 3DF

First published 1982

British Library Cataloguing in Publication Data
Stoke by Clare cartulary. — (Suffolk charters; 4)
   1. Stoke by Clare Priory   2. Church lands —
   England — Stoke by Clare   3. Cartularies
   I. Harper-Bill, Christopher   II. Mortimer, Richard
   III. British Library. Manuscript. Cotton Appx.xxi
   IV. Suffolk Records Society   V. Series
   333.3'22'0942646   BX2596.S/

ISBN 0 85115 165 5

For
Professor Rosalind Hill

Printed by Nene Litho
Bound by Woolnough Bookbinding
Wellingborough, Northants.

Contents

General Editor's Preface

The present volume containing the first part of the cartulary of Stoke by Clare is the fourth volume of *Suffolk Charters*, the special series put out by the Suffolk Records Society. It is intended that the remainder of Stoke by Clare, together with the Introduction and Index to the whole, will be contained in the next two volumes (for 1983-4) of the series. Our special thanks are due to Drs Christopher Harper-Bill and Richard Mortimer, the joint editors, whose devotion and indefatigable labours will thus shortly have produced all our first six volumes, and without whom there would therefore be as yet no *Suffolk Charters*. Our thanks are also very much due to the British Academy for a second generous grant which has enabled the series to stay solvent. Nevertheless it is important that we should stand financially on our own feet in our undertaking to print all the abundant charter material for Suffolk, including Bury St Edmunds, and to that end we still need more subscribers. We urge those who use this volume, and have not already done so, to take out subscriptions, which will both ensure the continuance of the series and obtain for them very favourable rates. Full particulars may be obtained from the publishers or from the general editor.

Stoke by Clare will be followed immediately by Sibton (Cistercian) and Eye (Benedictine). It is meanwhile a pleasure to begin what is likely to be a long series of expressions of thanks to Lord Iveagh for generous access to the collections of Suffolk deeds at Elveden. The general editor in particular must continue to thank Richard Barber and the Boydell Press for skilful services in producing volumes, and our external advisers for their unfailing scholarly advice on every occasion.

Thelnetham, Suffolk   *R. Allen Brown*
15 November, 1981

Preface

Our thanks are due to the Trustees of the British Library for permission to print the cartulary, BL Cotton Appx. xxi, and to the authorities of the Bodleian Library for permission to print no. 348. Crown Copyright material appears by permission of the Controller of H. M. Stationery Office.

As in the preparation of previous volumes in the series, we have incurred many obligations. Professor Allen Brown has once more exceeded any reasonable expectation of help from a general editor, and Mrs Vivien Brown has been a tower of strength. Dr Marjorie Chibnall and Miss Kathleen Major have again been remarkably generous with their time and attention, and Professor C. R. Cheney provided much help with the archiepiscopal charters. Dr Robert Bearman generously provided information to clarify no. 69.

Our thanks are due to Frances and Helga, for many things. The dedication is an expression of love and respect for a great scholar, who has always been ready with help and advice, and whose own published work is an inspiration.

October 1981   *Christopher Harper-Bill*
                                                        Richard Mortimer

Editorial Method

The method of editing is, in essentials, that adopted in the previous volumes of this series, except that in this MS it is usually possible to distinguish between *c* and *t*. Punctuation and capitalisation have been modernised throughout. Editorial emendations to the text are indicated in footnotes, except in the case of additions to remedy obvious scribal omissions, which are placed in brackets. Marginal notes in the MS are omitted, unless they provide information not included in the text of the charters.

In the case of the fines, and of the one original charter which has been located, the text of the original has been printed. The few documents which can be dated post-1250 have normally been calendared in such a way as to provide all the information included in the text, but avoiding repetition.

Numeration: the entries in the cartulary are numbered in Roman numerals. For nos 1-200, the arabic numbers in this edition correspond to the Roman numbers of the MS, except that those few entries in the MS which are not numbered, because marked *vacat* or *nullius utilitatis*, or because they are later editions, are here given *a* numbers. From no. 200, a 'long hundred' is used (200 = cll, 219 = cllxix, 220 = cc, etc.), and the numeration of this edition therefore ceases to correspond with that of the MS; henceforth the Roman numeration is given at the beginning of the rubric.

Foliation: the first twelve folios of the MS contain a list of contents, which is not printed here. There are three attempts at foliation. The first, in arabic numerals, proceeds from fo 1r and numbers blank folios; this foliation has been consistently crossed through, but in fact is logical and has been followed in this edition. For the first sixty folios consistently, and thereafter sporadically, there is a second foliation in Roman numerals; this ignores the list of contents, so that fo 13r is numbered fo 1r, but it numbers blank folios. A third foliation, in arabic numerals, starts from fo 61, and ignores all blank folios.

ABBREVIATIONS

BL	British Library.
Bk Fees	*Liber Feodorum: the Book of Fees commonly called Testa de Nevill*, ed. H. C. Maxwell-Lyte, 3 vols, London 1920-31.
Bk Seals	*Sir Christopher Hatton's Book of Seals*, ed. L. C. Loyd and D. M. Stenton, Oxford 1950.
BRUO	*Biographical Register of the University of Oxford to A.D. 1500*, ed. A. B. Emden, Oxford 1957-59.
CChR	*Calendar of Charter Rolls*, 6 vols, London 1903 etc.
CCR	*Calendar of Close Rolls*, 67 vols, London 1902 etc.
C Inq PM	*Calendar of Inquisitions Post Mortem*, 16 vols, London 1917 etc.
C Pap Reg	*Calendar of Entries in the Papal Registers relating to Great Britain . . .* , 14 vols, London 1901 etc.
CPR	*Calendar of Patent Rolls*, 60 vols, London 1901 etc.
CRR	*Curia Regis Rolls*, 16 vols, London 1923 etc.
CYS	Canterbury and York Society.
Clerkenwell Cart	*Cartulary of St Mary Clerkenwell*, ed. W. O. Hassall, Camden Third Series, vol. lxxi, London 1949.
Colne Cart	*Cartularium Prioratus de Colne*, ed. J. L. Fisher, Essex Archaeological Society Occasional Publications i, 1946.
DB	*Liber censualis vocatus Domesday Book*, ed. A. Farley, 2 vols, 'Record Commission', London 1783.
DNB	*Dictionary of National Biography to 1900*, ed. L. Stephen and S. Lee, 22 vols, 1885 etc.
Essex Fines	*Feet of Fines for Essex*, i, ed. R. E. G. and E. F. Kirk, Essex Archaeological Society, Colchester 1899.
Exc e R Fin	*Excerpta e Rotulis Finium*, ed. C. Roberts, 2 vols, Record Commission, London 1835-36.
Fasti	*John Le Neve, Fasti Ecclesiae Anglicanae 1066-1300*, ed. D. E. Greenway, London 1968 proceeding.
GEC	*The Complete Peerage of England . . .*, ed. Vicary Gibbs *et al.*, 13 vols, London 1910 etc.
Heads	*The Heads of Religious Houses, England and Wales, 940-1216*, ed. D. Knowles, C. N. L. Brooke and V. London, Cambridge 1972.
Kalendar	*The Kalendar of Abbot Samson of Bury St Edmunds and Related Documents*, ed. R. H. C. Davis, Camden Third Series, vol. lxxxiv, London 1954.
LCGF	*The Letters and Charters of Gilbert Foliot*, ed. A. Morey and C. N. L. Brooke, Cambridge 1967.
Leiston Cart	*The Leiston Cartulary and Butley Charters* (Suffolk Charters i), ed. R. C. Mortimer, Ipswich 1979.
Monasticon	*Monasticon Anglicanum* of William Dugdale, ed. John Caley *et al.*, London 1817-30, 6 vols in 8 parts.
n.s.	New series.
o.s.	Old series.

PBKJ	*Pleas Before the King or his Justices 1198-1212,* ed. D. M. Stenton, Selden Society, 4 vols, London 1948 etc.
PR	Pipe Roll.
PRO	Public Record Office.
PR Soc	Pipe Roll Society.
Red Bk Exchq	*The Red Book of the Exchequer,* ed. Hubert Hall, Rolls Series, London 1896.
Regesta	*Regesta Regum Anglo-Normannorum,* vol. i, ed. H. W. C. Davis, vol. ii, ed. C. Johnson and H. A. Cronne, vol. iii, ed. H. A. Cronne and R. H. C. Davis, Oxford 1913-68.
R Litt Claus	*Rotuli Litterarum Clausarum,* ed. T. D. Hardy, 2 vols, Record Commission, London 1833.
R Obl et Fin	*Rotuli de Oblatis et Finibus,* ed. T. D. Hardy, Record Commission, London 1835.
Taxatio	*Taxatio Ecclesiastica Angliae et Walliae auctoritate P. Nicholai IV,* Record Commission, London 1802.
VCH	*Victoria County History.*
VE	*Valor Ecclesiasticus,* ed. J. Caley and J. Hunter, 6 vols, Record Commission, London 1810 etc.

BIBLIOGRAPHY

Works to which more than occasional reference is made are listed below. They are cited in the notes by the author's name, or where necessary, by author's name and abbreviated title.

Blomefield, F. and Parkin, C. *An Essay towards a Topographical History of the County of Norfolk,* 11 vols, London 1805-10.

Butler, H. E. *The Chronicle of Jocelin of Brakelond,* London 1949.

Cheney, C. R. *English Bishops' Chanceries 1100-1250,* Manchester 1950.

Cheney, C. R. and M. G. *The Letters of Pope Innocent III: a Calendar,* Oxford 1967.

Clay, R. M. *Medieval Hospitals of England,* London 1909.

Davis, G. R. C. *Medieval Cartularies of Great Britain,* London 1958.

Dodwell, B. *Feet of Fines for the County of Norfolk (1198-1202),* PR Soc n.s. xxvii, 1950 *(Fines i).*

Dodwell, B. *Feet of Fines for the County of Norfolk (1202-15) and of Suffolk (1199-1214),* PR Soc n.s. xxxii, 1958 *(Fines ii).*

Dodwell, B. *The Charters of Norwich Cathedral Priory, i,* PR Soc n.s. xl, 1974.

Douglas, D. C. *Feudal Documents from the Abbey of Bury St Edmunds,* British Academy, Records of the Social and Economic History of England and Wales viii, 1932.

Farrer, W. *Honours and Knights' Fees,* 3 vols, London 1923-25.

Knowles, D. and Hadcock, R. N. *Medieval Religious Houses, England and Wales,* second edition, London 1971.

Major, K. *Acta Stephani Langton, Cantuariensis Archiepiscopi A.D. 1207-1228*, CYS, 1, 1950.

Morgan, M. *The English Lands of the Abbey of Bec*, Oxford 1946.

Palgrave, F. *Rotuli Curiae Regis*, Record Commission, London 1835.

Patterson, R. B. *Earldom of Gloucester Charters*, Oxford 1973.

Porée, A. A. *Histoire de l'Abbaye du Bec*, 2 vols, Evreux 1901.

Rye, W. *A Short Calendar of the Feet of Fines for Norfolk*, Norwich 1885.

Rye, W. *A Calendar of the Feet of Fines for Suffolk*, Ipswich 1900.

Saltman, A. *Theobald Archbishop of Canterbury*, London 1956.

Sanders, I. J. *English Baronies*, Oxford 1960.

Stenton, F. M. *The First Century of English Feudalism 1066-1166*, second ed., Oxford 1961.

Suckling, A. *The History and Antiquities of the County of Suffolk*, London 1846-48.

1. Confirmation by Henry II to the abbot and convent of Bec of all spiritual and temporal grants made to them, with grant of sake and soke, toll and team and infangentheof, and all other customs, liberties and quittances, free from pleas of shire and hundred, of murdrum and wapentake, from scutage and geld, from Danegeld and hidage, from assizes and castlework and bridgework, from fyrdwite and hangewite, from flamewite and wardpenny, from blodwite and averpenny, from fightwite and hundredpenny and tithingpenny, and free from all toll, passage, pontage, lastage and stallage, and from all secular and servile service and from all other secular customs, saving only justice of life and limb. 1165-83, probably 1173-75.

Fo 13r Confirmacio H(enrici) regis veteris de omnibus terris, hominibus et elemosinis donatis.

H(enricus) Dei gracia rex Anglie,[1] dux Norman(nie), Aquitan(ie) et comes Andegav(ie) archiepiscopis, episcopis, abbatibus, prioribus, comitibus, baronibus, iusticiariis, vicecomitibus et omnibus ministris et fidelibus suis, salutem. Sciatis me concessisse et presenti carta mea confirmasse abbati et monachis de Becco omnes donaciones terrarum et hominum et elemosinarum que eis facte sunt tam in ecclesiis quam in rebus et possessionibus mundanis. Quare volo et firmiter precipio quod predicti monachi et eorum ministri omnes possessiones suas (et) elemosinas habeant et teneant cum sacca et socca et tol et theam et infanguenethef et cum aliis omnibus libertatibus et consuetudinibus liberis suis et quietanciis suis, scilicet in bosco, in plano, in pratis et pasturis, in aquis et molendinis, in stangnis et vivariis, in mariscis et piscariis, in grangiis et virgultis, infra burgum et extra, in viis et semitis et in omnibus aliis locis et rebus aliis, solutas et liberas et quietas de syra et hondreda et placitis et querelis, de murdro et wapentac, de scutagiis et geldis, de danegeldis et hidagiis, de assisis et operacionibus castel-lorum et poncium, de ferdewita[2] et hanguewita, de flamewita et warpeni, de blodewita et avrepeni, de fictewita et hondredispeni et tethunpeni, et solutas de omni tholoneo et passagio et pontagio et lestagio et stallagio et de omni seculari servicio et opere servili et omni exaccione et de omnibus aliis occasionibus et consuetudinibus secularibus, excepta sola iusticia mortis et membrorum. Hec omnia concessi eis in perpetuam elemosinam pro Dei amore et pro anima H(enrici) regis et pro anima patris mei et matris mee imperatricis et puerorum et heredum meorum. Teste R(otrodo) archiepiscopo Rothom(agensi) et aliis.

1 *Sic* in MS.
2 MS serdewita.

Date: Rotrou was translated from the bishopric of Evreux in 1165 and died in November 1183. The substance of this charter is identical to that of Henry II inspected by his grandson (no. 4). If this is in fact a variant recension of the same charter, it can be dated 1173-75.

2. Confirmation by Richard I of his father's charter for the abbey of Bec (no. 1), and grant of exemption from various royal and ducal exactions. 5 September 1189.

1

Confirmacio regis Ricardi de eisdem.

R(icardus) Dei gracia rex Anglie,[1] dux Norm(annie) et Aquitan(ie) et comes Andeg(avie) archiepiscopis, episcopis, abbatibus, comitibus, baronibus, iusticiariis, vicecomitibus et omnibus ministris et fidelibus suis tocius Anglie et Normannie, salutem. Sciatis nos concessisse et presenti carta nostra confirmasse abbati et monachis de Becco omnes donaciones terrarum et hominum et elemosinarum que eis facte / *fo 13v* sunt tam in ecclesiis quam in aliis rebus et possessionibus mundanis, sicut dominus H(enricus) rex pater noster eisdem carta sua confirmavit. Quare volumus et firmiter precipimus quod predicti monachi et eorum ministri habeant et teneant omnes possessiones suas et elemosinas cum sacca et socca et tol et theam et infanguenethef et cum omnibus libertatibus et liberis consuetudinibus et quietanciis suis, scilicet in bosco et in plano, in pratis et pasturis, in aquis et molendinis, in stangnis et vivariis, in mariscis et piscariis, in grangiis et virgultis, infra burgum et extra, in viis et semitis et in omnibus aliis locis et rebus aliis, solutas liberas et quietas de syra et hondreda, de placitis et querelis, de murdro[2] et wapentac, de scutagiis et geldis, de danegeldis et hidagiis, de assisis et operacionibus castellorum et poncium, de leirwitt' et henguewitte et flameneswitt' et warpeni, de blodewite et averpeni, de fictewitt' et hondredispeni, et quietas ab omni toloneo et pasagio et pontagio et lestagio et de omni seculari servicio et opere servili et exaccione et de omnibus occasionibus et consuetudinibus secularibus, excepta sola iusticia mortis et membrorum. Hec omnia concessimus in perpetuam[3] et puram elemosinam pro Dei amore et pro anima H(enrici) regis patris mei et pro animabus omnium antecessorum et successorum nostrorum, sicut carta domini regis Henrici[4] patris nostri testatur. Testibus Baldwino archiepiscopo Cantuariensi et aliis. Datum die v Septembris apud Westmonasterium[5] primo anno regni nostri per manum Willelmi de Longocampo cancelarii nostri.

[1] *Sic* in MS.
[2] MS murda.
[3] MS imperpetuam.
[4] MS Hend'.
[5] MS Wastmonasterium.

3. Confirmation by King John of his father's charter for the abbey of Bec (no. 1), and grant of exemption from various royal and ducal exactions. 11 June 1199.

Confirmacio regis Iohannis de eisdem.

I[1](ohannes) Dei gracia rex Angl(ie), dux Norm(annie), Aquitan(ie), dominus Hibern(ie)[2] et comes Andeg(avie) archiepiscopis, episcopis, abbatibus, comitibus, baronibus, iusticiariis, vicecomitibus et omnibus ballivis et fidelibus suis, salutem. Sciatis nos concessisse et presenti carta nostra confirmasse abbati et monachis de Becco omnes donaciones terrarum et hominum et elemosinarum que eis facte sunt tam in ecclesiis quam in aliis rebus et possessionibus mundanis. Quare volumus et firmiter precipimus quod predicti monachi et eorum ministri habeant et teneant omnes possessiones et elemosinas suas cum socca et sacca et tol et theam et infanguenethef et cum omnibus libertatibus et consuetudinibus suis liberis et quietanciis suis, in bosco, in plano, in pratis et pasturis, in aquis et

2

molendinis, in stangnis et vivariis, in mariscis/ *fo 14r* et piscariis, in grangiis et virgultis, infra burgum et extra, in viis et semitis et in omnibus aliis locis et aliis rebus, solutas liberas et quietas de syra et hondredo, de placitis et querelis, de murdro[3] et wapentac, de scutagiis et geldis, de danegeldis et hidagiis, de assisis et operacionibus castellorum et poncium, de ferdewite et henguewite et de flemeneswit' et de warpeni et de avrepeni et de blodewitt' et de fictewitte et de hundredespeni et de theindinguepeni, et quietas de omni tholoneo et pasagio et pontagio et lestagio et stalagio et de omni servili servicio et omni exaccione et de omnibus aliis occasionibus et consuetudinibus secularibus, excepta sola iusticia mortis et membrorum. Hec omnia concessimus eis in perpetuam[4] elemosinam pro Dei amore et pro anima regis Henrici patris nostri et antecessorum nostrorum et pro salute nostra et successorum nostrorum, sicut carta Henrici regis patris nostri testatur. Testibus W(illelmo) Lond(oniensi episcopo) et aliis. Datum per manum H(uberti) Cantuariensis archiepiscopi cancellarii nostri apud Westmonasterium xi die Iunii anno regni nostri primo.

[1]   MS H.
[2]   MS rex Angl(ie), dux Norm(annie), dominus Hibern(ie), Aquitan(ie).
[3]   MS murda.
[4]   MS imperpetuam.

4. *Inspeximus* **and confirmation by Henry III of a charter of Henry II confirming the possessions of the abbey of Bec in Normandy and in England, and granting exemption from various royal and ducal exactions. Henry III also grants to the monks the chattels of any of their men who are fugitive or outlawed, or sentenced to loss of life or limb in the royal courts, and the amercements of any of their men amerced in the royal courts, saving to the king all fines made by their men with the king or his justices. 4 May 1253.**

Confirmacio regis Henrici de eisdem.
H(enricus) Dei gracia rex Angl(ie), dominus Hibern(ie), dux Norm(annie) et Aquitan(ie) et comes Andeg(avie) archiepiscopis, episcopis, abbatibus, prioribus, comitibus, baronibus, iusticiariis, forestariis, vicecomitibus, prepositis, ministris et ballivis et omnibus aliis suis fidelibus, salutem. Sciatis nos inspexisse cartam quam dominus H(enricus) quondam rex Anglie avus noster fecit abbati et monachis de Becco in hec verba: H(enricus) Dei gracia rex Anglie etc. archiepiscopis, episcopis, abbatibus, prioribus, comitibus, baronibus, iusticiariis, vicecomitibus et omnibus aliis ministris et fidelibus suis tocius Anglie et Normannie, salutem. Sciatis me concessisse et presenti carta confirmasse abbati et monachis de Becco omnes donaciones terrarum et hominum et elemosinarum que eis facte sunt tam in Normannia quam in Anglia, in ecclesiis et possessionibus mundanis et in aliis rebus. Quare volo et firmiter precipio quod predicti monachi homines suos et omnes possessiones et elemosinas habeant et teneant cum socca et sacca et infanguenethef et tol et theam et cum omnibus aliis libertatibus et liberis consuetudinibus et quietanciis suis, in bosco, in plano, in pratis et pasturis, in aquis et molendinis, in stangnis et vivariis, in mariscis et vivariis, in mariscis et piscariis,

3

in grangiis et virgultis, infra burgum et extra, in viis et semitis et in omnibus aliis/
fo 14v locis, solutas liberas et quietas de syra et hond(reda), de placitis et
querelis, de murdro et wapentac, de scutagiis, de geldis et danegeldis et hidagiis
et assisis et de operacionibus castellorum et poncium et vivariorum et fossatorum
et trenchiarum, et de ferdewitte[1] et henguewitte et de flamenswitt' et warpeni et
de auverepeni et de blodewitt' et de fictewitt' et de hundredepeni[2] et de
theindguepeni, et quietas de omni tholeno et pasagio et pontagio et lestagio et
stalagio et de omni seculari servicio et opere servili et exaccione et de omnibus
aliis occasionibus et consuetudinibus secularibus. Hec omnia concessi eis cum
murdro et morte hominis et plaga et mahemin' et sanguine et aqua et igne et
cum omnibus regiis libertatibus et consuetudinibus ad me pertinentibus in
perpetuam[3] elemosinam pro amore Dei et pro anima H(enrici) regis avi mei et
pro anima patris mei et matris mee imperatricis[4] et pro anima mea et puerorum
et heredum meorum. Hiis testibus R(otrodo) archiepiscopo Roth(o)m(agensi),
E.[5] episcopo Ebro(i)c(en)s(i) et aliis. Nos autem concessionem et confirmacionem predicte carte ratam habentes, eam pro nobis et heredibus nostris predictis
abbati et monachis concedimus et confirmamus (sicut) prefata carta[6] ipsius regis
H(enrici) quam inde habent testatur. Et ad declaracionem quarumdam liber-
tatum in eadem carta sub quadam generali clausula contentarum, concedimus eis
et hac carta nostra confirmamus pro nobis et heredibus nostris quod ipsi et
eorum successores imperpetuum habeant catella omnium hominum suorum qui
pro quocumque delicto fugitivi vel utlagati[7] seu iudicati fuerint ad mortem vel
ad membrorum perdicionem, sive sit in curia nostra sive in alia, quantum ad nos
et heredes nostros pertinet, et quod habeant amerciatam suam et[8] omnium
hominum suorum pro quacumque transgressione seu delicto amerciati fuerint
in curia nostra, sive fuerint amerciati coram nobis vel baronibus nostris de
scaccario sive coram iusticiariis nostris de banco sive coram iusticiariis nostris
itinerantibus ad communa placita vel ad placita foreste nostre, sive coram
iusticiariis nostris assignatis ad assisas capiendas vel gayollas deliberandas seu ad
quascumque inquisiciones faciendas, sive amerciati fuerint coram quibuscumque
aliis iusticiariis nostris vel vicecomitibus aut aliis ballivis nostris, salvis nobis et
heredibus nostris omnibus finibus quas homines predictorum monachorum ex
quacumque causa fecerint nobiscum vel cum quibuscumque iusticiariis aut aliis
ballivis nostris. Quare volumus et firmiter precipimus pro nobis et heredibus
nostris quod predicti /*fo 15r* abbas et monachi et eorum successores inperpetuum
habeant omnes libertates et quietancias predictas libere et quiete, bene et in
pace, in liberam et puram et perpetuam elemosinam pro salute anime mee et
animarum antecessorum et heredum meorum, et precipue pro salute anime
Ysabellis imperatricis et sororis nostre. Hiis testibus venerabili patre Wintoniensi
electo, domino I(ohanne) de Placeico comite de Warvic' et aliis. Datum per
manum nostram apud Westmonasterium quarto die Maii anno regni nostri xxxvii.

1 MS serdewitte.
2 MS henguewitt'.
3 MS imperpetuam.
4 MS imperatricis sororis mee.
5 MS R.; *cf.* witness list of the Charter Roll recension: Testibus Rotrodo archiepiscopo Rothomagensi, Egidio episcopo Ebroicensi, R. cancellario, Iohanne
   decano Saresburiensi, R. decano Ebroicensi, R. comite Leycestrie, R. de Cam-

villa, Simone de Thornebu, apud Kivilli. The *inspeximus* of Edward III, printed by Porée, has *R. Cantuarie* for *R. cancellario.*

6 MS prefatam cartam.
7 MS fugit' vel ullagat'.
8 MS *suam et* interlined.

Date: Henry II's charter may be dated 1173-75. Ralph de Warneville was Chancellor from 1173 to 1181, Richard of Dover was elected archbishop of Canterbury in June 1173. John of Oxford, dean of Salisbury, was consecrated as bishop of Norwich on 14 December 1175.
Printed: CChR, i, 430-1; Porée, ii, 575-7.

5. Confirmation by Henry II to the monks of Bec established at Stoke by Clare of the church of Woking, granted by Gilbert Fitz Richard, count of Brionne, the church of (Helions) Bumpstead, granted by William de Heliun, and the church of Barton Mills, granted by Roger Caperun, and of all other ecclesiastical and secular possessions. June 1183 – December 1188.

Confirmacio Henrici regis de ecclesia de Wocking' et de ecclesia de Bumested' et de ecclesia de Bertuna.
H(enricus) Dei gracia rex Angl(orum) et dux Norm(annorum) et Aquit(anorum) et comes And(egavorum) archiepiscopis, episcopis, abbatibus, comitibus, baronibus, iusticiariis, vicecomitibus et omnibus ministris et fidelibus suis tocius Anglie, salutem. Sciatis me concessisse et presenti carta confirmasse monachis de Becco qui sunt apud Stokes ecclesiam de Wocchinges cum omnibus pertinenciis suis, quam Gilebertus filius Ricardi comes Brionie[1] eis dedit et carta confirmavit, et ex dono Willelmi de Heliun ecclesiam de Bommsted' cum omnibus pertinenciis suis, (et) ex dono Rogeri Caperun ecclesiam de Bertona cum omnibus pertinenciis suis. Quare volo et firmiter precipio quod predicti monachi habeant et teneant prefatas ecclesias et omnes donaciones terrarum et hominum et elemosinarum que eis facte sunt tam in ecclesiis quam in rebus et possessionibus secularibus bene et in pace, libere et quiete, in perpetuam elemosinam, pro Dei amore et pro salute mea et pro anima H(enrici) regis avi mei et pro anima patris mei et matris mee imperatricis, et pro anima H(enrici) regis filii mei. Testibus Ricardo episcopo Wintoniensi, Ranulfo de Glanvilla, Saephero de Quenci et aliis.

1 MS final *e* interlined.

Date: after the death of the Young King in June 1183, and before the death of Richard of Ilchester, bishop of Winchester, on 22 December 1188.

6. Charter of Richard I, directed especially to all his ministers in whose territories the monks of Stoke by Clare have lands or possessions, ordering them to maintain and protect the monks and their possessions. They are to be exempt from toll

5

and all other customs, according to the terms of their charter, and they are not to be impleaded except before the king or his chief justiciar. 5 September 1189.

Carta regis Ricardi per quam manutenet et protegit omnes possessiones (et) terras monachorum de Stok' et facit eos liberos de tholoneo et de omnibus aliis consuetudinibus, et quod non plac(entur) nisi coram capitali iusticiario.

Ricardus Dei gracia rex Angl(orum), dux Norm(annorum) et Aquitan(orum), comes Andeg(avorum) archiepiscopis, episcopis, abbatibus, archidiaconis, comitibus, baronibus, iusticiariis, vicecomitibus et omnibus ballivis in quorum bailliis monachi de Becco qui sunt apud Stokes habent terras, res, redditus et tenementa, salutem. Precipimus vobis quod custodiatis, manuteneatis, protegatis predictos monachos et omnes res et possessiones suas sicut res nostras proprias, ne aliquam iniuriam vel molestiam aut contumeliam eis vel rebus suis aut hominibus eorum faciatis vel fieri permittatis, super forisfacturam nostram. Et si quis eis vel rebus suis super hoc forisfecerit, id sine dilacione / *fo 15v* emendari faciatis. Et sint liberi et quieti per totam terram nostram de omni theloneo et de omnibus aliis consuetudinibus, sicut carta eorum testatur. Et prohibemus ne ponantur in placitum nisi coram nobis vel capitali iusticiario nostro. Teste Willelmo de Longo Campo cancellario nostro v die Septembris apud Westmonasterium primo anno regni nostri.

7. Grant by Henry III to the monks of Stoke by Clare in perpetuity of a weekly market on Tuesdays, and of an annual fair of three days at the feast of the Nativity of St John the Baptist, providing that these are not to the detriment of neighbouring markets and fairs. 1247-6 June 1252.

Concessio et confirmacio regis H(enrici) de feria et mercato in Stok'.

Henricus Dei gracia rex Angl(ie), dominus Hybe(r)n(ie), dux Norm(annie), Aquitan(ie) et comes Andeg(avie) archiepiscopis, episcopis, abbatibus, prioribus, comitibus, baronibus, iusticiariis, vicecomitibus, prepositis, ministris et omnibus ballivis et fidelibus suis, salutem. Sciatis nos concessisse et hac carta nostra confirmasse priori et conventui de Stokes quod ipsi et successores sui inperpetuum habeant unum mercatum apud manerium suum de Stok' singulis septimanis per diem martis, et quod habeant ibidem unam feriam singulis annis per tres dies duraturam, videlicet in vigilia et in die et in crastino nativitatis Sancti Iohannis Baptiste, nisi mercatum illud et feria illa sint ad nocumentum vicinorum mercatorum et vicinarum feriarum. Quare volumus et firmiter precipimus pro nobis et heredibus nostris quod predicti prior et conventus et eorum successores inperpetuum habeant unum mercatum apud manerium suum de Stokes singulis septimanis per diem martis, et quod habeant ibidem unam feriam singulis annis per tres dies duraturam, videlicet in vigilia et in die et in crastino nativitatis Sancti Iohannis Baptiste, cum omnibus libertatibus et liberis consuetudinibus ad huiusmodi mercatum et feriam pertinentibus, nisi mercatum illud et feria illa sint ad nocumentum vicinorum mercatorum et vicinarum feriarum, sicut predictum est. Hiis testibus Iohanne Mancel preposito Beverl(aci), Roberto Passelewe archidiacono Lewensi, Paulino Peyur' et aliis.

Date: John Mansel became provost of Beverley in 1247 (*DNB, sub verba*); Robert Passelewe died on 6 June 1252 (*Fasti*, 1854 edn., i, 262).

8. Confirmation by King Stephen of the grant by Geoffrey son of Elinald to the monks of his manor of Fornham. June 1143-1149.

Confirmacio regis Stephani[1] de manerio de Fornham.

S(tephanus) rex Angl(orum) episcopo Norwicensi, comitibus, iusticiariis et vice-comitibus et baronibus, ministris et omnibus fidelibus suis Francis et Angl(is) de Norfolc(ia) et Sudfolc(ia), salutem. Sciatis quia inperpetuum concedo et confirmo illam donacionem quam Galfridus filius Elinaud' fecit Deo et ecclesie Sancti Iohannis Baptiste de Stokes et monachis ibidem Deo servientibus de manerio suo de Fornham et de eius pertinenciis. Quare volo et firmiter precipio quod ecclesia prefata et monachi teneant bene et in pace et libere et honorifice et quiete manerium illud cum omnibus ei pertinentibus tam in bosco quam in plano et omnibus aliis rebus, sicut Galfridus predictus illud eis dedit / *fo 16r* in elemosinam et carta sua confirmavit. Testibus H(ugone) abbate de Hulmo nepote meo et W(illelmo) de Ipra et aliis.

[1] MS Ricardi.

Date: the abbacy of Hugh, whose predecessor Daniel occurs in June 1143, and who himself became abbot of Chertsey between 1147 and 1149 (*Heads*, 68).

9. Writ of King Stephen to Gilbert earl of Hertford, instructing him that William de Gisney should hold his land at Haveringland and Whitwell as freely as did his father Roger in the time of William Rufus, and William himself did in the time of Henry I. 1138-52.

Carta regis Stephani[1] de terra Willelmi de Ginneio.

S(tephanus) rex Angl(orum) Gill(eberto) comiti Hertford(ie), salutem. Precipio quod iste Willelmus de Ginneio teneat totam terram suam de Haveringelandia et de Witewella cum omnibus eidem[2] terre pertinentibus ita bene et in pace et honorifice et libere sicut Rogerus de Ginneio pater suus tenuit tempore regis Willelmi blundi avunculi mei et ipse Willelmus post mortem patris sui tempore regis Henrici avunculi mei et die qua fuit vivus et mortuus, ne super hoc ponatur inde in plac(itum) versus aliquem de tam longa et antiqua teneura. Teste Ricardo de Canvilla apud Wodebrig'.

[1] MS Ricardi.   [2] MS eisdem.

Date: after the elevation of Gilbert de Clare to comital status, and before his death.

10. Final concord made in the king's court at Chelmsford before the itinerant justices named between Richard Guncelin and the prior of Stoke by Clare concerning fifteen acres of land in Toppesfield, which Richard recognises to be the right of the prior and convent, to be held of him and his heirs in perpetuity in free alms for a yearly rent of twelve pence and fourteen pence for scutage when taken. In return the prior has given Richard four marks of silver. 1 July 1240.

A: PRO, CP25(1)/54/41/656   B: no. 10   C: no. 12a

Finalis concordia coram iusticiariis domini regis apud Chelmereford' inter Ricardum Guncelin et priorem de Stok' de xv acris terre in Topesfeld'.
Hec est finalis concordia facta in curia domini regis apud Chelmereford in octavis Sancti Iohannis Baptiste anno regni regis Henrici filii regis Iohannis vicesimo quarto coram Willelmo de Ebor(aco) preposito Bever(laci), Henrico de Bathon(ia), Rogero de Thurkelby et Gilberto de Prestun' iusticiariis itinerantibus et aliis domini regis fidelibus tunc ibi presentibus inter Ricardum Guncelyn petentem et priorem de Stok' tenentem de quindecim acris terre cum pertinenciis in Thopesfeld', unde placitum fuit inter eos in eadem curia, scilicet quod predictus Ricardus recognovit predictam terram cum pertinenciis esse ius ipsius prioris et ecclesie sue predicte, habendam et tenendam eidem priori et successoribus suis et ecclesie predicte de predicto Ricardo et heredibus suis in liberam et perpetuam elemosinam inperpetuum, reddendo inde per annum duodecim denarios ad duos terminos, scilicet medietatem ad festum Sancti Michaelis et alteram medietatem ad Pascha, et ad scutagium domini regis quando evenerit quatuordecim denarios, sive fuerit ad plus sive ad minus, pro omni servicio et exaccione ad predictum Ricardum et heredes suos pertinente. Et idem Ricardus et heredes sui warantizabunt eidem priori et successoribus suis et ecclesie predicte totam predictam terram cum pertinenciis per predictum servicium contra omnes homines inperpetuum. Et pro hac recognicione, warrantia, fine et concordia idem prior dedit predicto Ricardo quatuor marcas argenti.

11. Final concord made in the king's court at Westminster before the justices named between John prior of Stoke by Clare and Adam de Crimplesham and Claricia his wife concerning forty six acres of land and four acres of meadow in Crimplesham, which Adam and Claricia recognise to be the right of the prior and convent of Stoke, held in free alms of their gift. In return the prior has received them and their heirs into the prayers and spiritual benefits of his church for ever. 14 April 1247.

A: PRO, CP25(1)/157/70/922   B: no. 11

Finalis concordia coram iusticiariis domini regis apud Westmonasterium inter Adam de Cremplisham et uxorem eius et priorem de Stok' de xl et vi acris terre.
Hec est finalis concordia facta in curia domini regis apud Westmonasterium a die Pasche in quindecim dies anno regni regis Henrici filii regis Iohannis trecesimo primo coram Henrico de Bathonia et Alano Delkadsand iusticiariis et aliis domini regis fidelibus tunc ibi presentibus / *fo 16v* inter Iohannem priorem de Stokes

querentem et Adam de Cremplesham et Clariciam uxorem eius inpedientem de quadraginta et sex acris terre et quatuor acris prati cum pertinenciis in Cremplesham, unde placitum warantie carte summonitum fuit inter eos in eadem curia, scilicet quod predicti Adam et Claricia recognoverunt predictam terram et pratum cum pertinenciis esse ius ipsius prioris et ecclesie sue de Stokes, ut illa que idem prior et ecclesia sua predicta habent de dono predictorum Ade et Claricie, habendam et tenendam eidem priori et successoribus suis et ecclesie sue predicte in puram et perpetuam elemosinam liberam et quietam ab omni seculari servicio et exaccione inperpetuum. Et predicti Adam et Claricia et heredes ipsius Claricie warantizabunt, adquietabunt et defendent eidem priori et successoribus suis et ecclesie sue predicte predictam terram et pratum cum pertinenciis sicut predictum est ut liberam, puram et perpetuam elemosinam suam contra omnes homines inperpetuum. Et idem prior recepit predictos Adam et Clariciam et heredes ipsius Claricie in singulis beneficiis et oracionibus que de cetero fient in ecclesia sua predicta inperpetuum.

12. Final concord made in the king's court at Westminster before the justices named between Gilbert Pecche and Eva his mother, by their attorney William de Horseheath, and John prior of Stoke by Clare concerning the common fishery in the waters of Birdbrook, wherein the prior quitclaims to Gilbert and Eva and the heirs of the former all his right, saving the common fishery in those parts of the vill where the land of the earl of Clare abuts on the said water. In return they have given the prior an unmewed sparrowhawk. 27 April 1250.

A: PRO, CP25(1)/56/57/1051   B: no. 12

Finalis concordia in curia regis apud Westmonasterium inter Gilbertum Peche et Evam matrem suam et priorem de Stok' de communa piscacione in aqua de Bridebroc.
Hec est finalis concordia facta in curia domini regis apud Westmonasterium a die Pasche in unum mensem anno regni regis Henrici filii regis Iohannis tricesimo quarto coram Rogero de Thurkelby, Roberto de Brus, Iohanne de Cobbeham et Alano de Wassand iusticiariis et aliis domini regis fidelibus tunc ibi presentibus inter Gilbertum Pecche et Evam matrem eius querentes per Willelmum de Horsete positum loco ipsorum Gilberti et Eve ad lucrandum vel perdendum, et Iohannem priorem de Stokes deforciantem, de communa piscaria quam idem Gilbertus et Eva clamabant habere in aqua de Bridebrok, et unde placitum fuit inter eos in eadem curia, scilicet quod predictus prior remisit et quietum clamavit de se et successoribus suis et ecclesia sua de Stokes predictis Gilberto et Eve et heredibus ipsius Gilberti totum ius et clameum quod habuit in predicta piscaria inperpetuum, salva predicto priori et successoribus suis et ecclesie sue predicte communa piscaria in predicta aqua in omnibus locis in eadem villa ubi terra comitis de Clara abuttat super predictam aquam. Et pro hac remissione, quietaclamacione, fine et concordia idem Gilbertus et Eva dederunt predicto priori unum spervarium sorum.

Dorse: Simon de Blaveny apponit clameum suum.

12a. No. 10 repeated.[1]
Margin: vacat.

[1] *Foliation:* Gilberto / *fo 17r* de Prestun'.

13. Final concord made in the king's court at Bishop's (now King's) Lynn before the itinerant justices named between John prior of Stoke by Clare, parson of Crimplesham, and Theodore de Crimplesham, whom Alice his mother vouched to warranty, concerning two hundred acres and a messuage in Crimplesham, which the prior recognised to be the right of Theodore, to be held in inheritance of the prior and his successors for an annual rent of twenty shillings. In return Theodore has given the prior a messuage in Crimplesham called *Tittestoft* to be held in free alms, and also five marks. 27 October 1234.

Finalis concordia facta in curia regis apud Len inter Theodorum de Cremplesham et priorem de Stok' de cc acris terre et uno mesuagio.
Hec est finalis concordia facta in curia domini regis apud Len die veneris proxima ante festum apostolorum Symonis et Iude anno regni regis Henrici filii Iohannis regis octavodecimo coram Thoma de Multon', Roberto de Lexenton', Olivero de Wallibus, Ada filio Willelmi et Roberto de Bello Campo iusticiariis itinerantibus et aliis domini regis fidelibus tunc ibi presentibus inter Iohannem priorem de Stok' personam ecclesie de Cremplesham petentem, et Theodorum de Cremplesham, quem Alicia mater eius vocavit ad warantum et qui ei warantizavit de ducentis acris terre et uno mesuagio cum pertinenciis in Cremplesham, et unde assisa summonita fuit inter eos in eadem curia ad recognoscendum utrum predicte ducente acre terre et mesuagium essent libera elemosina pertinens ad ecclesiam ipsius prioris in Cremplisham aut laicum feodum ipsius Theodori, scilicet quod predictus prior recognovit totam predictam terram et mesuagium cum pertinenciis esse ius ipsius Theodori, habendam et tenendam eidem Theodorico et heredibus suis de predicto priore et successoribus et ecclesia sua de Stok' inperpetuum, reddendo inde annuatim viginti solidos ad duos terminos, scilicet medietatem ad Pascha et aliam medietatem ad festum Sancti Michaelis, pro omni servicio et exaccione. Et pro hac recognicione, fine et concordia idem Theodorus dedit et concessit predicto priori unum mesuagium in Cremplesham quod vocatur Tittestoft, tenendum sibi et successoribus suis in liberam, puram et perpetuam elemosinam inperpetuum, et preterea idem Theodorus dedit predicto priori quinque marcas argenti.

Note: the original fine has not been located.

14. Final concord made in the king's court at the Old Temple before the king and the justices named between Arnulf de Mandeville and Richard prior of Stoke by Clare concerning the advowson of the church of (Steeple) Bumpstead, wherein Arnulf quitclaims all his right to the prior and his successors. In return the

prior and convent have received Arnulf into all the prayers and spiritual benefits of their church for ever. 25 April 1205.

A: PRO, CP25(1)/52/10/167   B: no. 14

Fo 17v Finalis concordia in curia domini regis apud vetus Templum inter Ernulfum de Mandevile et priorem de Stok' de advocacione ecclesie de Bumested'.
Hec est finalis concordia facta in curia domini regis apud vetus Templum a die Pasche in xv dies anno regni regis Iohannis vi coram ipso domino rege, G(alfrido) filio Petri, Simone de Patishill', Eustacio de Faucunberge, magistro Radulfo de Stokes, Iacobo de Poterne, Godefrido de Insula, Iohanne de Gestling', Ricardo de Mucegros, Osberto filio Hervei, Waltero de Creping' iusticiariis et aliis baronibus domini regis tunc ibi presentibus inter Ernulfum de Mandevile petentem et Ricardum priorem de Stok' tenentem de advocacione ecclesie de Bumstede, unde placitum fuit inter eos in prefata curia, scilicet quod predictus Ernulfus remisit et quietum clamavit predicto priori et successoribus suis et ecclesie Sancti Iohannis Baptiste de Stok' et monachis ibidem Deo servientibus totum ius et clameum quod habuit in predicta advocacione de se et heredibus suis inperpetuum. Et idem prior et conventus de Stok' receperunt eundem Ernulfum in singulis beneficiis et oracionibus que fiunt in ecclesia sua de Stok' inperpetuum.

15. Final concord made in the king's court at Bury St Edmunds before the itinerant justices named between the prior of Stoke by Clare and Robert de la Hese, concerning the advowson of the church of Barton Mills, wherein Robert quitclaims all his right to the prior and his successors. In return the prior and convent have received Robert and his successors into all the spiritual benefits of their church forever. 11 June 1219.

A: PRO, CP25(1)/212/6/73   B: no. 15

Finalis concordia in curia regis apud Sanctum Eadmundum inter Robertum de la Hese et priorem de Stok' de advocacione ecclesie de Berton'.
Hec est finalis concordia facta in curia domini regis apud Sanctum Eadmundum die martis proximo post octabas Sancte Trinitatis anno regni regis Henrici filii regis Iohannis tercio, coram Gaufrido de Boklande, Faukes de Breaut', Radulfo Gernun, Waltero de Verdun, Iordano de Saukevill', Simone de Insula, Ricardo de Seyng', Iohanne de Wurthestede iusticiariis itinerantibus et aliis fidelibus domini regis tunc ibi presentibus inter priorem de Stok' petentem et Robertum de la Hese deforciantem de advocacione ecclesie de Berton', unde assisa ultime presentacionis summonita fuit inter eos in eadem curia, scilicet quod idem Robertus pro salute anime sue et antecessorum et successorum suorum remisit et quietum clamavit de se et heredibus suis ipsi priori et successoribus suis inperpetuum totum ius quod habuit in prefata advocacione cum pertinenciis. Et pro hac quieta clamancia, fine et concordia idem prior et conventus eiusdem loci susceperunt eundem Robertum et omnes successores eius in omnia beneficia que fient in domo sua inperpetuum.

11

16. Final concord made in the king's court at Westminster before the justices named between Alan son of Picot and Hugh prior of Stoke by Clare, concerning seven acres of land and a messuage in Finchingfield and Bardfield, wherein Alan quitclaims to the prior and his successors all his right. In return the prior has given Alan half a mark. **29 October 1202.**

A: PRO, CP25(1)/52/6/69   B: no. 16

Finalis concordia in curia regis inter Alanum filium Pecot et priorem de Stok' de vii acris terre et uno mesuagio in Finchingefeld.

Hec est finalis concordia facta in curia domini regis apud Westmonasterium a die Sancti Michaelis in unum mensem anno regni regis Iohannis iiii coram G(odefrido) de Insula, Reginaldo de Cornhill', Waltero de Creping', Reginaldo de Argent' iusticiariis et aliis baronibus domini regis tunc ibi presentibus inter Alanum filium Picot petentem / *fo 18r* et Hugonem priorem de Stok' tenentem de vii acris terre et de uno mesuagio cum pertinenciis in Finchingefeld' et in Berdefeld, unde recognicio de morte antecessoris summonita fuit inter eos in prefata curia, scilicet quod predictus Alanus remisit et quietum clamavit predicto priori et successoribus suis totum ius et clameum quod habuit in predicta terra et in predicto mesuagio cum pertinenciis de se et heredibus suis inperpetuum. Et pro hac quieta clamacione et fine et concordia predictus prior dedit predicto Alano dimidiam marcam argenti.

17. Final concord made in the king's court at Westminster before the justices named, in the presence and with the consent of the bishop of London, between Walter son of Humphrey and Hugh prior of Stoke by Clare, concerning the church of Foxearth, wherein the prior quitclaims all his right to Walter and his successors, saving four marks yearly to be paid by the clerk to whom Walter and his successors grant the church. **28 January 1203.**

A: PRO, CP25(1)/52/9/136   B: no. 17

Finalis concordia in curia regis apud Westmonasterium inter Walterum filium Humfridi et priorem de Stok' de advocacione ecclesie de Foxherd'.

Hec est finalis concordia facta in curia domini regis apud Westmonasterium a die Sancti Yllarii in xv dies anno regni regis Iohannis iiii coram G(alfrido) filio Petri, Ricardo de Her(ierd), Simone de Pateshill', Eustachio de Facunberg', Iohanne de Gestling', Osberto filio Hervi, Godefrido de Insula, Waltero de Creping' iusticiariis et aliis baronibus domini regis ibidem tunc presentibus inter Walterum filium Humfridi petentem et Hugonem priorem de Stokes tenentem de advocacione ecclesie de Foxherde, unde placitum fuit inter eos in prefata curia, scilicet quod predictus prior recognovit advocacionem predicte ecclesie cum pertinenciis esse ius ipsius Walteri, et eam remisit et quietam clamavit predicto Waltero et heredibus suis de se et successoribus suis inperpetuum, salvis quatuor marcis ecclesie de Stokes quos clericus cui predictus Walterus vel heredes sui ecclesiam illam concesserint annuatim priori et monachis ecclesie de Stokes et eorum successoribus persolvet ad duos terminos anni, scilicet ad Pascha ii marcas et ad festum Sancti Michaelis ii marcas. Et sciendum quod clericus ille cui idem Walterus vel heredes sui ecclesiam illam concesserint faciet fidelitatem predicto priori et monachis ecclesie de Stokes et eorum successoribus de predictis iiii marcis reddendis. Et hec concordia facta fuit concessu et voluntate Willelmi episcopi London(iensis) et eo presente et predictum beneficium iiii marcarum concedente.

Margin: infra carta cccllvi.

18. Final concord made in the king's court at Westminster before the justices named between Hugh de Boughton and Basilia his wife and the prior of Stoke by Clare, concerning one carucate of land at Pitley, wherein Hugh and Basilia quit-claimed all right to the prior and his successors. In return the prior has given them one hundred shillings, and will pay twelve pence yearly. 16 April 1198.

A: PRO, CP25(1)/52/2/34   B: no. 18

Finalis concordia in curia regis apud Westmonasterium inter Hugonem de Bouton' et priorem de Stok' de i carucata terre in Pitelinge(hege).

Hec est finalis concordia facta in curia domini regis apud Westmonasterium die iovis proxima post xv dies Pasche anno regni regis Ricardi nono coram H(uberto) Cantuariensi archiepiscopo, Ricardo Eliensi archidiacono, magistro Thoma de Husseberne, Ricardo de Herierd, Osberto filio Hervei, Iohanne de Gestling' iusticiariis et aliis baronibus et fidelibus domini regis ibidem tunc presentibus inter Hugonem de Bouton' et Basilliam uxorem suam petentes per ipsum Hugonem positum loco suo ad lucrandum vel perdendum, et priorem de Stok' tenentem de i carucata terre cum pertinenciis in Pitelingehege, / *fo 18v* unde recognicio de morte antecessoris summonita fuit inter eos in prefata curia, scilicet quod predictus Hugo de Bouton' et Basillia uxor sua et heredes sui remiserunt et quietum clamaverunt priori de Stok' et successoribus suis totum ius et clameum suum quod habuerunt in predicta carucata terre cum pertinenciis in Pitelingeheg'. Et pro hac fine et concordia et quieto clamio predictus prior dedit predicto Hugoni et Basillie uxori sue centum solidos sterlingorum, et singulis annis dabit xii denarios predicto Hugoni et heredibus suis recipiendos super altare monasterii de Stok' in die nativitatis Sancti Iohannis Baptiste.

Printed: PR Soc, o.s., xxiii, no.144.

19. Final concord made in the king's court at Bury St Edmunds before the itinerant justices named between Ranulf parson of the church of Hundon on the one hand, and Hugh and Roger de Gardin', William Pollard, Reginald le Granger and Thurstan de Hundon on the other, concerning seventy four acres of land in Hundon. The latter parties recognise the messuage with its orchards, as held by

13

John son of Ailward the parson, together with the twenty acres of land nearest the messuage and half the meadow, to be the right of the said church. In return, Master Ranulf has quitclaimed to them all right in the remainder of the land. 11 April 1219.

A: PRO, CP25(1)/212/6/18   B: no. 19

Finalis concordia in curia regis apud Sanctum Eadmundum inter magistrum Radulfum personam ecclesie de Huneden' et socios suos et priorem de Stok' de lxx et quatuor acris terre in Huneden.[1]

Hec est finalis concordia facta in curia domini regis apud Sanctum Eadmundum die martis proxima post octabas Sancte Trinitatis anno regni regis Henrici filii regis Iohannis tercio coram Galfrido de Boklande, Faukes de Breaute, Radulfo Gernun, Waltero de Verdun, Iordano de Saukevill', Simone de Insula, Ricardo de Seyng', Iohanne de Wurthestede iusticiariis itinerantibus et aliis fidelibus domini regis tunc ibi presentibus inter magistrum Ranulfum personam ecclesie de Hunden' et Hugonem de Gardin' et Rogerum de Gardin' et Willelmum Pollard' et Reginaldum le Granger et Thurstanum de Huneden' de septuaginta et quatuor acris terre cum pertinenciis in Huneden', unde placitum fuit inter eos in eadem curia, scilicet quod predicti Hugo, Rogerus, Willelmus, Reginaldus et Thurstanus recognoverunt totum mesuagium cum pomeriis, sicut Iohannes filius Ailwardi persona eiusdem ecclesie tenuit et sicut tempore ipsius limitatum fuit, et preterea recognoverunt viginti acras terre de predicta terra propinquiores prefato mesuagio et medietatem tocius prati quod dictus Iohannes tenuit que iacet propinquior mesuagio predicto esse ius prefate ecclesie. Et pro hac recognicione, fine et concordia idem magister Ranulfus remisit et quietum clamavit pro se inperpetuum ipsis Hugoni, Rogero, Willelmo, Reginaldo et Thurstano et heredibus eorum inperpetuum totum ius et clameum quod habuit in residuo tocius prefate terre cum pertinenciis nomine prefate ecclesie.

[1] This rubric must result from a misreading of the fine by the scribe of the cartulary.

20. Final concord made in the king's court at Westminster before the justices named between Thurbern son of Aliva, Richilda his wife and John his son, and Hugh prior of Stoke by Clare, concerning twenty nine acres of land in Stoke. Thurbern, Richilda and John quitclaimed all right in the land to the prior and his successors. In return the prior has given John ten shillings, and will every Sunday for the duration of her life give Richilda a nun's corrody, three loaves called *sweinesloves* and three servants' loaves. 25 June 1198.

A: PRO, CP25(1)/212/1/47   B: no. 20

Finalis concordia apud Westmonasterium inter Thurbarium filium Alive et priorem de Stok'.

Hec est finalis concordia facta in curia domini regis apud Westmonasterium die mercurii proxima post festum Sancti Iohannis anno regni regis Ricardi ix coram domino H(uberto) Cantuariensi archiepiscopo, Ricardo Eliensi archidiacono, magistro Thoma de Husseburne, Willelmo de Warenn', / *fo 19r* Oseberto filio Hervei, Iohanne de Gestlinges iusticiariis et aliis baronibus et fidelibus domini regis ibidem tunc presentibus inter Thurbarnum filium Ailive et Rikildam uxorem suam et Iohannem filium suum petentes, et Hugonem priorem de Stokes tenentem, de ix viginti acris terre cum pertinenciis in Stokes, unde placitum fuit inter eos in prefata curia, scilicet quod predicti Thurbarnus et Rikilda uxor sua et Iohannes filius eorum remiserunt et quietum clamaverunt totum ius et clameum suum quod habuerunt in predictis novem viginti acris terre cum pertinenciis priori de Stokes et successoribus suis de se et heredibus suis inperpetuum. Et pro hoc fine et concordia et quieto clamio predictus prior dedit predicto Iohanni decem solidos, et Rikilde matri sue dabit singulis diebus dominicis in tota vita ipsius Rikilde i conredum moniale et tres panes, scilicet qui vocantur sweinesloves, et tres panes servientum.

Printed: PR Soc, o.s., xxiii, no.108.

21. Grant by Gilbert earl of Hertford and Clare in free alms to the monks of the church of Bures and confirmation, in the presence of Archbishop Theobald on the day of the dedication of the church of St Augustine at Stoke, of all the grants of his grandfather and father. 1139-43.

Donacio G(ilberti) filii Ricardi comitis Hertford' et Clar' de ecclesia de Burres et confirmacio ipsius de dono avi sui G(ilberti).

Notum sit omnibus sancte matris ecclesie filiis tam presentibus quam futuris G(ilbertum) filium Ricardi comitem Hertf(ordie) et Clare, consilio Dei et baronum suorum, dedisse monachis suis de Estokes pro anima avi sui G(ilberti) et patris sui R(icardi) et sua, set et pro animabus omnium amicorum suorum, ecclesiam de Buris in elemosinam libere inperpetuum possidendam et in subieccione omnium abbatum qui in ecclesia Beccensi preerunt, in terris et decimis et in omnibus rebus ad ipsam eandem ecclesiam iure ecclesiastico pertinentibus; et insuper in die dedicacionis ecclesie Sancti Augustini de Stokes omnes donaciones et elemosinas avi sui nobilis G(ilberti) et patris sui Ric(ardi) et suas predictis monachis magne sanctitatis et religionis viris impensas ore proprio confirmasse et manu sua cum candelabro super altare in presencia T(heobaldi) archiepiscopi cunctis sapientibus inposuisse, et hoc proprio sigillo suo cuncta predicta in quibuscumque rebus munivisse. Testes sunt huius rei Albericus comes cum Guillelmo fratre suo et Guillelmus archidiaconus de Norwico et barones ipsius comitis Clare, Adam filius Garini, Bald(winus) filus Gaufridi dapifer, Hamo Peccatum, Ricardus de la Mare, Robertus butillarius, set et alii plures. Hec omnia in tempore Roberti prioris Dei gracia facta sunt.

Date: Theobald was consecrated on 8 January 1139. Aubrey de Vere held the title of count of Guisnes from 1139 (Round, *Geoffrey de Mandeville*, 189). This grant was confirmed by Everard bishop of Norwich before 1143 (no.77).

22. Confirmation by Gilbert lord of Clare of the grants to the monks by Geoffrey son of Elinald in free alms of his land at Fornham and his houses in Clare, and of the land at Rede held of him by Brian; by Goismer of two thirds of his tithes at Chipley; by Walter de St German of all his tithe at Cavendish; by Osulf Maskerel of two thirds of his tithes at Cavendish; by Ralph de la Cressonière of two thirds of his tithes at Hawkedon and Kensings; by Robert Psalter of Edmer the villein of Hundon with all the land held by him of the lord's fee, with scrubland and meadow and fifteen acres of land in the same vill; by Richard de Rede of thirty acres in Rede; by Richard son of Hugh of two thirds of his tithes at Long Melford, Cowlinge and Needham, and of all his land at Brockley; and by Robert de Clopton of his tithe at Clopton. Probably 1136-41, but possibly shortly before 1117.

Fo 19v Confirmacio G(ilberti) comitis de Clar' de terra de Fornham et de multis aliis in ea contentis.

Gilbertus dominus de Clare omnibus hominibus ad quos presens scriptum pervenerit, salutem. Sciatis me concessisse et hac presenti carta mea confirmasse ecclesie Sancti Iohannis Baptiste de Stokes et monachis ibidem Deo servientibus illam donacionem quam Gaufridus filius Elinaudi eis dedit in puram et perpetuam elemosinam, scilicet terram suam de Fornam cum omnibus que ad eam pertinent, et mansuras suas de Clara, et terram suam de Reda quam Brien tenuit de eo; item ex dono Goismeri duas partes decimarum suarum in Chipeleia; ex dono Walteri de Sancto Germano totam decimam suam in Cavend(ish); ex dono Osulfi Maskerel duas partes decimarum suarum in eadem villa; ex dono Radulfi de la Chersunere duas partes decimarum suarum in Hauekesdune et in Chemesinges; ex dono Roberti Psalterium Edmarum villanum de Hunedene cum tota terra quam tenebat de feudo domini cum nemusculo et prato et xv acras terre in eadem villa; ex dono Ricardi de Rede xxx acras terre in eadem villa; ex dono Ricardi filii Hugonis duas partes decimacionis sue de Meleford et de Culinges et de Nedam, et totam terram suam de Brochole; ex dono Roberti de Cloptune decimam suam in eadem villa. Et ut hec donacio hominum meorum predictorum firma et stabilis inperpetuum permaneat, assensu et peticione ipsorum sicut dominus feudi huic scripto eorum sigillum meum apposui. Hii sunt testes Humfridus fillius Goismeri, Adam filius Warini, Albricus de Capeles et alii.

Date: it is likely that this is a charter of Gilbert, the fourth post-Conquest lord of Clare, before his elevation to the earldom of Hertford between 1138 and 1141; the land at Fornham was confirmed by King Stephen (no. 8), and the form of the document suggests the mid twelfth century. It is possible, however, that this is a charter of Gilbert the second lord, and founder of the priory; all three witnesses attest a charter which is undoubtedly his (no. 137. iv). Adam son of Warin, however, was still alive after 1139 (no. 21), and Humphrey son of Goismer occurs 1124-36 (no. 39).

23. Confirmation by Gilbert earl of Hertford of all the grants to the monks by his predecessors and his men; of all the tithe of his manors of Clare, Great Bardfield, Hundon, Desning, Cavenham, Crimplesham, Wereham, Barton Bendish and Beechamwell, and of the churches of those manors with their chapels and appurtenances; of all the tithe of his mills in the manor of Cavenham; of two wagonloads of wood daily from his wood of Great Bardfield for the monks' kitchen; of sufficient wood each year for the maintenance of three ploughs; of one oak from his wood of Hundon each year at Christmas to warm the monks; of the right of fishing in his fishpond at Cavenham for one day and two nights at the feast of the Nativity of St John the Baptist; of a buck from his park at Hundon, and of pannage for sixty pigs anywhere in his woods. 1138-43.

Confirmacio G(ilberti) comitis predictis[1] de omnibus donacionibus predecessorum suorum eis factis, et de decimis de Clara et de Berdefeld' et de multis aliis in ea contentis.

Gilbertus dominus Clare et comes Hertfordie omnibus hominibus et amicis suis Francis et Anglicis presentibus et futuris salutem. Sciatis me dedisse et concessisse et hac mea carta confirmasse Deo et Sancto Iohanni Baptiste de Stokes et monachis ibidem Deo servientibus omnes donaciones terrarum et elemosinarum que eis facte sunt ab antecessoribus meis et omnibus hominibus meis tam in ecclesiis quam in terris, silvis et aquis, pratis et pasturis, in decimis et ceteris possessionibus. Preterea concedo eis et confirmo in istis maneriis meis decimas omnium rerum de quibus decima dari debet, scilicet in manerio meo de Clara et de Berdefeld, in manerio meo de Huned(one) et de Deseninge et de Caveham, in manerio meo de Crem-*/fo 20r* plesham et de Wiram, in manerio meo de Berton' et de Welles,[2] et ecclesias omnium istorum maneriorum cum capellis et omnibus libertatibus et omnibus pertinenciis suis cum a persona vacaverint, preterea in prescripto manerio meo de Caveham totam decimam molendinorum meorum. Concedo eciam eis et confirmo scilicet ut habeant duas quadrigas cotidie in nemore meo de Berdefeld ad ferenda ligna coquine monachorum, et unoquoque anno marrenum ad tres carucas manutenendas, et unam quercum annuatim apud Huned(one) in natale Domini ad calefaciendum monachos, et piscacionem uno die et duabus noctibus in vivario meo de Caveham ad nativitatem Sancti Iohannis Baptiste, et unum damum in parco meo de Huned(one) et annuatim quietudinem sexaginta porcorum de pasnagio cum porcis meis ubicumque voluerint in nemoribus meis. Hec omnia predictis monachis concessi et confirmavi pro anima mea et omnium antecessorum meorum et pro salute heredum meorum. Hiis testibus Waltero et Rogero filiis Hunfr(idi), Roberto constabilario, Hamone Pecch', Simone filio Ernaldi, Willelmo filio Angoti, Ingelram' Dabernun, Roberto pincerna, Osberto de Suwde, Adam filio Warini, Roberto Tracelu, Hugone hostiario, Roberto Longo et multis aliis.

[1] MS predictos.
[2] *Margin:* Bychamwell'.

Margin: G(ilberti) prima.
Date: after the grant of the earldom of Hertford, before no. 21.

17

24. Confirmation by Roger earl of Clare to the monks in free alms of the wood, fishing, buck and pannage detailed in no. 23, and of the grants made by his knights and men for the soul of Earl Gilbert his brother. He also concedes to the monks the rights which he had in two dwelling-houses which were held by Roger the hornblower, which Walter the chamberlain gave them for the soul of Earl Gilbert, and confirms all the gifts of his predecessors. Shortly after 1152.

Donacio Rogeri comitis de Clar' piscandi in vivario de Caveham et de uno damo[1] capiendo in parco de Huned(one) et de una quercu et de marino pro tribus carucis.

Rogerus comes Clare baronibus et ministris et omnibus hominibus suis Francis et Anglis salutem. Sciatis quod monachi ecclesie Sancti Iohannis Baptiste de Stoch' ex dono antecessorum meorum habent consuetudinem singulis annis piscandi per unam diem et duas noctes in vivario meo de Cavenham ante festum Sancti Iohannis, et unum damum in parcho de Huned(one) et ibidem unam quercum ad natale Domini ad calefaciendum monachos, et duas quadrigas in nemore meo de Berdefeld' ad portanda ligna ad coquinam suam, et in eodem nemore merenum quantum opus est ad tres carrucas per annum, et quietudinem sexaginta porcorum de pasnagio cum porcis meis ubicumque voluerint in nemoribus meis, que omnia in perpetuam elemosinam eis confirmo. Preterea concedo donaciones omnes quas milites et homines mei fecerunt in terris et redditibus ecclesie Sancti Iohannis et monachis pro anima comitis Gilleberti fratris mei, et insuper concedo eis quicquid habebam in duabus mansuris que fuerunt / *fo 20v* Rogeri cornesarii quas Walterus Camberlenc dederat eis pro anima comitis Gilleberti fratris mei. Confirmo eciam omnes elemosinas et donaciones avi mei nobilis Gilleberti et patris mei Ricardi et comitis Gilleberti fratris mei, unde cartas eorum vel scripta cum testimonio baronum meorum predicti monachi habent, que cuncta quoniam volo eis esse rata, sigilli mei apposicione munio. Testibus Roberto capellano meo, Iohanne clerico, Radulfo filio Manerii dapifero, Roberto filio Bald', Roberto Tracelu, Roberto filio Huberti, Matheo butellario, Ricardo filio Wlvirici, Aluuino vinetore, Henrico fabro, Simone capellano monachorum, Willelmo fabro, Bigot filio Willelmi filii Elinaut, Hugone filio Adam filii Warini.

[1] MS une dame.

Date: the confirmation of grants for his brother's soul suggests a date shortly after Earl Roger's succession.

25. Grant by Roger earl of Clare to the monks in free alms, for the souls of his father and his brother, of an annual rent of ten pounds, comprising forty shillings from that land in Fornham and Rede from which Geoffrey son of Elinald made a grant to them, and which Ralph son of Adam, Geoffrey's heir, has returned to the earl and quitclaimed, whereupon the earl remitted to him the service of one third of a knight's fee; of forty shillings from the churches of St John and St Paul in Clare with their appurtenances, saving the right of Julian the clerk; and six pounds from the mills of Cavenham, to be rendered to the monks by the

millers, on condition that if Roger or his successors wish to resume the rent of the mills, they will provide the monks with land to this value in exchange. 1152-66.

Donacio Rogeri comitis de Clar' de decem libris redditus recipiendis de terris de Forham et de Reda.

Rogerus comes Clare omnibus hominibus suis et amicis clericis et laicis Francis et Anglis tam futuri temporis quam presentis salutem. Sciatis me dedisse Deo et ecclesie Sancti Iohannis Baptiste de Stok' et monachis eiusdem loci pro anima Ricardi patris mei et comitis Gilleberti fratris mei necnon et omnium antecessorum meorum et mea in perpetuam elemosinam decem libras redditus, et hunc redditum ita eis possidendum distribui, videlicet terram de Forneham cum omnibus que ad eam pertinent et terram de Rieda, unde Galfridus filius Elinaldi donacionem eis fecerat et carta sua confirmaverat, pro quadraginta solidis tali modo quod Radulfus filius Ade prenominati Gaufridi heres hanc predictam terram in manu mea reddidit et quietam michi clamavit de se et heredibus suis, et ego ei condonavi inde terciam partem servicii unius militis. Preterea donavi monachis ecclesias Clare pro quadraginta solidis, scilicet ecclesiam Sancti Iohannis et ecclesiam Sancti Pauli cum omnibus que ad eas pertinent, salvo iure Iuliani clerici quamdiu eas tenebit. Sex libratas que restant dedi eis in molendinis de Cavenham cum tali libertate quod ipsi molendinarii per manus suas monachis ipsis ad terminos constitutos sex libras reddant et inde eis fideliter sub iure iurando serviant, tali condicione quod si ego vel heredes mei hunc redditum molendinorum in manu nostra resumere voluerimus, escambium in terra ad validum sex librarum primitus eis dabimus. Testibus Ricardo de Clara fratre meo, Stephano de Dammart(ino), Willelmo de Damm(artino) fratre suo, Hamone Pecc(atum), Adam filio Warini et aliis.

Date: by 1166 Adam son of Warin, who witnesses this charter, had been succeeded by his son Ralph, who was also the heir of Geoffrey son of Elinald, and who owed the service of 2^2/$_3$ knights' fees (*Red Bk Exchq*, 404).

26. Grant by Roger earl of Hertford to the monks in free alms of one hundred shillings worth of land in Stoke, free from all secular exaction, if land to that value may be had there, and if not, the deficit shall be supplied in Thaxted. 1173.

Donacio et confirmacio Rogeri comitis de Clar' centum solidatarum terre de Stok'.

Fo 21r Rogerus de Clara comes Hertfordie omnibus hominibus et amicis suis Francis et Anglicis presentibus et futuris salutem. Sciatis me dedisse et hac presenti carta mea confirmasse Deo et ecclesie Sancti Iohannis Baptiste de Stokes pro salute anime mee et antecessorum meorum centum solidatas terre in eadem villa de Stokes, si ibi centum predicte solidate integre et plenarie fuerint. Sin autem in manerio de Tachestede dono predicte ecclesie quantum in villa de Stokes defecerit, ita quod plenarie centum solidatas terre habeant. Volo itaque et firmiter precipio quod predicta ecclesia Sancti Iohannis bene et libere et quiete et pacifice ab omni seculari exaccione et servicio quietas predictas centum solidatas terre in perpetuam elemosinam possideant. Huius mee donacionis et confirmacionis testes sunt Walterus filius Roberti, Ricardus de Clara frater comitis, Walterus filius Gilleberti, Hamo Pecc(atum), Robertus filius Hunfridi, Reginaldus de Cruce et alii.[1]

[1] MS aliis.

Date: the confirmation of Pope Alexander III states that a grant of one hundred shillings worth of land was made by Earl Roger *in extremis* (no. 143).

27. Writ of Roger earl of Hertford to his bailiffs of Clare. The monks have complained that certain of his men who are their tenants have deliberately withheld their rents. Whenever such complaint is made, the bailiffs are to coerce the defaulters by distraint of their chattels. 1152-73.

Littere Rogeri comitis ballivis suis ut fiat districcio pro redditu suo solvendo.
Rogerus de Clara comes Hertfordie ministris suis de Clara salutem. Monachi mei de Stokes multociens de quibusdam hominibus meis michi conquesti sunt qui de eis tenent et redditus suos assidue detinent. Quare precipio vobis ut quociens huiusmodi planctum a monachis factum audieritis, per catalla sua eos qui redditus suos detinent coherceatis, ita ut monachi redditus suos habeant, et pro defectu vestro ulterius planctum michi non faciant. Valete.

28. Confirmation by Roger earl of Hertford to the monks of the land of Pitley, granted to them in free alms by Gilbert de Dammartin, with the exception of the tenement of John, the earl's clerk, for the agreed term. 1152-73, probably late in this period.

Confirmacio Rogeri comitis Hertfordie de terra de Pitelehege.
Sciant presentes et futuri quod ego Rogerus Clare comes Hertfordie concedo et hac mea carta confirmo pro salute mea terram de Pitinglege quam Gillbertus de Danmartin dedit Sancto Iohanni de Stokes et monachis ibi Deo servientibus in perpetuam elemosinam ab omni servicio seculari liberam, salvo tenemento Iohannis clerici comitis usque ad terminum inter eos positum, pro anima Gilleberti comitis fratris mei et mea et patris sui et omnium antecessorum suorum. Huius donacionis testes sunt hii, Ricardus filius comitis, Ricardus frater comitis, Robertus filius Hunfridi, Hamo Peccatum, Reginaldus de Cruce et alii.[1]

[1] MS aliis.

Date: this is the only charter of Earl Roger in this collection witnessed by his son Richard, who did not die until 1217, and must have been a young man at his father's death. Moreover, the last four witnesses of this charter are identical to those of no. 26, which can be dated shortly before the earl's death.

29. Confirmation by Roger earl of Hertford to the monks of the grant in free alms, for the soul of Gilbert his brother, lately deceased, of an annual rent of ten pounds (no. 25). He also confirms the grant of the church of Bures and those grants which Gilbert Fitz Richard his grandfather made in Norfolk, namely the tithe of his demesne at Crimplesham, Wereham, Barton Bendish and Beechamwell, and the churches of those manors after the deaths of the clerks who now hold them (no. 21), two thousand eels at Fordham, land worth five shillings at Fincham and land worth five shillings at Boughton, and also the grants made by his barons and knights for the soul of Earl Gilbert, and all the grants of his predecessors. Shortly after 1152.

Confirmacio Rogeri comitis Hertfordie de decem libratis redditus, de ecclesia de Bures et de decimis de Cremplesham et Wirham, de Bertun', de Well', et de duobus millibus anguillarum apud Fordham.

Rogerus de Clara comes Hertfordie omnibus hominibus suis Francis et Anglicis salutem. Sciatis me dedisse et concessisse et hac mea presenti carta confirmasse / *fo 21v* monachis meis de Stok' decem libratas redditus in perpetuam et puram elemosinam pro anima Gilleberti comitis fratris mei nuper defuncti. Preterea concedo eis et confirmo ecclesiam de Buris liberam et quietam ab omni seculari servicio quod antecessoribus meis facere soleba(n)t. Similiter confirmo eis donaciones nobilissimi Gilleberti filii Ricardi avi mei quas fecit eis in North-folc(ia), videlicet totam decimam de dominio meo de Cremplesham et de Wirham et de Bertune et de Welles, et ecclesias istorum iiii maneriorum post mortem clericorum qui modo ecclesias tenent, et duo milia anguillarum apud Fordham et v sol(idatas) in Fincham et v sol(idatas) in Buchetun', et donaciones quas fecerunt eis barones et milites mei pro anima predicti Gilberti fratris mei, et omnes elemosinas quas illis dederunt antecessores mei in ecclesiis, in decimis, in hominibus, in terris et aliis possessionibus. Hec omnia autem in perpetuam elemosinam illis confirmo et sigilli mei apposicione corroboro. Hiis testibus Stephano de Damartin dapifero, Waltero filio Hunfridi et aliis.

Date: shortly after the death of Earl Gilbert, lately deceased. Stephen de Dammartin had been Earl Gilbert's seneschal (no. 50).

30. Grant by Roger earl of Hertford to William de Conteville and his heirs of land worth fifty shillings in Crimplesham for the service of an eighth part of a knight's fee. 1166-73.

Donacio comitis Rogeri facta Willelmo de Cuntewill' de l solidatis terre in Cremplisham.

Rogerus de Clar' comes Hertfordie omnibus hominibus et amicis suis Francis et Anglicis presentibus et futuris salutem. Sciatis quoniam pro homagio et ligancia sua dedi Willelmo de Cuntew' quinquaginta solidatas terre in villa de Cremplesham tenendas sibi et heredibus suis de me et heredibus meis. Quare volo et firmiter precipio quod ipse et heredes sui post eum per servicium octave partis unius militis teneant bene et in pace et libere et quiete predictum feodum sicut

21

unquam aliquis antecessorum meorum melius et liberius et quiecius illud tenuit tempore suo et ego postea tempore meo. Testibus Ricardo de Clar' fratre comitis, Roberto filio Hunfridi, Reginaldo de Cruce et aliis.

Date: after 1166, since William de Conteville is not listed in the earl's *carta.*

31. Writ of Roger earl of Hertford to all his barons and men, ordering that while he is in remote parts they shall maintain the monks, their men and their interests, and shall pay their tithes and rents without intermission. If they fail in their payments to the monks, Reginald the seneschal shall do justice in the matter, as in the case of the earl's own rents. Possibly 1157.

Littere Rogeri comitis ut manuteneantur monachi de Stok'.
Rogerus de Clar' comes Hertfordie omnibus baronibus et fidelibus hominibus salutem. Mando vobis acque precipio sicut salutem et honorem meum diligitis quatinus vice mea dum remotus fuero manuteneatis monachos meos de Stok' et homines et omnia negocia sua prout illi vobis exposuerint et auxilio vestro indiguerint, et vobis insuper precipio qui eisdem monachis debitores estis sive in decimacionibus sive in redditibus quatinus / *fo 22r* eis sua sine intermissione ad eorum voluntatem plene persolvatis. Et si aliquis vestrum redditus aut decimas suas detinere aut differre voluerit, tunc precipio Reginaldo dapifero meo ut predictis monachis meis plenam et sufficientem iusticiam teneat quemadmodum et michi de propriis redditibus meis. Valete.

Date: possibly on the eve of the earl's departure for Wales in 1157. For his participation in Henry II's Welsh campaign, see Butler, *Chronicle of Jocelin of Brakelond,* 70.

32. Writ of Roger earl of Clare to Alice de Clermont his grandmother, Peter his seneschal and her men of Norfolk. It greatly displeases him that they should demand from the monks of Stoke any custom or geld other than that which they had in the time of his grandfather, or than one should ask of free alms. He orders that they should allow the monks and their men to be as much at peace in all things as they were in the time of his grandfather and father, nor should they interfere in their affairs. Shortly after 1152.

Littere Rogeri comitis ne monachi de Stokes faciant geldas nec alias consuetudines.
Rogerus comes Clar' Aelicie de Clermunt ave sue et Petro dapifero suo et hominibus eius Norfolcie salutem. Multum displicet michi quod aliquid interrogatis monachis meis de Stokes aut hominibus eorum consuetudines vel gelda alia quam habuerunt tempore avi mei aut alias consuetudines quam oportet interrogare libere elemosine. Quare precipio ut permittatis predictos monachos meos et homines eorum et omnia sua esse in pace de omnibus causis sicut umquam

melius fuerunt tempore Gilberti avi mei aut tempore Ricardi patris mei, neque manum in eis aut in rebus eorum mittatis, sed permittatis illos de rebus suis convenire sicut de sua libera elemosina.

Date: the survival of the widow of Gilbert I and the phraseology of the document suggest a date shortly after Earl Roger's succession.

33. Confirmation by Roger earl of Hertford to the monks in free alms of all the churches which they hold or held in the time of his predecessors, with free disposition of them, namely the churches of Crimplesham, Cavenham, Gazeley, Hundon, Clare, Great Bardfield, Bures, Ashen and Woking. He orders his barons and men to allow them peaceful enjoyment of their tithes and possessions. 1152-73.

Literre[1] Rogeri comitis ut libere teneant et in puram elemosinam omnes ecclesias suas et omnes nominatim.
Rogerus de Clar' comes Herfordie omnibus sancte matris ecclesie fidelibus et hominibus suis Francis et Anglicis clericis et laicis salutem. Notum sit vobis me consilio baronum meorum pro salute anime mee et antecessorum meorum concessisse monachis meis Deo servientibus in monasterio Sancti Iohannis Baptiste de Stok' omnes ecclesias quas tenent vel tenuerunt temporibus antecessorum meorum, tenendas in liberam elemosinam et quietam ab omni exaccione seculari, ita ut eas ad libitum suum et ad utilitatem ecclesie sue de cetero collocare possint. Harum ecclesiarum nomina sunt ecclesia de Cremplesham cum omnibus suis appendiciis, ecclesia de Cavenham similiter, ecclesia de Geisle, ecclesia de Huneden', ecclesie de Clara, ecclesia de Berdefeld' cum suis appendiciis, ecclesia de Buris, ecclesia de Essa, ecclesia de Wocchinges. Preterea precipio omnibus baronibus meis et amicis et hominibus meis ut decimas et possessi(o)nes quas habent de nostro iure liberas et quietas teneant. Hiis testibus Waltero filio Hunfridi, Roberto fratre eius cunestabulo, Radulfo dapifero et aliis.

[1] *Sic* in MS.

Date: after no. 25, in which the rights of Julian the clerk in Clare are reserved.

34. Confirmation by Roger earl of Hertford in free alms, with the consent of his barons and men, of the grant to the monks by William son of Ansgot of the land in Bures called *Alnetum* (the alder grove), which he held of Earls Gilbert and Roger. 1152-66.

Confirmacio Rogeri comitis de Hertfordia de terra de Alneto.
Fo 22v (R)ogerus de Clara comes Hertfordie omnibus hominibus et vicinis suis Francis et Anglis tam presentibus quam futuris salutem. Notum sit vobis me consilio baronum et hominum meorum in perpetuam elemosinam concessisse et hac

23

carta mea confirmasse monachis meis de Stokes illam donacionem quam Willelmus filius Ansgoti eis dedit et per cartam suam confirmavit, illam videlicet terram de Alneto quam ipse Willelmus tenuit de fratre meo Gilberto comite et postea de me in Buris, liberam et quietam ab omni servicio seculari. Hanc igitur concessionem eis feci pro anima Gilberti fratris mei et pro salute anime mee et omnium antecessorum meorum. Testes Ricardus de Clar' frater comitis, Robertus filius Hunfridi, Ricardus filius Simonis, Osbertus de Baillol et alii. [1]

[1] MS aliis.

Date: by 1166 Osbert de Baillol had been succeeded by his son Gilbert (*Red Bk Exchq*, 403, where *Gill'* is wrongly extended as *Gillelmus*). The Castle Acre cartulary (BL, Harley 2110), fo 108, indicates clearly that Gilbert was Osbert's son.

35. Notification by Roger earl of Clare that certain relics and their bearers belong to the monastery of Stoke, founded by his ancestors. He requests those who encounter them, and orders his men, to treat them with benevolence, in the hope that if anyone contributes to the work newly commenced at the priory, God will reward them hundredfold. 1152-73.

Litterra comitis Rogeri de reliquiis datis monachis de Stoke.
Rogerus comes Clare episcopis et archidiaconis acque decanis omnibusque suis vicinis et amicis salutem. Noverit dileccio vestra has reliquias et earum iubilatores esse de domo mea de Stok', quam antecessores mei in honore Sancti Iohannis Baptiste fundaverunt et ecclesie Beccensi in elemosinam contulerunt. Eapropter vestram benevolentiam imploro quatinus si aliquando ad vos devenerint, eas et earum latores honorifice pro Dei amore et mei suscipiatis. Preterea omnibus meis hominibus divitibus et pauperibus, clericis et laicis, sive ministris precipio ut predictas reliquias cum earum latoribus studiose et cum summa reverencia suscipiant. Et si ad opus in predicto loco, scilicet Stok', noviter inceptum aliquid de sua substancia in elemosinam transmiserint, grates eis refero et Deus in eterna vita eis centuplum restituet.

36. Confirmation by Roger earl of Hertford of the grants by his grandfather and father to the monks of the churches of Crimplesham, Wereham and Woking. 1152-73.

Confirmacio Rogeri comitis de Hertford' de ecclesiis de Cremplesham, de Wirham, de Woch(ingis).
Rogerus de Clar' comes Hertfordie baronibus et ministris et omnibus hominibus suis Francis et Anglis salutem. Sciatis me concessisse et hac carta mea confirmasse donacionem[1] quam fecit avus meus Gilbertus et Ricardus pater meus Deo et Sancto Iohanni Baptiste de Stok' et monachis ibidem Deo servientibus, scilicet

24

ecclesiam de Cremplesham et ecclesiam de Wirham et ecclesiam de Wochingis cum omnibus pertinenciis suis in perpetuam elemosinam pro animabus Gilberti avi mei acque Ricardi patris mei necnon Gilberti comitis fratris mei et omnium antecessorum meorum. Huius confirmacionis sunt testes Robertus capellanus, Iohannes et Radulfus clerici, Walterus et Robertus filii Hunfridi, Reginaldus de Cruce et alii.[2]

[1] MS donaciones, with final s deleted and superior bar for 'm' added.
[2] MS aliis.

37. General confirmation by Roger earl of Clare to the monks of the grants of his predecessors and of their barons and other faithful men, by which he confirms to them:

i. the ploughland called Walton with the adjoining meadow, four ploughmen in the vill of Stoke with all their land, the wood of Clare which adjoins the vill of Thurlow, the mill of *Smalebrige* (probably Smallbridge Hall in Bures), fifty acres at Hundon adjoining the wood of Thurlow and the villein dwelling there, with all his land; Alvric the fisherman with all his land; Stour Mere, and fishing on the river from Stour Mere to the castle of Clare; all the great and lesser tithe of the demesne of all his manors, that is, of Clare, Great Bardfield, Hundon, Desning, Cavenham, Crimplesham, Wereham, Barton Bendish and Beechamwell, whosoever holds of the demesne, together with the churches of all those manors with all their liberties and appurtenances, when they become vacant; in the vill of Crimplesham Gothe the smith with all his tenement; two rents of five shillings, the one in Fincham and the other in Boughton; a thousand eels at Fordham; a rent of five shillings and eleven pence from the mills called *Twigrind* in Cavenham; six thousand five hundred eels at Lakenheath; all the land of Martin the chaplain at Stoke, and in the same vill all the land held by Roger the carpenter.

ii. the ancient liberty of having every day two wagonloads of wood for the monks' kitchen from his wood at Great Bardfield, and wood each year for the maintenance of three ploughs; each year, at the feast of the Nativity of St John the Baptist, fishing for one day and two nights in his fishpond at Cavenham; a buck from his park at Hundon, and at Christmas an oak to warm the monks; pannage for sixty pigs with his own pigs wherever they wish in his woods. He has also granted the right of fishing in his fishpond at Clare for one day each year in return for the celebration of the anniversary of Gilbert Fitz Richard his grandfather, and his right in the two tenements of Roger the hornblower, which Walter the chamberlain gave for the soul of Gilbert Fitz Richard. All this he has confirmed for the souls of his grandfather, his father, Earl Gilbert his brother, and for his own soul and those of his heirs.

iii. the grant by Arnold de Nazanda of two thirds of his tithe at Hempstead, and of a villein in Clare.

iv. by Robert Psalter of Edmer the villein of Hundon with all his land, with the woodland, meadow and other appurtenances, which he held of his fee.

v. by Robert Psalter of fifteen acres of land with its appurtenances in the vill of Hundon.

vi. by Richard de Rede of thirty acres of land with its appurtenances in Rede.

vii. by Robert Darnel of two thirds of his tithe at Denston and Stansfield.[1]

viii. by Roger de Carleville of two thirds of his tithe at Aldersfield and Hartest.

xi. by Humphrey called Bernard of his land of Little Yeldham, which is of the fee of Clare.

x. by Elinald *vicecomes* of all his tithe at Finchingfield and Fornham, with ten acres of land at Fornham and the mill of Waldingfield, with his son Adam the leper, whom he made a monk, and with the land pertaining to the mill.

xi. by Geoffrey son of Elinald of all his land at Fornham and at Rede, and the land of Wlgar de Tya, and the land of Uhtred de Mora with its appurtenances, and three houses in the vill of Clare.

xii. by Geoffrey son of Hamo and Ansgot de Buxhall of two thirds of their tithe at Buxhall.

xiii. by Herluin son of Goismer of land worth ten shillings held by Wlric Smuchel in Fenstead.

xiv. by Ralph de la Cressonière of two thirds of his tithe at Hawkedon and Kensings.

xv. by Canevaz of two thirds of his tithe at Herringswell.

xvi. by Geoffrey son of Baldwin of two thirds of his great and lesser tithes at Sampford and Harefield.

xvii. by Richard son of Hugh of two thirds of his tithe at Long Melford, Cowlinge and Needham, with the grant of all his land at Brockley with its appurtenances.

xviii. by Roger de St German of all his tithe at Cavendish, except for an acre and a half pertaining to the church, and of two thirds of his tithe at Bentley and Alresford.[2]

xix. by Roger de Gisney of two thirds of his tithe at Haveringland and Whitwell and of his land in Norwich.

xx. by Geoffrey de Favarches of two thirds of his tithe at Walsingham.

xxi. by Osulf Maskerel of two thirds of his tithe at Cavendish, and two thirds of the tithe of the land which he gave with his daughter.

xxii. by Geoffrey de Brokes of two thirds of his tithe at Badley.

xxiii. by Goismer of two thirds of his tithe at Chipley.

xxiv. by Elias the cook of two thirds of his tithe at Poslingford.

xxv. by Robert Pincerna and Mabel his wife of the church of Little Thurlow with its appurtenances, and a rent of five shillings in the same vill.

xxvi. by Hugh son of Arnold of the land of Ingenulf de Bradley with its appurtenances.[3]

xxvii. by Aubrey de Capella of all his marsh at Stoke and all his tithe at Haverhill.

[1] The confirmation charters of Bishop Everard and Archbishop Theobald (nos 70, 136) list the grant of *all* his tithe by Robert de Neiella, whose charter is rehearsed at no. 137. xvi.

[2] See no. 137. xxiv, where is rehearsed the grant by William de St German and Emma his mother of various tithes, as Walter his brother once held them, for the soul of Roger his lord.

[3] See nos 99, 136, where this grant is ascribed to Simon son of Arnold.

xxviii. by Gilbert de Neiella of all his tithe at Haverhill.

xxix. by Baldwin son of Geoffrey of all the land in Clare held of him by William the macebearer.

xxx. by John Chich of two thirds of his great and lesser tithes at Alpheton.

xxxi. by William Giffard of two thirds of his tithe at Clopton.

xxxii. by Gilbert de Baillol of two thirds of his tithe at Denston.

xxxiii. by Peter de Clopton of all his great and lesser tithes.[4]

xxxiv. by Geoffrey son of Geoffrey of two thirds of his tithe at Fenstead.

xxxv. by Alexander Ferling of two thirds of his tithe, and of the tithe of Ralph Smukel.

xxxvi. by Geoffrey Pecche of two thirds of his tithe at Hartest.

xxxvii. half the tithe of the demesne at Denham, from whosoever may hold of the demesne.

xxxviii. by Ingram d'Abernun of the church of Friston with its appurtenances, and of all his tithe at Barrow (in Little Wakering) and *Labisse*.

xxxix. by Alger son of Goismer of the tithe of his land at Belchamp (Otten).

xl. by Walter cum Barba of all his tithe at Priditon (in Stansfield).

xli. by Arnold Buzcal of all his tithe at Toppesfield and *Holleneia*.

xlii. by William Capra of Robert de Bulley, who shall render five shillings *per annum*.

xliii. by Adam son of Warin of all his tithe at Binsley (in Bulmer).

xliv. by Hugh de Wickham of all his great and lesser tithes at Wickhambrook.

xlv. by William Hurant of two thirds of his tithe at Halstead.

xlvi. by Gilbert son of Peter of two thirds of his tithe at Halstead.

xlvii. by Peter (de Halstead)[5] of two thirds of his tithe at Halstead and Belchamp (Otten).

xlviii. by Ralph of two thirds of his tithe at Naylinghurst.

1152-73, but probably shortly after the succession of the new earl.

Fo 23r Confirmacio Rogeri comitis de Clar' de omnibus donatis monachis de Stok'. Omnes donaciones tam in ecclesiis, decimis, possessionibus quam redditibus et aliis.

Rogerus comes de Clara omnibus hominibus et amicis suis Francis et Anglis presentibus et futuris salutem. Sciatis me concessisse et hac presenti carta mea confirmasse Deo et Sancto Iohanni Baptiste de Stokes et monachis ibidem Deo servientibus omnes donaciones terrarum et elemosinarum que eis facte sunt ab antecessoribus meis tam in ecclesiis quam in terris, silvis et aquis, pratis et pasturis, in decimis et ceteris possessionibus, scilicet culturam que appellatur Waltune et holmum iuxta eam, et iiii bubulcos in villa de Stok' cum omnibus terris suis, et boscum de Clara qui est iuxta villam que vocatur Trillawe, et molendinum de Smalebrige, et l acras terre apud Hunedena(m) iuxta boscum de Trillawe et unum villanum qui ibidem manet cum omni terra sua, et Alwricum piscatorem cum omni terra sua, et Sturemaram et piscacionem tocius fluminis ab ipsa Sturemara usque ad castellum de Clara, et totam decimam de dominico omnium maneriorum meorum de quibus decima dari debet, tam minores quam

4 See nos 70 and 136, where this grant is ascribed to Robert de Clopton.
5 See no. 69b.

27

maiores, quicumque de ipso dominico tenuerit, scilicet in maneriis meis de Clara et de Berdefeld, in maneriis meis de Hunedena et de Deseninge et de Caveham, in maneriis meis de Cremplesham et de Wiram, in maneriis meis de Bertona et de Welles, et ecclesias omnium istorum maneriorum cum omnibus libertatibus et pertinenciis suis cum a persona vacaverint, et in villa de Cremplesham Goge fabrum cum omni tenemento suo, et in Fincham redditum v solidorum et in Buketun' redditum v solidorum, unum milliare[6] anguillarum apud Fordham, et in Caveham redditum sex solidorum uno denario minus de molendinis qui vocantur Twigrind, et sex miliaria anguillarum et dimidium apud Lachingeheiam, et totam terram Martini capellani apud Stokes, et in eadem villa totam terram quam Rogerus carpentarius tenuit. Preterea concessi eis et confirmavi antiquam libertatem suam, scilicet ut habeant duas quadrigas cotidie in nemore meo de Berdefeld ad ferenda ligna coquine monachorum, et uno quoque anno marrenum ad tres carucas manutenendas, et piscacionem uno die et duabus noctibus in vivario meo de Caveham ad nativitatem Sancti Iohannis Baptiste, et unum damum in parco meo / fo 23v de Hunedena, et ibidem unam quercum ad natale Domini ad calefaciendum monachos, et annuatim quietudinem sexaginta porcorum de pasnagio cum porcis meis ubicumque voluerint in nemoribus meis. Dedi eciam eis et concessi annuatim licenciam piscandi in vivario meo de Clara per unum diem contra anniversarium nobilissimi Gilberti filii Ricardi avi mei, et quicquid habebam in duabus mansuris que fuerunt Rogeri coridarii[7] quas Walterus camberlenc dederat eis pro anima comitis Gilberti fratris mei. Hec omnia eis concessi et confirmavi pro anima nobilis Gilberti filii Ricardi avi mei et patris mei comitis Ricardi et fratris mei Gilberti comitis et mea et omnium heredum meorum. Preterea concessi eis et confirmavi omnes donaciones et elemosinas quas barones mei seu quilibet alii fideles homines mei eis fecerunt, scilicet ex dono Ernaldi de Nazanda duas partes decime sue de Hamstedia omnium rerum de quibus decima dari debet et unum hospitem in villa de Clara, ex dono Roberti Psalterium Edmarum villanum de Hunedena cum tota terra integre cum nemore et prato et aliis pertinenciis quam tenuit de feudo meo in eadem villa, item ex dono ipsius Roberti Pslaterium xv acras terre cum pertinenciis in eadem villa, et in eadem villa ex dono Ricardi de Reda xxx acras terre cum pertinenciis, ex dono Roberti Darnel duas partes decime sue de Denardestune et de Stanesfelde, ex dono Rogeri de Karlevilla duas partes decime sue de Aluredesfeld et de Hertherst, ex dono Hunfridi cognomento Burnard terram de Geldam que est de feudo de Clara, ex dono Elinaldi vicecomitis totam decimam suam de Finchingefeld et decimam de Fornam et ibidem decem acras terre, et molendinum de Waldingefeld cum Adam filio suo leproso quem monachum fecit, et terram ad molendinum pertinentem, ex dono Galfridi filii eius totam terram suam de Fornam et terram suam de Reda et terram Wlgari de Tya et terram Huctredi de Mora cum pertinenciis et tres mansuras in villa de Clara, ex dono Galfridi filii Hamonis et Ansgoti de Bukeshalla duas partes decime sue de Bukeshalla, ex dono Herlewini filii Goismeri x solidatas terre de terra Wlvrici Smuchel apud Finsted, ex dono Radulfi de la Kersunere duas partes decime sue

---

6 MS *redditum v solidorum, unum miliare* added in margin. See nos 71, 136, which list two thousand eels at Fordham.
7 See nos 71, 136: *cornesarii.*

28

de Hauekesdune et de Chemesinges, ex dono Canevaz duas partes decime sue de Herinngeswelle, ex dono Gaufridi filii Baldewini duas partes decime sue de Sanford et de Herfeld' tam minores quam maiores, ex dono Ricardi filii Hugonis duas partes decime sue de Meleford et de Culinges et de Nedham et totam terram suam / *fo 24r* de Brochole cum pertinenciis, ex dono Rogeri de Sancto Germano totam decimam suam de Cavenedis excepta acra et dimidia pertinentibus ad ecclesiam, et duas partes decime sue de Benetleia et de Alisford, ex dono Rogeri de Gisnei duas partes decime sue de Haveringelond et de Witewelle et de terra sua apud Norwicum,[8] ex dono Galfridi de Farvarches duas partes decime sue de Walsingeham, ex dono Osulfi Maskerel duas partes decime sue de Chavenedis similiter et de terra quam dedit cum filia sua, ex dono Galfridi de Brokes duas partes decime sue de Badeleia, ex dono Goismeri duas partes decime sue de Chipeleia, ex dono Elye coci duas partes decime sue de Poselingeworde, ex dono Roberti pincerne et Mabilie uxoris sue ecclesiam de Trillawe cum pertinenciis suis et redditum v solidorum in eadem villa, ex dono Hugonis filii Ernaldi terram Ingenulfi de Bradeleia cum pertinenciis, ex dono Albrici de Capell' totam moram suam de Stokes et totam decimam suam de Haverella tam minores quam maiores, ex dono Gilberti de Nivilla duas partes decime sue in villa de Haverella, ex dono Balduwini filii Galfridi totam terram quam Willelmus claviger tenuit de eo apud Claram cum pertinenciis, ex dono Iohannis Chith duas partes decime sue in Alfistun tam minores quam maiores,[9] ex dono Willelmi Giffardi duas partes decime sue in Cloptune, ex dono Gilberti de Baillul duas partes decime sue in Denardestune, ex dono Petri de Cloptune totam decimam suam tam minores quam maiores, ex dono Galfridi filii Galfridi duas partes decime sue in Finsted, ex dono Alexandri Ferling duas partes decime sue et duas partes decimarum Radulfi Smukel, ex dono Galfridi Peche duas partes decime sue in Hertherst, in Denham dimidietatem decime de dominico quicumque de dominico tenuerit, ex dono Ingeram de Abernun ecclesiam de Frisentune cum pertinenciis suis et totam decimam suam de Barwe et illam de la Bisse tam minores quam maiores, ex dono Algeri filii Goismeri decimam de terra sua de Bello Campo, ex dono Walteri cum Barba totam decimam de terra sua de Predinetune, ex dono Ernaldi Bucekalla totam decimam suam de Thopesfeldia et de Holleneia, ex dono Willelmi Capra Robertum de Bulileia reddendo annuatim v solidos, ex dono Ade filii Warini totam decimam suam in Binesle, ex dono Hugonis de Wicham duas partes decime sue in eadem villa tam / *fo 24v* minores quam maiores, ex dono Willelmi Hurant duas partes decime sue in villa de Halstede, et in eadem villa ex dono Gilberti filii Petri duas partes decime sue, et in eadem villa ex dono Petri duas partes decime sue et duas partes decime sue in Bellocampo, ex dono Radulfi duas partes decime sue in Nailingeherst. Hec omnia prescripta precipio et volo ut dicti monachi mei de Stokes habeant et teneant de me et de heredibus meis in-perpetuum, cum terris et redditibus, hominibus, possessionibus et omnibus rebus mundanis, in ea libertate per omnia qua ego omnia mea propria teneo et habeo. Et ne aliquis de cetero hanc meam concessionem et confirmacionem infirmare valeat, presens scriptum sigilli mei apposicione roboravi. Hii sunt testes, Robertus

8 *Margin:* Sancte Fidis Norf'.
9 *Margin:* Whicambrok. (Probably *Alfistun* is confused with Aldersfield, see no. 69b).

capellanus meus, Iohannes clericus, Eadmundus[10] filius Maneri dapifer, Robertus filius Baldewini, Robertus Tracelu, Robertus filius Huberti,[11] Matheus butellarius, Robertus filius Hunfridi, Ricardus filius Simonis, Hugo de Capell' et alii multi.

[10] Probably in error for *Radulfus.*
[11] MS Robertus filius Huberti et aliis, *et aliis* deleted and further witnesses added in margin in later hand.

38. Notification by Richard earl of Hertford to Gilbert bishop of London, Ralph de Diceto the archdeacon and Robert de Aldeberia the rural dean, that with the consent of his barons and men he has granted in free alms to the monks the hermitage of Standon, built by William the anchorite, where they shall celebrate divine office in perpetuity, saving the right of William until his death. 1173-80.

Concessio Ricardi comitis de Clara de ermitagio[1] de Standune facta monachis de Stokes.
Reverendissimo patri suo Gilberto Dei gracia Lundoniensi episcopo et Radulfo de Dizi archidiacono et Roberto de Aldeberia decano et toti clero episcopatus Lundoniensis et universis Christi fidelibus Ricardus de Clara comes Hertfordie salutem. Notum sit vobis me consilio baronum et hominum meorum concessisse et in perpetuam elemosinam dedisse pro salute mea et omnium parentum meorum ermitagium[2] de Standuna quod Willelmus inclusus edificaverat monachis meis de Stokes, ut illi ibidem obsequium divinum in honorem Beati Michaelis Archangeli et Beati Iohannis Baptiste et Sancti Iohannis Evangeliste et omnium sanctorum pro me et omnibus meis inperpetuum studeant celebrare,[3] salvo per omnia iure et pace et quiete ipsius Willelmi inclusi dum vixerit. Quare volo et firmiter precipio et per hanc cartam meam presentem firmiter confirmo quatinus predicti (monachi) mei illud eremitagium[4] cum omnibus pertinenciis suis bene[5] et in pace et quiete habeant sicut liberam elemosinam ad servicium Dei ibidem faciendum pro me et omnibus meis sicut prescriptum. Testibus Ricardo de Clar' fratre comitis Rogerii, Hamone Peccatum, Roberto filio Hunfridi, Hugone de Capell'[6] et aliis.

[1] MS ermitagia
[2] MS ermitagiam.
[3] MS scelebrare.
[4] MS eremitagiam.
[5] MS in bene.
[6] MS Clapell', first *l* expunged.

Date: Ralph de Diceto was elected dean of St Paul's between January 1180 and January 1181 (*Fasti: St Paul's London 1066-1300*, 5).

39. Confirmation by Richard Fitz Gilbert, lord of Clare, to the monks in free alms of the churches which they held in the time of his predecessors, namely Crimplesham, Cavenham, Gazeley, Hundon, Clare, Great Bardfield, Ashen and

Bures. At the petition of his barons, knights and free men he has confirmed all the tithes and alms which they gave to the church, that is, the grant of Ralph de la Cressonière of half his tithe in Hawkesdon and Kensings, the grant of Roger de St German of his tithe in Cavendish, the grant of Ralph Pecche of his tithe in Gestingthorpe, and the grant by Aubrey de Capella of his marsh at Stoke and his tithe in Haverhill. 1124-36.

Fo 25r Confirmacio Ricardi comitis de Clar' filii G(ilberti) comitis de omnibus ecclesiis collatis monachis de Stok' et decimis.
Ricardus filius Gilberti dominus Clare omnibus hominibus Francis et Anglicis clericis et laicis salutem. Notum sit vobis me consilio baronum meorum pro salute anime mee et antecessorum meorum concessisse monachis meis Deo serv- ientibus in monasterio Sancti Iohannis Baptiste de Stok' omnes ecclesias quas tenent vel tenuerunt temporibus antecessorum meorum, tenendas in liberam et quietam elemosinam, ita ut ad libitum suum et ad utilitatem ecclesie sue eas de cetero collocare possint. Harum ecclesiarum nomina sunt ecclesia de Cremplesham cum suis appendiciis, ecclesia de Caveham similiter, ecclesia de Gaisle, ecclesia de Huned(one) et de Clara et de Berdefed et de Esse, ecclesia de Buris cum suis appendiciis. Preterea ad peticionem baronum meorum, militum et liberum hominum meorum, confirmavi eidem ecclesie de Stok' omnes decimas et elemos- inas quas fecerunt prefate ecclesie, videlicet ex dono Radulfi de la Cressun(ere) duas partes decime sue in Hauekesd(une) et de Chemesing', ex dono Rogeri de Sancto Germano totam decimam suam de Kavened(is), ex dono Radulfi Peccati totas decimas suas de Gestingetop tam[1] minores quam maiores, ex dono Albrici de Capell' totam moram suam de Stokes et decimam suam in Haverelle. Hec omnia predicta volo et precipio ut dicti monachi mei bene et in pace possideant. Testantibus histis, Adam dapifero et Hunfrido filio Goismeri[2] et aliis.

[1] MS totam, with first two letters expunged.
[2] MS Adam dapifer et Hunfridus filius Goismeri.

Date: after the removal of the monks from Clare to Stoke in 1124.

40. Grant by Richard earl of Hertford to the monks in free alms of his wood of Litlehei (possibly Littly Wood, near Ousden). This donation was made at the instance of Prior Richard after the earl had taken the cross, and the prior gave him thirty marks towards his journey to Jerusalem. Before 1193, probably 1185-88.

Concessio et confirmacio bosci de Lithehei facta monachis de Stok' per R(icardum) comitem de Clar'.
Notum sit tam presentibus quam futuris quod ego Ricardus de Clara comes Hertfordie concedo et do et hac presenti carta confirmo Deo et Sancte Marie et Sancto Iohanni Baptiste de Stok' et monachis ibidem Deo servientibus totum nemus meum de Litlehei cum omnibus pertinenciis suis in perpetuam et liberam elemosinam pro anima patris mei et antecessorum meorum et pro salute mea et

heredum meorum. Quare volo et firmiter precipio ut predicti monachi predictum nemus libere et quiete ab omni seculari servicio habeant et possideant, et quicquid inde facere voluerint faciant. Hanc autem donacionem interveniente priore Ricardo postquam crucem accepi eis feci, et tunc predictus prior Ricardus xxx marcas argenti michi ad iter meum Ierosolim(itanum) perficiendum dedit. Hii sunt testes, Ricardus de Clara avunculus meus et alii.[1]

1 MS aliis.

Date: before 1193, because confirmed by Bishop John I of Norwich (no. 99). It is likely that Earl Richard was among the multitude who took the cross in 1185, during the visit of the Patriarch Heraclius of Jerusalem to England, or after the news arrived of the fall of the city in October 1187.

41. Grant in fee by Richard de Clare to Ralph son of Lambert and his heirs of the service of the lands of Ulfketel the priest, of Robert Hache and of Humphrey, to be held for the annual service of a pound of pepper at the feast of St Edmund, on condition that if it is in the interests of himself and Ralph, he will grant him lands of the same value in exchange, 1173-89.

Fo 25v Donacio Ricardi comitis de Clar' facta Radulfo filio Lamberti de servicio terre Ulketo' sacerdotis.
Notum sit presentibus et futuris quod ego Ricardus de Clara dedi et concessi Radulfo filio Lamberti servicium terre Ulketel sacerdotis et servicium terre Roberti Hache et servicium terre Hunf(ridi) et omnem donacionem sicut ego habui eodem die quo ei dedi pro homagio et servicio suo in feudo et hereditate sibi et heredibus suis, tenendum de me et heredibus meis libere et quiete ab omni servicio, michi reddendo per annum unam libram[1] piperis, videlicet ad festum Sancti Eadmundi, per si(c) quod si ego in terra mea ad comodum meum et ad comodum predicti Radulfi iuderim in escambionem ei dare, poterim tot et tantum ad predicte terre valitudinem ei pro nominato servicio dare. Testibus Pagano de London', Galfrido de Capell', Iohanne de la Mare, Gilberto fratre eius, Bonetto et aliis.

1 MS liberam, *e* expunged.

Date: The manor of Mildenhall was held by Earl Richard until 1189, when it was repurchased by Abbot Samson, who between 1189 and 1200 confirmed to Ralph son of Lambert the land once held by Ulfketel the priest in Mildenhall, and the land called *Hachesland*. There was litigation concerning this land c.1189-98 (*Kalendar*, charters nos 109-10).

42. Acquittance by Richard de Clare, earl of Gloucester and Hertford, of the prior of Stoke by Clare for all receipts and accounts rendered up to 23 November 1247, except that the prior should discharge the earl's debt of one hundred marks to the prior of Ogbourne. 23 November 1247.

Littere quiete clamacionis Ricardi comitis de Clara facte priori Iohanni de compoto reddito.

Omnibus presentes litteras inspecturis Ricardus de Clara comes Glouc(estrie) et Hertfordie salutem in Domino. Noveritis nos quietum clamasse Iohannem priorem de Stokes de omnibus receptis et compotis redditis usque ad diem Sancti Clementis anno regni regis Henrici[1] tricesimo secundo, ita quod nullam demandam vel querelam de aliquibus receptis vel compotis redditis usque ad predictum terminum versus eundem priorem vel domum suam de Stok' habere clamamus, preter hoc quod idem prior nos versus priorem de Ockeburne de centum marcis sterlingorum acquietare debet, unde dictus prior de Ockeburne litteras nostras habet patentes. Et in huius rei testimonium has litteras nostras patentes ei concessimus. Teste me ipso apud Claram die Sancti Clementis anno regni regis Henrici trecesimo secundo.

[1] MS Hend'.

43. Confirmation by Richard earl of Hertford, with the counsel of his barons and men, of the grant in free alms by Gilbert, son and heir of Stephen de Dammartin, of the land of Pitley, with the exception of the tenement of John, the earl's clerk, for the term agreed. 1173-85, probably shortly after 1173.

Confirmacio Ricardi comitis de Clara de terra de Pitelege.

Sciant presentes et futuri quod ego Ricardus Clare comes Hertfordie consilio baronum et hominum meorum concedo et hac carta mea confirmo terram de Pitingelege quam Gilbertus filius et heres Stephani de Danmartin dedit Deo et Sancto Iohanni et monachis de Stokes in perpetuam elemosinam liberam ab omni servicio seculari, salvo tenemento Iohannis clerici comitis usque ad terminum inter eos positum, pro anima Gilberti comitis avunculi mei et animabus patris mei et sui et omnium antecessorum suorum. Huius donacionis testes sunt Robertus filius Hunfridi, Hamo Peccatum et alii.[1]

[1] MS aliis.

Date: for the confirmation of this grant by Earl Roger, see no. 28. Hamo Pecche died between 1178 and 1185 (Sanders, *English Baronies*, 48).

44. Grant by Richard earl of Hertford to the monks of a deer each year at Christmas, to be taken in his park at Thaxted. c.1192-1217.

Fo 26r/ Confirmacio Ricardi comitis de Clar' de una dama habenda in parco de Taxtede.

Ricardus de Clara comes Hertfordie omnibus hominibus et amicis suis presentibus et futuris Francis et Anglicis salutem. Sciatis me pro salute anime mee et antecessorum meorum dedisse et concessisse et presenti carta mea confirmasse Deo et Sancto Iohanni Baptiste de Stok' et monachis ibidem Deo servientibus unam damam habendam et accipiendam inperpetuum in parco meo de Taxtede annuatim contra natale Domini. Hiis testibus domino Ricardo de Clar', Willelmo Martel et aliis.

Date: William Martel first occurs in 1192 (*PR 3-4 Richard I*, 12), and outlived Earl Richard.

45. Confirmation in free alms by Richard earl of Hertford at the request of Gerard son of David of his grant to the monks of lands and rents to the value of ten shillings in Crimplesham, free of all secular service except that due to the king. Probably shortly after 1173.

Donacio (et) confirmacio Ricardi de Clar' comitis Hertfordie de x solidis percipiendis in villa de Cremplesham.

Notum sit presentibus et futuris quod ego Ricardus de Clara comes Hertfordie concessi et hac presenti carta mea confirmavi Deo et ecclesie Sancti Iohannis Baptiste de Stok' ad peticionem Gerardi filii David illam donacionem decem solidorum in terris (et) in redditibus suis in villa de Cremplesham, quam idem Gerardus prefatis monachis fecerat et sua carta confirmaverat. Quare volo ut prefati monachi eandem donacionem habeant et teneant in liberam puram et perpetuam elemosinam quietam ab omnibus querelis et seculari servicio et exaccione, excepto servicio domini regis, sicut eam in carta prenominati Gerardi habent confirmatam et assignatam. Hiis testibus Iohanne et Ricardo de Clara fratribus comitis, Petro senescallo et aliis.

Date: Gerard's charter (no. 512) refers to his lords Gilbert and Roger, who lie buried in the priory church. This implies that he was a grown man by c.1150 at the latest, and the grant was probably made shortly after Earl Richard's succession.

46. Grant by Richard earl of Hertford to the monks in free alms of the church of Carbrooke. 1173-85.

Donacio Ricardi de Clar' comitis Hertfordie de ecclesia de Kerebroc facta monachis de Stok'.

Ricardus de Clara comes Hertfordie omnibus hominibus Francis et Anglis salutem. Sciatis me concessisse et dedisse pro anima patris mei et mea et omnium antecessorum meorum ecclesiam de Kerebroc cum omnibus pertinenciis sicut

34

unquam aliquis eam melius et liberius tenuit in perpetuam elemosinam Deo et Sancto Iohanni de Stokes et monachis ibidem Deo servientibus. Huius donacionis testes sunt Ricardus de Clara avunculus comitis, Robertus filius Hunfridi, Hamo Pecc(atum), Reginaldus de Cruce, Ingerannus de Abern(un) et alii.[1]

[1] MS aliis.

Date: Hamo Pecche died between 1178 and 1185 (see no. 43).

47. Confirmation by Richard earl of Hertford of the agreement made between the monks and Matilda de la Landa concerning Manyn's mill, which she granted to them in perpetual fee farm for an annual rent of twenty shillings, of which she should render five shillings to the lord of Sampford. August 1205-c.1210.

Confirmacio Ricardi predicti facta monachis predictis de molendino Manyni.
Ricardus de Clara comes Hertfordie omnibus hominibus et amicis suis clericis et laicis salutem. Sciatis me concessisse et hac carta mea confirmasse priori et monachis meis de Stokes convencionem quam illis fecit Matildis de la Landa de molendino Manyni quod eis predicta Matildis in perpetuam feodi firmam dedit, tenendum de ea et heredibus suis, singulis annis reddendo pro omnibus / *fo 26v* serviciis xx solidos ad duos terminos, ex quibus ipsa Matildis v solidos domino de Samford annuatim reddet, sicut carta eius testatur. Testes Ricardus de Clara, Ricardus filius Simonis, Ricardus frater comitis, Gilbertus filius Roberti et alii.[1]

[1] MS aliis.

Date: Matilda was the wife of Richard de Landa and the daughter of Ralph de Arches. On 10 August 1205 an agreement was made that Matilda and her husband were to have one third of her father's lands now, and the remainder upon his death (*Essex Fines*, 36. no. 192). In 1207 her father had recently died (*CRR*, v. 38). Richard son of Simon first occurs in 1209 (Dodwell, ii, no. 494); his father last occurred in 1203 (*Essex Fines*, 28, nos 105-6). Gilbert son of Robert occurs from 1186 to 1206 (*PR 32 Henry II*, 16; *CRR*, iv, 264).

48. Grant by Richard de Clare to the monks in free alms of one pound of cumin owed to him by Roger de Dalham for a messuage in Bury St Edmunds, to be rendered at the feast of St Edmund. c.1190-1212.

Donacio et confirmacio Ricardi de Clar' facta monachis de Stok' de una libra ciminis percipienda de Rogero de Dalham.
Sciant presentes et futuri quod ego Ricardus de Clara dedi et concessi et hac presenti carta mea confirmavi Deo et ecclesie Sancti Iohannis de Stokes pro salute animarum antecessorum meorum in puram et perpetuam elemosinam unam libram cumini quam michi debet Rogerus de Dalham de uno mesuagio

35

quod de me tenet in villa Sancti Eadm(undi) quod iacet inter domum Willelmi Delamere et terram Normani de Risebi, tenendam et habendam libere quiete et honorifice. Hanc autem libram cumini reddet predictus Rogerus de Dalham et heredes sui Deo et ecclesie predicte annuatim ad festum Sancti Eadmundi pro omni servicio et consuetudine, pro omnibus querelis et demandis. Hiis testibus Alixandro de la Cersunere, Adam filio Hugonis, Willelmo filio Ade, Ricardo de Dalham, Willelmo Eswelle et aliis.

Date: Roger de Dalham occurs 1198-1212 (*CRR*, i, 169; vi, 297). William son of Adam occurs 1191-1207 (*PR 3 Richard I*, 48; *CRR*, v, 83). Norman de Risby was a contemporary of Abbot Samson of Bury, 1182-1200 (*Kalendar*, 86).

49. Grant by Richard earl of Hertford to the monks in free alms, by the advice of his barons and friends, of the church of Thaxted, Essex, to be held as freely as by Robert the clerk or any of his predecessors. He also grants free disposition of the churches of Great Bardfield, Bures, Hundon, Crimplesham, Cavenham, Gazeley, Clare, Ashen, Little Yeldham and Woking. He orders his barons and men to allow the monks peaceful possession of their tithes, rents and other goods. 1173-80.

Donacio Ricardi filii Rogeri de Clar' comitis Hertfordie facta monachis de Stoke de ecclesia de Taxtede.
Ricardus filius Rogeri de Clara comes Hertfordie omnibus hominibus suis et universis ecclesie sancte fidelibus salutem. Notum sit vobis me consilio baronum et amicorum meorum pro anima patris mei et omnium antecessorum meorum et mea concessisse monachis de Stokes ecclesiam de Taxtede cum omnibus pertinenciis suis et libertatibus suis, sicut Robertus clericus vel aliquis ante eum eam melius et liberius tenuit. Hanc concedo in perpetuam elemosinam eis tenendam. Concedo eciam ut omnes ecclesias suas ita libere et quiete teneant et possideant quatinus ad voluntatem et ad utilitatem eorum eas de cetero collocare secundum disposicionem suam prevaleant, videlicet ecclesiam de Berdefeld cum omnibus pertinenciis suis, ecclesiam de Buris cum omnibus appendiciis suis et similiter ceteras, ecclesiam de Huned(en), ecclesiam de Cremplesham, ecclesiam de Caveham, ecclesiam de Gaisle, ecclesiam de Clara, ecclesiam de Essa, ecclesiam de Gelham et ecclesiam de Wochinges. Preterea precipio omnibus baronibus meis et hominibus quatinus predictis monachis meis concedant libere et quiete habere et possidere decimas et redditus vel quecumque bona ab illis habent vel iuste habituri sunt, ne de cetero super hiis ulla inquietudine ab aliquo graventur. Testibus / *fo 27r* Ricardo de Clara, Roberto filio Hunfridi et Waltero fratre eius et aliis.

Date: the church of Thaxted was appropriated to the monks by Gilbert Foliot, bishop of London, before 1180 (no. 123).

50. Mandate of Richard earl of Hertford to Ralph de Chaure, William son of Godfrey, William Lencroe, Gervase de Sampford, Godfrey de Heigham and David de Sampford, forbidding them to swear before the king's justices that they have seen Stephen de Dammartin seised of the land of Pitley as of fee and inheritance. When Stephen was Earl Gilbert's steward, he unjustly occupied this land which was held by William the reeve of Bardfield and his heirs, causing one of William's sons to be killed. This the earl knows from the older amongst his men. **Probably shortly after 1173.**

Mandatum Ricardi de Clar' factum quibusdam pro terra de Pittelege.

Ricardus de Clar' comes Hertfordie dilectis hominibus suis Radulfo de Chaure et Willelmo filio Godefridi, Willelmo Lencroe, Gervasio de Samford', Godefrido de Heham et David de Samford, salutem. Dictum est michi quod vobis preceptum est ex parte iusticiar(iorum) regis iurare quod vidistis Stephanum Danmartin saisiatum de terra de Pitelege sicut de feudo et hereditate, et hic curo quoniam nolo vos incurrere iram et malediccionem Dei sicut de periurio. Mando vobis omnibus quod ille Stephanus dum habuit senescalciam et magisterium de tota terra comitis Gilberti iniuste et contra racionem occupavit terram de Piteleh(ege) que fuit Willelmi prepositi de Berdefeld' et heredum suorum, ita eciam quod crudeliter et iniuste occidere fecit unum ex filiis predicti Willelmi quia scivit et intellexit eum propinquiorem esse ad hereditatem patris sui de eadem terra possidenda. Et quia huius rei veritas ita se habet quemadmodum michi ab antiquioribus[1] homininus meis certificatum est, precipio vobis sicut hominibus meis fidelibus ne de feudo vel hereditate ipsius Stephani iuretis, cum ipse neutram in eadem terra habuerit, neque feudum neque hereditatem, sed solam ut premonstratum est occupacionem iniustam et violentam.

[1] MS atiquioribus.

Date: the survival of a group of men with memories of events of Stephen's reign suggests a date not long after Earl Richard's succession. See discussion in Stenton, *First Century*, 82.
Printed: Stenton, *First Century*, 270, and translated *ibid.*, 82.

51. Confirmation by Richard earl of Hertford of the grant by William son of Richard de Thaxted to the monks of five acres of land in Thaxted, to be held of William and his heirs for an annual rent of ten pence, and also of a further one and a half acres granted by the same William in free alms. **c.1200-1217.**

Donacio et confirmacio predicti comitis facta monachis de Stok' de quinque acris terre in villa de Taxtede.

Ricardus de Clara comes Hertfordie omnibus hominibus suis et amicis presentibus et futuris Francis et Anglicis salutem. Sciatis me concessisse et presenti carta mea confirmasse Deo et Sancto Iohanni Baptiste de Stokes et monachis ibidem Deo servientibus quinque acras terre in villa de Taxtede que iacent inter viam regiam et domum Walteri de Stok' quas Willelmus filius Ricardi de Taxtede eis dedit, habendas de predicto Willelmo et heredibus suis inperpetuum libere et quiete, reddendo inde illi et heredibus suis annuatim decem denarios pro omni servicio, et preterea unam acram terre et dimidiam in eadem villa de Taxtede que iacet proxima culture eorundem monachorum[1] quas predictus Willelmus filius Ricardi eis dedit in puram et perpetuam elemosinam, sicut carte dicti Willelmi quas dicti monachi inde habent testantur. Hiis testibus domino Ricardo de Clara, Willelmo Martel et aliis.

1 MS monachis.

Date: William son of Richard de Thaxted occurs in 1203, when his inheritance was disputed by a brother, whom William alleged to be a bastard (*CRR*, iii, 36). This implies that he had not long before succeeded to his father's lands. His widow occurs in July 1240 (no. 477).

52. Grant by Richard earl of Hertford to the monks in free alms of his wood called *Brokesheuedei*, which adjoins their wood in Hundon, in substitution for the two cartloads of wood which they used to have in his wood of Great Bardfield, and for the oak which they used to take annually from his wood of Hundon. Early thirteenth century.

Donacio et confirmacio dicti comitis facta predictis monachis de bosco de Brokesheuedei.
Omnibus sancte matris ecclesie fidelibus ad quos presens scriptum pervenerit / *fo 27v* Ricardus de Clara comes Hertfordie salutem. In Domino universitati vestre notum esse volo me divine pietatis intuitu dedisse, concessisse et hac presenti carta mea confirmasse Deo et ecclesie Sancti Iohannis Baptiste de Stok' et monachis ibidem Deo servientibus boscum meum quod vocatur Brokesheuedhei cum suis pertinenciis, quod situm est iuxta boscum illorum in Honedene, pro salute anime mee et omnium meorum in puram et perpetuam elemosinam habendum eisdem. Hanc vero donacionem feci prefatis monachis pro duabus bigis quas solebant habere errantes in bosco meo de Berdefeld et pro una quercu quam eciam solebant habere in parco meo de Huned(ene). Et ut hec donacio et concessio firma sit et stabilis, presens scriptum sigilli mei municione corroboravi. Hiis testibus Nigello de Lovetot, Iohanne capellano, Henrico de Braibroc, Gildone de Badelemere et aliis.

Margin: Querca.
Date: Nigel de Lovetot occurs 1204-18 (*CRR*, iii, 197; *R Litt Claus*, i, 383); Giles de Badlesmere occurs 1194-1215 (*PR 6 Richard I*, 176; *R Litt Claus*, i, 215b).

53. Grant by Richard de Clare to the monks in free alms, for the soul of King Henry and his predecessors and for his own soul and those of his ancestors, of three acres of land in Mildenhall. 1173-89.

Donacio et confirmacio Ricardi de Clar' facta monachis de Stok' de tribus acris terre de Mildehal'.

Ricardus de Clara omnibus amicis et hominibus suis tam futuris quam presentibus et omnibus sancte matris ecclesie filiis salutem. Sciatis me dedisse et concessisse et hac presenti carta mea confirmasse Deo et Sancte Dei genetrici Marie et ecclesie Sancti Iohannis Baptiste de Stokes et monachis ibidem Deo servientibus mansuram quandam de tribus acris in Mildenhalia, scilicet inter mesuagium quod fuit Galfridi de Haliwelle et mariscum apud norht, que vocatur Melneholm, in perpetuam elemosinam pro salute domini mei regis Henrici et animarum antecessorum suorum et pro salute anime mee et antecessorum meorum, illam habendam et tenendam libere et quiete ab omnibus secularibus exaccionibus et ab omnibus interrogacionibus et ab omnibus rebus que ad seculum pertinent preterquam Deo servire. Hanc donacionem et concessionem feci prescriptis monachis pro me et pro heredibus meis perpetuo habendam. Hiis testibus Iohanne de Mara et Gilberto fratre suo et aliis.

Date: before the death of King Henry II.

54. Grant by Richard de Clare to the monks in free alms of the service of two shillings yearly from Emma de la More for the tenement held of him in Thurston. c.1173-88.

Donacio et confirmacio Ricardi de Clar' facta monachis dictis de servicio Emme de la More.

Omnibus sancte ecclesie filiis Ricardus de Clara salutem in Domino. Sciatis me concessisse et dedisse et hac carta mea confirmasse Deo et ecclesie Sancti Iohannis Baptiste de Stok' et viris religiosis ibidem Deo servientibus totum servicium Emme de la More quod michi fecit de tenemento quod tenuit de me in villa de Therstan', scilicet ii solidos per annum, in liberam et perpetuam elemosinam pro salute anime mee et antecessorum et successorum meorum. Quare volo ut eadem ecclesia et predicti / *fo 23r* fratres ibi Deo famulantes hanc meam donacionem inperpetuum habeant libere et quiete ab omni exaccione seculari (et) ut eadem[1] Emma et heredes sui ulli umquam respondeant de servicio illo nisi fratribus predictis et ecclesie. Testes sunt Simon de Saham, Iohannes de la Mara, Gilbertus frater eius et alii.[2]

[1] MS eandem.   [2] MS aliis.

Date: Norman son of Emma was a tenant in Thurston in 1186-8 (*Kalendar*, 11). Simon de Saham was alive at Michaelmas 1193 and dead by Michaelmas 1194 (*PR 5 Richard I*, 13; *PR 6 Richard I*, 66).

55. Notification by Richard earl of Hertford to Steingrim and William, archdeacons of Norwich diocese, that he is assured by the testimony of his barons

that the tithes of Roger de Gisney in Whitwell and Haveringland and the church of St Clement the Martyr in Norwich belong to the monastery of Stoke by Clare, and have done from the time of the first Gilbert Fitz Richard, when among other barons Roger de Gisney, grandfather of the present Roger, in the presence of his lord and with the consent of Bishop Herbert, granted his tithes to the monks of Bec there serving God. 1173-82.

Litere R(icardi) comitis directe archidiaconis Norwicensis ecclesie pro monachis, facientes eis mencionem de decimis Rogeri de Gignei et de ecclesia Beati Clementis de Norwico.

Ricardus de Clara comes Hertfordie dilectis amicis suis magistro Steinigin et Willelmo Norwicensis ecclesie archidiaconis salutem. Discrecionis vestre auctoritati notifico quoniam ex fideli et certo baronum meorum testimonio firmiter instructus per presentem literarum mearum[1] significacionem vos certifico et omni ambiguitate prorsus remota testificor quod decimaciones Rogeri de Ginnei que de meo feudo sunt, videlicet de Witewella et de Haweringelande, cum ecclesia Beati Clementis Martiris de Norwiz et omnibus eidem pertinentibus, sunt et esse debent Beati Iohannis Baptiste de Stok' et monacorum eiusdem loci, et hic ex tempore antiquo quando primus Gilbertus filius Ricardi post divinccionem[2] Anglie monachos Becci in ecclesia Beati Iohannis adductos redditibus et decimacionibus et ecclesiasticis beneficiis promoveri constituit, cuius itaque devocionem et elemosinam omnes barones sui laudantes et magnificantes per idem tempus in presencia domini sui, nobilissimo autem Hereberto episcopo Norwicensi concedente et confirmante, tam Rogerus de Ginnai avus autem istius Rogerii quam ceteri omnes barones decimaciones suas pro animarum suarum salute predicti eiusdem loci monachis in perpetuam confirmaverunt elemosinam. Inde est igitur, amici mei carissimi, quod in fide et rectitudine vestra merito confisus, vestram imploro subvencionem quatinus de monachis meis iuvandis et sicut officio vestro expedit ubique promovendum curam habeatis pro Christo et ut me vobis et vestris de cetero per omnia obnoxium obtineatis. Valete.

[1] MS *mearum* interlined.   [2] MS disvinccionem, *s* expunged.

Margin: Sancte Fidis in Nofol'.
Date: the successor of William II archdeacon of Norwich first occurs in 1181-2 (*Fasti: Monastic Cathedrals 1066-1300*, 63).
Printed: Stenton, *First Century*, 270-1.

56. Grant by Richard de Clare to Ralph son of Lambert and his heirs of one mark from land and rent in Fordham, and also of a croft of five and a half acres, for an annual rent of 1 lb of pepper. 1173-94.

Confirmacio comitis R(icardi) facta Radulfo filio Lamberti.

Ricardus de Clara omnibus hominibus suis et amicis presentibus et futuris salutem. Sciatis me dedisse et concessisse et hac presenti carta mea confirmasse Radulfo filio Lamberti i marcatam inter terram et redditum in villa de Fordham, et extra hoc i crufte de v acris et dimidia, illi et heredibus suis tenendam de me et de heredibus meis libere et quiete et honorifice, reddendo michi annuatim i libram piperis pro omnibus serviciis. Testibus hiis, Roberto de Mara, Simone de Saham, Iohanne de Mar(a) et aliis.

Date: for Simon de Saham, see no. 54.

57. Notification by William IV earl of Warenne that the monks of Stoke by Clare and their servants shall be quit of toll when they pass through his town of Thetford. Probably 1202-40.

Littera Willelmi comitis Warennie[1] quod homines monachorum de Stok' sint quieti de tonito per willam de Theford transeuntes.

Fo 28v/ Omnibus has literas visuris vel audituris Willelmus comes Warennie salutem. Noveritis me pro anima patris mei et matris mee et pro salute anime mee concessisse Deo et Sancto Iohanni de Stok' et monachis ibidem Deo servientibus quod cum servientes sui transitum fecerint per villam meam de Theford cum victu eorum et rebus suis propriis, dummodo probare possint quod res sint proprie predicte domus, quod quieti sint de tonnito et de omnibus aliis consuetʋdinibus, et hanc libertatem et quietanciam concessi predicte domui de me et de heredibus meis inperpetuum. Ut autem hec mea concessio rata sit et stabilis, presenti scripto sigillum meum apposui.

1 MS de Warennie.

Date: the Suffolk side of Thetford was given by King Stephen to William III de Warenne shortly after 1139, and the whole town was granted by Richard I to Hamelin in exchange for his French lands (T. Martin, *History of Thetford*, London 1779, p.43). The reference to 'my town' and the form of the charter suggest that this is a document of William IV.

58. Grant by Amice countess of Clare to the monks in free alms of a messuage at *Sturhille* in Sudbury. 1217-23.

Donacio et confirmacio Amicie comitisse de Clar' facta monachis de Stok' de uno mesuagio in Suberi apud Sturhel.

Sciant presentes et futuri quod ego Amissia comitissa de Clare filia Willelmi comitis Gloustrie dedi et concessi et hac presenti carta mea confirmavi Deo et Sancto Iohanni Baptiste de Stok' et monachis ibidem Deo servientibus illud mesuagium in Suberia apud Sturhille cum omnibus pertinenciis quod fuit Iordani Goriun, et iacet inter mesuagium Willelmi Cucet et venellam Teudoris de Sturhulle versus Hallinghestrete, pro salute anime mee et Gilberti comitis filii mei et antecessorum meorum et successorum meorum, tenendum et habendum in puram et perpetuam elemosinam liberam et quietam ab omnibus secularibus serviciis, exigentiis, auxiliis et consuetudinibus, salvis generalibus auxiliis predicte ville pertinentibus. Ego vero Amicia prenominata et heredes mei predictum mesuagium cum pertinenciis predictis monachis contra omnes homines et feminas warantizabimus. Et ut mea donacio et concessio et huius carte mee confirmacio perpetuam obtineat firmitatem, presens scriptum sigilli mei apposicione corroboravi. Hiis testibus Iohanne de Corn(e)r(th), Ricardo filio eius, Willelmo Bridebec tunc senescallo et aliis.

Date: after the death of Earl Richard in 1217. Countess Amice died in 1223.

59. Confirmation by William earl of Gloucester, for the souls of Earl Robert his father and of his predecessors and successors, to the monks in free alms of the grant by Robert de Greinville of the church of Stambourne. 1173-83.

Donacio et confirmacio Willelmi comitis Gloucestrie facta monachis de Stok' de ecclesia de Stamburn'.
Villelmus comes Glocestrie omnibus hominibus et amicis suis Francis et Anglis presentibus et futuris salutem. Sciatis me concessisse et hac mea carta confirmasse Deo et ecclesie Sancti Iohannis Baptiste de Stok' et monachis ibidem Deo servientibus ecclesiam de Stamburne cum omnibus pertinenciis suis in perpetuam et liberam elemosinam pro salute mea et heredum meorum et pro anima Roberti comitis patris mei et omnium antecessorum et successorum meorum, sicut eam Robertus de Greinvilla / *fo 29r* predictis monachis donavit et carta sua confirmavit. Testibus Ricardo comite de Clar', Ricardo fratre eius, Guidone filio David, Symone de Kardif et aliis.

Printed: Patterson, *Earldom of Gloucester Charters*, 157.
Date: Richard earl of Clare succeeded in 1173, and William earl of Gloucester died in 1183.

60. Grant by Amice countess of Clare to the church of St Sepulchre in Sudbury and to the brethren of the hospital which she founded there out of her marriage portion, in free alms, of the service of Alexander son of Gilbert for the messuage once held by Tholi and for *Corneresaker*, that is, of his homage and an annual rent of twelve pence, saving to her his homage and fealty for the other tenement which he holds of her. She has also granted that part of a croft in *Villawarelane* held of her by Roger de Norwich. The brethren shall have the right of milling in her mills without exaction or toll, and all the men of Sudbury who hold of them shall answer to them for stallage and for all customs and services which they used to render to her. 1198-1217, probably c.1212.

Donacio Amicie comitisse de Clar' facta fratribus hospitalis de Suber(ia) de servicio Alexandri filii Gilberti.
Omnibus sancte matris ecclesie filiis ad quos presens scriptum pervenerit Amicia

42

comitissa de Clar' filia Willelmi comitis Glocestrie salutem in Domino. Noverit universitas vestra me pro amore Dei et salute anime mee et Gilberti filii et heredis mei et omnium antecessorum et successorum meorum concessisse et dedisse Deo et Beate Marie et ecclesie Sancti Sepulcri de Suthber(ia) et fratribus hospitalis domus eiusdem loci quam in propria hereditate et libero maritagio meo fundavi in puram et perpetuam elemosinam servicium Alexandri filii Gilberti quod michi facere consuevit pro mesuagio quod Tholi quondam tenuit et pro acra illa que dicitur Corneresaker' iuxta viam que dicitur Holgate, scilicet homagium suum et annuum redditum duodecim denariorum, salvo michi homagio et fidelitate quam michi debet pro alio tenemento quod tenet de me. Concessi eciam et dedi fratribus predicte domus illam partem crofte quam Rogerus de Norwiz tenuit de me in Villawarelane. Volo eciam et firmiter statuo ut prenominati fratres habeant inperpetuum libertatem molendi in molendinis meis libere et sine aliqua exaccione telonagii, et ut omnes homines qui in villa de Suthber(ia) de (i)isdem fratribus tenuerint de stalagio et de omnibus serviciis et consuetudinibus quas michi facere consueverunt eis respondeant. Et ut hec mea concessio et donacio stabilis et integra perseveret, eam presenti scripto et sigilli mei apposicione confirmavi. Testibus hiis domino Philippo de Hardr', magistro Radulfo de Meideston', Willelmo de Lond' et aliis.

Date: Sudbury was part of the marriage portion of Countess Amice. She had taken personal possession of the town by Michaelmas 1198, after her separation from her husband on papal authority on grounds of consanguinity (*CRR*, i. 186). This charter can be dated before 1217, since her son Gilbert is not styled Earl. Philip de Ardres acted as the countess's attorney in 1205-6 (*CRR*, iv *passim*; Dodwell, *Fines*, ii. no. 464). He occurs regularly on juries in Kent from 1202 until 1212, but not thereafter, and William de Ardres appears on a jury in the same county for the first time in 1220 (*CRR*, viii. 340). The attestation of Master Ralph de Maidstone, who became archdeacon of Shropshire in April 1219 and died after a distinguished career in 1243, perhaps suggests a date some time after 1200 (*BRUO*, 1203-4). Clay (p.322) states that the hospital of St Sepulchre was founded by William Earl of Gloucester, which these charters demonstrate to be wrong, and records the first mention of the hospital in 1206, but gives no reference.

61. Grant by Amice countess of Clare to Silvester the chaplain and his assigns of a messuage in Sudbury, to be held of her and her heirs for an annual rent of two pence, to be paid to the hospital of St Sepulchre. 1198-1223.

Donacio et confirmacio Amicie comitisse de Clar' facta Silvestro capellano de uno mesuagio in Suberia.
Sciant presentes et futuri quod ego Amicia comitissa de Clar' filia Willelmi comitis Glovernie dedi et concessi et hac presenti carta mea confirmavi Silvestro capellano pro servicio suo unum mesuagium cum pertinenciis suis in villa Suberie iacens inter pontem de Suberia et domum Willelmi Piteman versus norht, tenendum et habendum de me et heredibus meis illi et cuicumque assignare voluerit libere et quiete, bene et in pace, reddendo inde annuatim domui Sancti

43

Sepulcri de Suberia duos denarios ad festum Sancti Michaelis pro omnibus serviciis, consuetudinibus et exaccionibus et pro omnibus rebus. Et ego Amicia predicta et heredes mei warantizabimus predicto Silvestro et eius assignatis predictum mesuagium cum omnibus pertinenciis suis contra omnes gentes. Et ut hec donacio / *fo 29v* mea et concessio firma et stabilis permaneat, hoc presens scriptum sigilli mei apposicione confirmavi. Hiis testibus Waltero de Lanlee, Willelmo de Bridebec et aliis.

Date: before no. 64.

62. Grant by Countess Amice to the church of St Sepulchre in Sudbury and to the hospital which she founded in the town, in free alms for the souls of her father and mother and of Gilbert her son and heir, of two acres of her demesne land. 1198-1220.

Donacio Amicie comitisse de Clar' facta ospitali de Suberi de duabus acris terre versus boscum.

Omnibus ad quos presens scriptum pervenerit Amicia comitissa filia Willelmi comitis de Gloucestrie salutem in Domino. Noverit universitas vestra quod ego concessi et dedi Deo et ecclesie Sancti Sepulcri et ospitali domui quam fundavi in willa de Suberi pro salute anime mee et pro animabus patris mei et matris mee et pro salute Gilberti filii et heredis mei in puram et perpetuam elemosinam duas acras terre de dominico meo, illas scilicet que iacent inter terram Abrahe servientis mei et terram Laurencii servientis mei, et ex una parte contingunt terram quam prius dedi eidem ospitali domui, et ex altera parte contingunt dominicum meum versus nemus meum. Volo igitur ut fratres predicte domus habeant et teneant integre et pacifice inperpetuum illas duas acras liberas et quietas ab omni servicio et exaccione seculari. Et (ut) hec mea concessio et donacio stabilis et firma permaneat, eam presenti scripto et sigilli mei apposicione confirmavi. Testibus hiis, Philippo de Hardres, Alexandro filio Gilberti, Roberto de Ailesford' et aliis.

Date: for Philip of Ardres, see no. 60.

63. Notification by Amice countess of Clare that she caused to be established, in her own fee and marriage portion at Sudbury, a hospital founded in honour of Jesus Christ and the Blessed Virgin Mary for the sustenance of the poor, for the maintenance of which she gave the tithe of her mills in Sudbury, five acres of demesne land and various other land, all of which was granted in free alms, in such a way that neither she nor her successors might place any person in the hospital without the consent of the good men of Sudbury. She also confirms all reasonable gifts made or to be made by the men of her fee. 1198-1217.

Littere Amicie comitisse de Clar' qualiter fecit constitui[1] ospitalem apud Suberi et de terris quas eidem donavit.

Omnibus sancte matris ecclesie filiis ad quos presens scriptum pervenerit Amicia filia Willelmi comitis Glocestrie iam dicta comitissa de Clar' salutem in Domino. Noverit universitas vestra me constituisse[2] quandam domum hospitalem in villa Suberie in feodo meo proprio et libero maritagio meo ad sustentacionem pauperum in honore Domini nostri Ihesu Christi et Beate Marie Virginis et matris eius, pro animabus patris et matris mee et pro salute anime mee et G(ilberti) filii et heredis mei et omnium antecessorum et successorum meorum, ad cuius hospitalis sustentacionem concessi et dedi omnem decimam partem cuiuslibet utilitatis molendinorum meorum de Suberia, sive fuerint in manu mea sive ad firmam, et quinque acras terre de dominico meo iacentes in longitudine iuxta viam que ducit ad Sanctum Eadmundum inter terram Abrahe et terram Thome filii Elinaldi, et unam acram prati que fuit Ordmer', et unam acram pasture in Kingesmarris, et preter acram illam pasturam ad quatuor vaccas et viginti oves in Kingesmars in Portmanescroft, et totam terram que fuit Simonis le Ganter' et domum que fuit Walteri leprosi in puram et perpetuam elemosinam / fo 30r liberam et quietam ab omni servicio et consuetudine et exaccione seculari erga me et heredes meos et erga omnes homines. Volo enim predictam elemosinam tam liberam esse sicut aliqua liber(i)or est aut esse potest, ita eciam quod nec ego nec heredes mei poterimus aliquem hominem in predictam hospitalem domum ponere sine consensu et communi consilio proborum hominum de Suberia. Preterea concedo et confirmo omnes racionabiles elemosinas sive in terris sive in redditibus quas homines in feodo caritative predicte[3] hospitali apposuerunt vel apponent ut predicte hospitali et habitantibus in ea libere et pacifice permaneant inperpetuum. Ego autem Amicia et heredes mei aquietabimus predictam domum et prenominatas possessiones quas ei dedi ab omni auxilio et exaccione forinseci servicii erga dominum regem et quemlibet alium. Igitur ut hec mea concessio et donacio stabilis et firma permaneat inperpetuum, eam presenti scripto et sigilli mei apposicione roboravi. Testibus hiis Iohanne de Cornerd', Ricardo de Gosfeld', Philippo de Hardr(e), Ricardo persona de Bellocampo et aliis.

1 MS constui.   3 MS predicto.
2 MS constuxisse.

Date: see no.60. Richard de Gosfeld occurs from 1203 to 1220 (*CRR*, ii, 211; viii, 298).

There is some confusion whether the hospital founded in honour of Jesus Christ and the Blessed Virgin Mary is the same foundation as the hospital of St Sepulchre. The fact that the grants detailed in no. 63, and especially the tithe of the mills of Sudbury, are not recorded in the detailed grant of St Sepulchre's to the monks of Stoke by Clare (no. 64) strengthens the supposition that these were two distinct foundations, both made by the Countess Amice. If this is so, it is strange that no. 63 is recorded in the Stoke cartulary, and it is possible, although there is no evidence, that the two hospitals had been amalgamated by the time that the cartulary was compiled in the mid thirteenth century. Such amalgamation would at least account for the subsequent confusion.

45

64. Grant by Amice countess of Clare, made in her widowhood, to the monks of Stoke by Clare in free alms, of the messuage of St Sepulchre in Sudbury with all its appurtenances. 1217-23.

Donacio et confirmacio Amicie comitisse de Clar' facta monachis de Stok' de toto mesuagio Sancti Sepulcri cum xii[1] acris terre (et una acra prati)[2] et de multis aliis in eodem comitatu.

Omnibus Christi fidelibus has literas visuris et audituris Amicia comitissa de Clar' filia Willelmi comitis Gloucestrie salutem. Noverit universitas vestra quod ego caritatis intuitu et pro salute anime mee et animarum Gilberti filii mei et omnium antecessorum meorum in ligia potestate et viduetate mea dedi et concessi et presenti carta mea confirmavi Deo et ecclesie Sancti Iohannis Baptiste de Stok' et monachis ibidem Deo servientibus in liberam et puram et perpetuam elemosinam sicut liberius et melius elemosina potest dari totum mesuagium Sancti Sepulcri cum omnibus pertinenciis suis in villa de Suberia, scilicet cum octo acris terre que iacent iuxta terram Abraham versus Holgate, et duabus acris terre apud Holgate iuxta crucem lapidis, et una acra terre que fuit Petri Brawod, et una acra terre in campo qui vocatur Hinefeld, et una acra prati in prato de Holgate, et cum viginti solidis et novem denariis annui redditus in villa de Suberia, scilicet de mesuagio quod fuit Valteri Longi duos solidos, de mesuagio Sevare filii Simonis iuxta domum Sancti Sepulcris tres denarios et obolum, de mesuagio Edithe Pikelote duos solidos, de mesuagio Willelmi Lefreke sexdecim denarios, de Willelmo de Venella pro una placia apud Sanctum Bartholomeum duos denarios, de heredibus Walteri Lif de una placia iuxta mesuagium / *fo 30v* Willelmi Freke quatuor denarios, de Rogero de Norwiz de quadam terra in Ilwarelane[3] duodecim denarios, de eodem de una placia retro mesuagium Jecke filii Ethelwoldi sex denarios, de Thoma Littelute de mesuagio quod fuit Thome Parvi presbiteri octodecim denarios, de mesuagio Alexandri Gillot sexdecim denarios, de heredibus Roberti Blundi pro uno mesuagio iuxta crucem versus curiam sex denarios, et de una placia ibidem duos denarios, de Willelmo Tirtel pro uno mesuagio iuxta mesuagium Iohannis de Porta quatuor denarios, de Warino clerico pro quadam terra retro mesuagium Hobbe Hereward tres denarios, de heredibus David filii Thome pro mesuagio iuxta mesuagium Walteri aurifabri viginti duos denarios et obolum, de mesuagio Walteri aurifabri septem denarios et obolum, de vidua Alexandri preposita pro mesuagio suo tresdecim denarios et obolum, de heredibus Ricardi filii Alexandri et Ade filii Alexandri duodecim denarios, de Hugone filio Ricardi de una placia apud Fenbrege sex denarios, de Radulfo de Ponte pro uno prato decem denarios, de heredibus Rogeri le Manant pro quodam prato in Holm quatuor denarios, de Ricardo Pikere pro mesuagio Henrici Crec viginti denarios, de Alano Cobbe pro una soppa quatuor denarios, de Simone le masun pro mesuagio suo iuxta domum Sancti Sepulcri tres denarios, de Silvestro capellano pro uno mesuagio iuxta pontem duos denarios, de Cecilia filia Eilrici pro mesuagio suo quatuor denarios, et pontem de Suberia, et preterea quinque marcatas redditus annui percipiendas de tholoneo de Suberia

[1] MS *octo* expunged and *xii* interlined in later hand.
[2] Added in later hand.
[3] See no. 60, *Villawarelane*.

ab eo quicumque pro tempore illud tenuerit ad quatuor terminos anni, scilicet ad festum Sancti Michaelis sexdecim solidos et octo denarios et ad natale Domini sexdecim solidos et octo denarios et ad Pascha sexdecim solidos et octo denarios et ad festum Sancti Iohannis Baptiste sexdecim solidos et octo denarios, et preterea duodecim acras terre in manerio meo de E(l)theham que vocatur Sewardesrede cum pertinenciis suis. Et ego Amicia et heredes mei warantizabimus predicte ecclesie de Stokes et eiusdem loci monachis predictum mesuagium cum pertinenciis suis et predictum redditum et predictum pontem et omnes predictas terras et predictum pratum sicut liberam et puram elemosinam inperpetuum contra omnes gentes. Et ut hec mea donacio et concessio rata et stabilis inperpetuum perseveret, presens scriptum sigilli mei apposicione roborari feci. Hiis testibus domino Stephano capellano, domino Silvestro capellano et aliis.

Margin: Donacio hospitalis Sancti Sepulcri monasterio de Stok'.
Date: after the death of Earl Richard.

65. Grant by Amice countess of Clare to the hospital of Sudbury in free alms of one acre of her demesne, adjacent to the three acres which she had previously granted to Abraham her servant, and quitclaim of the service of six pence from the land once held by Peter Brawood and of the service of that land which Geoffrey, prior of that house, bought from the wife of Samson, sometime tollcollector, and of the service of Walter the goldsmith of four pence for his stall in the market. She has also granted twelve acres in her manor of Eltham, Kent, which have been newly cultivated by Seward. Before 1220.

Fo 31r Carta comitisse de Clara de una acra terre concessa ospitali de Subery.
Omnibus ad quos presens scriptum pervenerit Amicia filia Willelmi comitis Gloucestrie salutem. Noverit universitas vestra me concessisse et dedisse[1] in puram et perpetuam elemosinam Deo et Beate Marie et hospitali domui de Suberia unam acram terre de dominico meo, illam scilicet que iacet propinquior tribus acris quas prius dedi Abrahe servienti meo, et se extendit usque ad nemus meum. Quietum eciam clamavi eidem domui inperpetuum servicium terre que fuit Petri Brawood, scilicet sex denarios per annum, et servicium terre quam Galfridus prior prefate domus emit de uxore Sansonis quondam telonearii, scilicet sex denarios per annum, et servicium Walteri aurifabri[2] quod michi facere consuevit pro selda sua in mercato de Suberia, scilicet quatuor denarios per annum. Concessi eciam et dedi eidem domui xii acras terre in manerio meo de Elteham, illas scilicet quas Sewardus novavit. Volo igitur et firmiter precipio ut predicta domus habeat et teneat libere integre pacifice predictas terras et omnes predictos redditus cum omnibus pertinenciis suis et consuetudinibus et libertatibus secundum formam prioris carte mee. Et ne aliquis heredum meorum huic mee donacioni contraire presumat, eam presenti scripto et sigilli mei apposicione confirmo. Testibus hiis Philippo de Ardr(e), Alexandro de Suberia et aliis.

---

[1] MS dededisse.   [2] MS aurifisis.

Date: the coincidence of personal names here and in no. 64 suggests a date only shortly before the grant of the hospital to Stoke by Clare. For Philip de Ardres, see no. 60.

66. Grant by Amice countess of Clare to the monks of Stoke by Clare in perpetuity, for a consideration of seven marks, of a messuage at *Sturhulle* in Sudbury once held by Jordan Goriun, with his son Alexander and his *sequela*, to be held for the annual rent of three shillings and three pence for all services, save any general aid levied upon the town. Before 1223.

Carta eiusdem de uno mesuagio apud Sturhelle in Subiri.
Sciant presentes et futuri quod ego Amicia comitissa de Clara filia Willelmi comitis de Gloucestria concessi et dedi et hac presenti carta mea confirmavi monachis Sancti Iohannis Baptiste de Stok' illud mesuagium in Suberia apud Sturhulle cum pertinenciis quod fuit Iordani Goriun, et corpus Alexandri filii predicti Iordani liberum cum tota sequela sua, tenendum et habendum de me et heredibus meis imperpetuum libere et quiete, bene et in pace, reddendo inde annuatim michi et heredibus meis tres solidos argenti et tres denarios, scilicet ad festum Sancti Michaelis xx et unum denarios et ad Pascha decem et octo denarios, pro omnibus serviciis et exigenciis et consuetudinibus, salvis generalibus auxiliis eiusdem ville. Pro hac vero concessione, donacione et huius carte mee confirmacione dederunt michi /*fo 31v* predicti monachi Sancti Iohannis Baptiste de Stok' de caritate domus sue septem marchas argenti. Ego vero predicta Amicia et heredes mei warantizabimus iam dictis monachis de Stok' predictum mesuagium cum pertinenciis et predictum corpus prenominati Alexandri liberum cum tota sequela sua contra omnes homines et omnes feminas. Et ut mea concessio, donacio et confirmacio rata et stabilis inperpetuum permaneat, presens scriptum sigilli mei apposicione corroboravi. Hiis testibus Ricardo filio Iohannis de Suberia, Iohanne de Cornerd', Ricardo filio eius et aliis.

Date: see no. 58.

67. Grant by Countess Matilda, wife of Roger earl of Clare, to the monks in free alms of half a mark each year from the mill of Carbrooke, whosoever holds the mill. 1153-73.

Carta comitisse de dimidia marca de molendino de Kerebroc.
Matildis comitissa uxor Rogeri comitis de Clara omnibus hominibus Francis et Anglis salutem. Sciatis me dedisse et hac mea carta confirmasse pro anima domini mei Rogeri comitis de Clara et mea et pro animabus puerorum meorum et omnium antecessorum meorum Deo et Sancto Iohanni de Stok' et monachis ibidem Deo servientibus in perpetuam elemosinam singulis annis dimidiam

marcam in molendino de Kerebroc quicumque tenuerit vel habuerit illud molendinum. Testes Ricardus frater comitis de Clara, Conanus nepos eius, Matheus pincerna et alii.[1]

[1] MS aliis.

Date: the tenure of Earl Roger. The mill was later granted to the monks in its entirety by Earl Richard (no. 46).

68. Confirmation by Richard earl of Hertford of the grants in free alms to the monks by Robert Canevaz in Herringswell and Barton Mills, saving the service due to the king from a third part of a knight's fee. c.1190-1210.

Carta Ricardi de Clara comitis de tota Roberti Canevaz.
Ricardus de Clara comes Hertfordie omnibus hominibus suis et amicis presentibus et futuris Francis et Anglicis salutem. Sciatis me concessisse et presenti carta mea confirmasse Deo et Sancto Iohanni Baptiste de Stok' et monachis ibidem Deo servientibus totam terram quam Robertus Canevaz dictis monachis de Stok' elemosinavit in Heringewelle et in Bertun' tam in hominibus quam redditibus, pasturis et in omnibus aliis rebus, sicut carta predicti Roberti Canevaz testatur, tenendam et habendam in perpetuum dictis monachis in puram liberam et perpetuam elemosinam, salvo servicio domini regis, videlicet quantum pertinet ad terciam partem unius militis. Et ut hec mea concessio et confirmacio perpetuam obtineat firmitatem, eam presenti scripto et sigilli mei apposicione roboravi. Hiis testibus domino Ricardo de Clara, Alexandro de la Kersunere et aliis.

Date: Alexander de la Cressonière occurs 1199-1207 (Palgrave, ii, 141; *CRR*, v, 83).

69. Grant by Lucy, wife of Earl Baldwin de Redvers, to the monks in free alms of William Palmer of *Straham* (probably Streatham, Surrey) with his land, from which he is to pay five shillings *per annum*. 1152-4 June 1155.

Carta comitisse de Clara de homagio Willelmi Palmerii.
Fo 32r Notum sit presentibus et futuris quod Lucia comitissa uxor Baldewini comitis dedit Sancto Iohanni Baptiste de Stok' et monachis ibi (Deo) servientibus unum hominem de Straham nomine Willelmum Palmerium cum tota terra sua, unde quinque solidos annuatim monachis redditurus est. Hanc donacionem dedit ut liberam elemosinam et ab omni servicio quod ad illam pertinebat quietam esse concessit pro anima comitis Baldewini et comitis Gilberti et omnium antecessorum suorum et pro seipsa et omnibus amicis suis. Testibus Lamberto capellano, Osberto de Baillo, Robert de Lamara, Walaramo, Rogero filio Ricardi et aliis.

49

Date: Lucy, wife of Baldwin de Redvers I, had presumably been married previously to Earl Gilbert, although no other record of this marriage has been found. The date is therefore determined by the approximate death of Earl Gilbert, and that of Earl Baldwin. The Redvers were lords of Streatham, which they held in demesne.

69a. Notification by William Middleton, bishop of Norwich, that he has been informed by the prior and convent of Stoke by Clare, the rectors, and by Geoffrey the vicar of Gazeley, that when his predecessor Bishop William (de Turba) confirmed the appropriation of the church to the monastery (no.87), he ordained that the religious should have the tithes of sheaves, lambs, calves, chickens, piglets, wool and cheese, and the first living beast left as mortuaries, and that the vicar should receive all other offerings and the revenues of the chapel of Kentford, as letters exhibited to the bishop confirmed. Since the vicars have many times usurped tithes pertaining to the rectors, contention has often arisen between them. Wishing to end the cause of such disputes, the parties have submitted to the arbitration of the bishop, who has ordained that the religious and their successors should receive all the great tithe, or tithe of sheaves, of the whole parish of Gazeley and the chapel of Kentford as | *fo 32v* their rectory, together with the tithe of cheese of the demesne manor of Desning, and that the vicar should receive the tithe of hay of the parish of Gazeley and the chapel together with all other tithes, obventions and oblations pertaining to the church and chapel. With the consent of the parties the bishop has further ordained that the vicar should provide the vestments, books and all other ornaments for the church and chapel, and should pay the synodals and other obligations incumbent on the church and chapel, except for the archidiaconal procurations which are to be paid by the monks, who shall be responsible also for the maintenance of the roofing of the chancel of Gazeley church. Both parties accepted this ordinance and swore that it would be observed by themselves and their successors. Thorpe, 12 July 1286.

Note: this document is added in a later hand.

69b. Memorandum relating to the tithes of the priory. Shortly after 1338.

HAVERHILL

Memorandum that the prior of Stoke by Clare receives all the great tithe of the lands which were once held by Aubrey de Capellis in Haverhill, which are now called *Bluntesse.* The field called *le Melnefeld* is of the said fee, and the prior receives all the great tithe of this field except from four acres, that is, from one acre where the mill stands, and one acre adjoining the mill, and two acres adjoining *le Castelgate.* The upper or western end of the field called *Hofeld* is of the same fee, and there the prior receives the whole of the great tithe, except from one acre where it is received by the rector, and except from *le Pet*, where the rector receives a third of the tithe from an acre and a half. In the field called *Castelfeld* the prior receives the great tithe in its entirety from a parcel of land which abuts on the meadow of *Goldeford* which adjoins the rector's land, and from another parcel which abuts on the bridge called *Meldhombregg*. From a parcel within the wood called *Kenneywode* the prior received the great tithe in its entirety until 1338, from which time the rector has usurped a third of the tithe. The prior receives all the tithe of hay from three roods in *Brademedwe*, which is of the same fee, and in the meadow of *Goldeford* he receives the tithe of hay in that part of the meadow adjoining the land from which he receives the tithe. He also receives the tithe of hay in *Kenneymedwe*. All the foresaid lands and tenements are in the hands of the Earl of Gloucester. / *fo 33r* The prior receives two thirds of the great tithe of all the land which was once held by Gilbert de Nevilla in the same vill, that is, from a croft called *Nevilescroft* held by John Godlok of the fee called *Nevilesse*; from parcels of land in *le Doune* held by Margaret le Nevile, John Prys and John Hog, and from the parcel once held by Douce le Drapier, stretching from one corner of the field to the king's highway; in *le Markatfeld*, from three roods held by Agnes Payn; in the field called *Bogdyngelwelle* in the north part of *le Hoverewoud*, from three roods held by Thomas de Dalham and from half an acre held by Walter Hog; in the field called *Hoverewoud* from parcels held by Douce Draper, Walter Hog, William Angwy and Robert Lande; in *le Netherwoud* from parcels held by Simon Gylys, Agnes Payn, Douce Draper, Walter Hog and William Anguy; in the field called *Bradecroft* from parcels held by John Hog, Amice Hog, Nicholas Hovel, Douce le Draper, William Cornel, Walter Hog, Robert Bande and Amice Suyft; in the field called *Anguysfeld* from parcels held by Geoffrey Symond and Robert Bande; from a croft lying towards Bumpstead held by John Chaunterel which is entirely in fee (*qui est de toto feudo*[1]); from a croft in the wood called *Nevyleswode* held by John Adam; from a parcel in a croft beside the said wood, which was held by Robert de Curemersale and which is of the same fee; from a nearby croft held of the same fee by John Godlok; from the whole field called *le Chip*, which lies to the west of the foresaid wood; in the field called *Hauecharfeld* which abuts on *Goldeforde* and is held of the same fee, from a parcel held by Henry Boteler and by William Attele, two parcels held by Walter Cornulle, and from parcels held by Adam de Batesbery, John Malyn, Eustace Attele, John Adam, Roger le Glovere, Gilbert Wassepoke, William Anguy and Margery Anguy; in the field called *Lerarsey* / *fo 33v* two thirds of the tithe pertain to the prior from a place called *le Gappe*, which divides *Nevilesse* from the parish of Wickham(brook), to the king's highroad leading to Linton; from the field called *Holleye* on either side of the meadow; in the field called *Werdonhel*, from a parcel held by John Payn which abuts on *Salteresweye*, from parcels held by Agnes Payn and Geoffrey Symond, from a parcel adjoining that of Agnes Payn and from a parcel held by Agnes Capel; from a parcel adjoining *Halfwode* held by Walter Capel of *Fillyngtone*, and from another parcel adjoining *Halfmedwe* held by the same Walter.

---

1 Possibly in error for *de eodem feudo*.

Memorandum that the prior of Stoke by Clare receives all the tithes in the vill of Belchamp Otten from one hundred and two acres of land once held by Peter de Halstede and Walter Langetoft of the fee of Clare, that is, from seventy acres and three roods which are in the hands of Robert le Vaus, of which forty acres are in the field called *Melnefeld*, eight acres are in *Cherchefeld*, twelve acres are in *Mossellyscroft*, seven and a half are in the field called *Briteslond*, three roods are in the same field to the west of the boundary, four roods are in *Collewellecroft*, one acre and three roods are in *Pacheriscroft*, and seven and a half acres are by *Collewellemedwe*; from three acres of land held by William de Altoun, of which one acre lies towards *Collewellemedwe* and two acres lie towards William's grove; from four acres of land in the same field which are in the hands of William son of John Henry; from one acre in *Levindore* which is in the hands of William le Spicer; from seven acres held by the lord Boutetour, of which four acres are in *Collewellecroft* and three acres are in *Pacheriscroft*; from three acres of land in the same field which are in the hands of the widow of William Mounbray; from one acre of land lying towards *Collewellemedwe* which is in the hands of William Berteloth; from three acres in the hands of William Berteloth; and from half an acre of land lying towards *Mosseliscroft*.

STANSFIELD

In the vill of Stansfield the prior of Stoke by Clare receives two thirds of the great and lesser tithes, except the tithe of hay, from the lands and tenements known as *Ruytisse*, that is, in the field called *Brodfeld* from thirty acres or more held by William Michel, William le Hoppere, clerk, Thomas de Reyngute and Thomas Wyburgh; in the same field, from four acres or more held by Henry Gascoin; in the field called *Heywodefeld*, from twenty acres or more held by William Michel, Thomas de Reyngate, Thomas Wyburgh, William Courtery and *dominus* William le Hoppere; in the same field, from ten acres held by the lady Alice de Grey; in the field called *Heyfeld*, from twenty four acres held by the lord Thomas de Cornerth; in the same field, from three acres or more / *fo 34r* held by Henry Gascoin in the croft adjoining *le Frenischcroft*, and outside the croft from half an acre held by the same Henry; from four acres held by Robert le Tresschere by the wood of the lord Thomas de Cornerth, knight, which is called *Godynho*; from two acres held by the same Robert in a croft in another part of the same wood; from six acres or more in the same croft held by Henry Gascoin, Gilbert le Schepherde and Geoffrey his brother; from four acres adjoining the foresaid croft held by Thomas de Reyngate; from one acre there held by Agnes Pulleyne; from half an acre held by Beatrix Polleyn; and from one acre held by Peter Cressuner in the croft which was held by Margery Gascoin.

From the lands and tenements in the same vill known as *Darnelesse* the prior receives two thirds of the great tithe. Robert de Alwartoun holds sixty acres or more in the field called *Wodebreggefeld*; in the eastern part of this field the rector of Stansfield receives the entire tithe of six acres, and in the western part of the same field the rector receives the entire tithe of about three acres, but from the remainder the prior receives two thirds of the tithe. The same Robert holds fifteen acres or more in the field called *Pippyngworth*, in which the rector receives the entire tithe of five acres in the western part, and the prior receives two thirds of the tithe from the remainder. The same Robert holds two acres in the field called *Kyppyngescroft*, and *dominus* William le Hoppere holds three acres at *Darnelesyerd*. There are twenty acres or more in the middle of the field called *Cherchefeld* held by Robert de Alwartoun from which the prior receives two thirds of the tithe, but the same Robert holds the remainder of that field, ten acres or so, from which the rector receives the entire tithe, and of these ten acres one acre adjoins the rectory of Stansfield to the east of the said twenty acres. William le Hoppere, clerk, Robert Michel and William Michel hold a croft called *Borescroft*, in which there are eight acres of the same fee. Robert de Alwartoun holds three acres of the same fee in the field called *Castelesfeld* opposite his gate, and the rector has unjustly taken the entire tithe of this for the past two years.

WICKHAMBROOK

Memorandum of the tithes pertaining to the priory of Stoke by Clare in the vill of Wickhambrook and Aldersfield, that is, in the field called *Leystonesdoune* in length and breadth from the path called *Threschereslane* to the meadow of the prior of Chipley, and from the meadow called *le Longmedwe* to the land of Robert Herrolf, previously held by Baynes; in the field called *Bradefeld* in length and breadth, from the croft of Walter Heryng to the meadow of the prior of Chipley, and from the meadow called *Lonngemedwe* to the meadow called *Tounpallemedwe*; in the field / *fo 34v* called *Pecchefeld* in length and breadth, from the tenement of Semaune Wyth to the meadow called *Aswallemedwe*, and from *le Wychdych* to the hedge called *Petecotehegh* of the field called *Pecchefeld*, lying towards *Luylollestbrede*; from a parcel of four and a half acres which abuts on *le Coursedewode*, with the land of William Byffard lying to one side and the lake to the other; in the field called *le Dounfeld* from four acres lying by the land of Gilbert Newham; in the field called *le Lytthecroft* or *Othercroft*; from four acres of land in the field called *le Dedeman*; from one parcel of land lying in *Petecotefeld* between *Harthefeldestred* and *Pecchefeld*; and in the field called *Wrdtefeld* in length and breadth between *Badmouneshallese* and *le Stanstrete* and between *le Wydelane* and *Estdych*.

SAMPFORD

Memorandum that the prior of Stoke by Clare receives two thirds of all the great and lesser tithes of the manor of Sampford, that is, from Thomas de Trudrynge for the two fields of *Berdiswelle*, and the tithe of sheaves of *le Hourcroft*, which contains eight acres, and all the tithes of *Cowylwe*; from all the lands of Thomas de Lyndiseye, except for sixteen acres called *Stywardislond*, from which the rector takes half the tithe; from six acres of land which abut on the meadow which Richard de Sanford acquired from Richard de Lyndysie; two thirds of the tithe of sheaves from forty acres of land of the Hospitallers adjoining the land of Richard de Lyndisele; two thirds of the tithe of sheaves of all the lands and meadows which William Cok acquired from Richard de Lyndisele; two thirds of the tithes of fifteen acres of Robert Larke in *Cowilke*, and of seven acres of land held by Ralph Wigge, and of the seven acres of *Ailwardislond*, and of a croft of four acres, and of the fifteen acres of Thomas Passey called *Checherislond*, and of the five acres of *Collemanislond*, and of the seven acres of John Varoner, and of the field called *Selkleye* held by Simon Maynard, and of forty acres once held by Bertelin Adam, with a croft containing three acres, and of nine acres called *Little Asseleye* held by the same Simon, of four acres of land once held by Thomas Sudburi, of three acres of land once held by Simon Cateline, of a croft containing one acre once held by Matilda daughter of Richard, of all the lands once held by John Curly, of the five acres of Peter Cow by his house, of the four acres of Richard Paunsilon adjoining his messuage, of two acres which abut on the king's highway once held by Ralph Curli, of two and a half acres in the field called *Alisifeld* once held by Simon atte Eston, of one acre once held by Richard Chaloner, of one acre once held by John Geffrey, of five and a half acres at *Farrercrouch* held by the son of John Geffrey, of three acres held by Gilbert Marchal, of one acre once held by Gilbert Passey, of one acre once held by John de Lavenham, of one acre once held by Simon Scepherd, and of two and a half acres once held by Richard de Homerbregg' in *Altensfeld*.

Date: shortly after the usurpation of the tithes in Haverhill. Thomas de Cornard occurs in 1331, and had been succeeded by George de Cornard by 1358 (Rye, *Suffolk Fines*, 170, 219).

70. Confirmation charter of Everard bishop of Norwich, reciting the manner in which Gilbert Fitz Richard in 1090 granted to the monks of Bec the church of St John at Clare with all its possessions and the seven prebends of the church instituted in the time of King Edward by Alvric son of Withgar, that is, the prebend of Alwin, consisting of land at Brockley and the demesne tithe of Hundon; the prebend of William son of Albold, consisting of the church of Gazeley, the chapel of Kentford, the tithe of Desning, the tithe of the mills of Cavenham, fifteen hundred eels at Lakenheath and land at Boughton; the prebend of Renger of London, consisting of the church of Thaxted and the demesne tithe of Clare; the prebend of Walter de St German, consisting of the church of St Paul at Clare, land at Haverhill and the tithe of Cavendish, Siam Hall, Bentley, Alresford and Naylinghurst; the prebend of Sawin, consisting of the church of Pebmarsh and land at Pooley, Bulley and Sudbury; the prebend of Bernard, consisting of the church of Hundon and the tithe of Gestingthorpe, Halstead and Bures; and the prebend of Oger, consisting of the church of Stoke, land at Stoke and the tithe of Cornard and Harefield. The prebends were to be converted to the use of the monks as they became vacant.
Gilbert Fitz Richard also granted to the monks the ploughland called Walton with the adjacent river meadow, four ploughmen in the vill of Stoke, the wood of Clare adjacent to the vill of Thurlow with the villein who lived there, Alvric the fisherman with all his land, with the consent of his brothers Robert and Roger Stour Mere and fishing in the whole of the river from Stour Mere to the

castle of Clare, and fifty acres at Hundon adjacent to the wood of Thurlow. He also gave them, for the lighting of their church, the mill of *Smalebrige* (probably in Bures) which used to render him twenty shillings yearly, and the church of Crimplesham, and in the same vill Gothe the smith with his tenement. He also granted them the whole of the demesne tithe of his manors in Norfolk, that is, of Crimplesham, Wereham, Beechamwell and Barton Bendish, with the churches of those manors when they should become vacant, and rents of five shillings in Fincham and five shillings in Boughton, two thousand eels with fishing rights at Fordham, four thousand eels at Lakenheath, licence to fish for one day and two nights each year on the eve of the feast of St John the Baptist in his fishpond at Cavenham, and a buck from his park of Hundon, together with an oak at Christmas each year to warm the sick monks.

In 1124 Richard Fitz Gilbert transferred the monks from the castle of Clare to the church of St Augustine at Stoke by Clare. He gave them the mill of Stoke in exchange for that of Clare, and the land of Roger the carpenter, free of geld and scot and all customs, in exchange for the lands which they had held in Clare, that is, for the ploughland called *Horscroft* with the adjacent vineyard, the ploughland called Walton, the vineyard which Geoffrey son of Hamo granted to them, their garden and mill at Clare and twelve houses which they had held there, those of Sawin, William son of Albold, Bernard, Lefwin, Alwin and Renger the canons, of Lefric Long, Canevaz, Eudo the usher, Arnold de Nazanda, Godwin the cotter and Godwin Galilee. He also ordained that all geld, scot and customs which lay upon *Linton Roais* and the land held by Roger the carpenter should be paid from the demesne ploughland of Clare called *Horscroft*. This exchange was made on the understanding that, with the help of the lord of Clare, the monks would build at Stoke the church of St John the Baptist in which to dwell, and this church should have all the liberties, possessions and prebends of the church of St John the Baptist at Clare. He also granted the monks a parcel of scrubland called *Stokeho*, and another near the church of St Augustine, and half the tithe of Denham.

The bishop also confirms the grants of the barons and men of the honour, as detailed in the various clauses of no.37 and otherwise, as follows: that part of iii relating to Norwich diocese; v-vi; vii, but grant of whole tithe, and ascribed to Robert de Neiella; x, xii-xiii; xiv, but ascribed to Reginald de la Cressonière; viii, xv, xvii, by Germund and Swein his son, of two thirds of all their tithes; xix-xxiv; xxvii, but omitting tithe at Haverhill; xxxiii, but ascribed to Robert de Clopton; that part of xxxviii relating to Norwich diocese; by Robert de Pressini, Mabel his wife and Elias his son, of their tithe at Boughton; xl, and in addition grant by Walter cum Barba of a third of his tithe at Stoke and two acres of land there. 1136-43.

Fo 35r Incipiunt confirmaciones episcoporum Norwicensis ecclesie super ecclesiis, decimis et possessionibus datis monachis de Stok' a diversis comitibus, comittissis, baronibus etc.
Confirmacio prima Everardi Noriwicensis episcopi.
Everardus Dei gracia Norwicensis episcopus universis sancte matris ecclesie filiis salutem. Licet omnibus dyocesanis nostris ex iniuncto cure nobis pastoralis officio debitores simus, illis tamen qui moribus magis ingenui et religione pre-

clara existunt ea racione specialius quodam modo providere debemus. Pro inde iustis peticionibus summi viri G. prioris de Clara et venerabilium fratrum in eodem loco sub regulari norma degencium assensum prebentes, auctoritate officii quo fungimur communimus, roboramus et sigillo nostro confirmamus omnes donaciones que eis in prebendis, decimis, redditibus vel ecclesiis collocate sunt a nobilis memorie Gilberto filio Ricardi seu ab aliis fidelibus sicut presenti notantur. Anno ab Incarnacione millesimo nonagesimo Gilbertus de Clara filius Ricardi filii Gilberti comitis Brionie dedit ecclesie Sancte Marie Beccensi et monachis in ea Deo servientibus ecclesiam Sancti Iohannis de Clara cum omnibus que ad eam pertinent in prebendis, in decimis, in silvis, in vineis, in terris, in aquis, iure perpetuo possidendam in subieccionem abbatum qui in Beccensi ecclesia preerunt. Dedit eciam eis septem prebendas a bone memorie Elvrico filio Withgari temporibus Edwardi regis institutas, scilicet prebendam Elewini que continet terram de Brochole et totam decimam de dominio de Hunedena, et prebendam Willelmi filii Alboldi que continet ecclesiam de Gaisle et capellam de Ken(t)eford et totam decimam de Desenige et totam decimam de molendinis de Cavenham et unum miliarium et dimidium anguillarum apud Lakingaheia(m) et terram de Boctune, et prebendam Rengeri de Lundoniis que continet ecclesiam de Taxtede et totam decimam de dominio Clare, et prebendam Walteri de Sancto Germano que continet ecclesiam Sancti Pauli de Clara et terram de Haverhella et decimam de Cavenedis et decimam de Saham et decimam de Benetleia et decimam de Alisford et decimam de Neilingahert, et prebendam Sawini que continet ecclesiam de Pebenersc et terram de Polheia et terram de Buleleia (et) de Suberia, et prebendam Bernardi que continet ecclesiam de Hunedena et decimam de Gestinguetorp et decimam de Halsteda et decimam de Buris, et prebendam Oggeri que continet ecclesiam de Stok' et terram de eadem willa et decimam de Cornerdia / *fo 35v* et decimam de Herefeld.[1] Constituit eciam et confirmavit predictus Gilbertus quatinus monachi sine aliqua contradiccione vel dilacione omnes prebendas suas ex quo a persona vacarent in manus suas proprias secundum voluntatem suam disponendas acciperent et cum omni libertate et pace inperpetuum optinerent. Dedit eciam eis culturam que apellatur Waltune et holmum iuxta eam et quatuor bubulcos in villa que vocatur Stok' cum omnibus terris suis et boscum de Clara qui est iuxta villam que vocatur Trillawa et illum villanum qui ibidem manet cum omni terra sua, et Aluricum piscatorem cum omni terra sua, et Sturemaram et piscacionem tocius fluminis ab ipsa Sturemara usque ad castellum de Clara, concedentibus fratribus suis Roberto et Rogero, et l acras terre apud Huned(enam) iuxta boscum de Trillawa. Dedit eciam eis ad luminaria ecclesie molendinum de Smalebruge quod ei per singulos annos xx solidos reddere solebat, et ecclesiam de Cavenham cum omnibus pertinenciis suis, et ecclesiam de Cremplesham cum omnibus pertinenciis suis, et in eadem villa Gothe fabrum cum omni tenemento suo. Dedit eis eciam integre decimas omnium rerum de quibus decima dari debet de toto dominio omnium maneriorum suorum in Norfolc, videlicet totam decimam de Cremplesham, totam decimam de Wiram, totam decimam de Welles, totam decimam de Bertona, et ecclesias omnium istorum maneriorum cum vacaverint, et redditum x solidorum, scilicet v solidos in Fincham et v solidos in Buketuna, et duo milia

---

[1] MS Herdefeld, with first *d* expunged.

anguillarum cum piscatura apud Fordham et quatuor milia anguillarum apud Lackingaheia(m), et singulis annis licenciam piscandi per unum diem et duas noctes in vivario de Caveham ante festum Sancti Iohannis, et unum damum in parco de Hunedena, et ibidem unam quercum ad natale Domini ad calefaciendum monachos infirmos. Confirmamus eciam eis donaciones omnes quas fecit eis Ricardus filius predicti Gilberti et commutaciones terrarum que inter eos facte sunt sicut hic notantur. Anno ab Incarnacione mc xxiiii Ricardus filius Gilberti transtulit monachos de castello Clare ad ecclesiam Sancti Augustini de Stok' et dedit eis molendinum de Stok' in escambium molendini de Clara, et terram Rogeri carpentarii liberam et quietam a geldo et scoto et omnibus consuetudinibus, in escambium terrarum quas monachi habebant in Clara, culture scilicet que vocatur Horscroft et vinee que est iuxta eandem culturam, et culture que / fo 36r vocatur Waltune, et vinee quam Galfridus filius Hamonis dederat eisdem monachis, et horti eorum et molendini eorum de Clara, et xii mansurarum[2] quas habebant in villa Clare, mansure videlicet Sawini, Willelmi filii Alboldi, Bernardi, Leofwini, Alwini, Rengeri canonicorum, Lefrigii Longi,[3] Canevaz, Heudonis hostiarii, Ernaldi de Nazandes, Godwini stotarii, Godwini Galilee. Preterea constituit ipse dominus Ricardus quod geldum et scotum et omnes consuetudines que iacebant super Lintonam Roais et terram quam Rogerus carpentarius ad tempus tenuerat debent dari de dominica cultura Clare que vocatur Horscroft. Istas etenim terras fecit predictus Ricardus liberas, solutas et quietas a geldo et omnibus consuetudinibus in predicta commutacione perpetuo possidendas. Hac siquidem convencione factum est istud escambium, quod monachi, auxiliante domino Clare, construerent apud Stok' ecclesiam Beati Iohannis Baptiste ad habitandum in ea, cum omnibus redditibus et libertatibus et privilegiis et auctoritatibus suis et cum prebendis quas habuerat ecclesia Beati Iohannis Baptiste sita in castello Clare. Dedit eis eciam quoddam nemusculum quod vocatur Stokeho, et aliud prope ecclesiam Sancti Augustini, et medietatem decime de Denham. Omnes eciam elemosinas quas barones predictorum dominorum seu quilibet alii fideles predictis monachis dederunt confirmamus et corroboramus; ex dono Ernaldi de Nazanda unum hospitem in villa Clare, ex dono[4] Roberti Psalterium[5] xv acras terre apud Hunedena(m), ex dono Ricardi de Reda xxx acras terre in eadem villa, ex dono Roberti de Neiela decimam de Denerdestun', decimam de Stanesfelda de omnibus unde decima dari debet, ex dono Elinaudi vicecomitis decimam de Fornham et ibidem x acras terre et molendinum de Waldingfeld cum Adam filio suo leproso quem monacum fecit et terram ad molendinum pertinentem cum pertinenciis,[6] ex dono Galfridi filii Aimonis et Ansgoti de Bucheshala duas partes decimacionis de Bucheshala, ex dono Herluini filii Goismeri x solidatas terre de terra Wlvrici Smuchel apud Finstede, ex dono Rogeri de Lacressunera duas partes decimarum suarum de Haukeduna et de Chemesig', ex dono Rogeri de Carlevilla duas partes decimacionis sue de Aluredesfeld et de Herthest, ex dono Canevaz duas partes decimacionis sue de Herinngeswella, ex dono Ricardi filii Hugonis duas partes decimacionis sue de Meleford' / fo 36v et de Culinges et de Nedham et totam terram suam de Brochole, ex dono Germundi

2 MS mansuras.
3 MS Longii.
4 MS domo.

5 MS Spalterium.
6 MS omits *pertinentem*, cf. no.71.

et Suaini filii sui duas partes decimacionum suarum de omnibus de quibus decima dari debet, ex dono Rogeri de Gisnei duas partes decimacionis sue de Haverengeland et de Witewella et de terra sua apud Norwicum et ecclesiam Beati Clementis Martiris cum pertinenciis suis in eadem villa,[7] ex dono Galfridi de Favarches duas partes decimacionis sue de Walsingeham, ex dono Osulfi Maskerel duas partes decimacionis sue de Cavenedis, ex dono Galfridi duas partes decimacionis sue de Badeleia, ex dono Goismeri duas partes decimacionis sue de Chipeleia, ex dono Elye coci duas partes decimacionis sue de Poseligford, ex dono Albrici de Capell' totam moram suam de Stok', ex dono Roberti de Cloptune decimam suam de eadem villa, ex dono Ingerani Dabernun ecclesiam de Frisentune cum omnibus pertinenciis suis, ex dono Roberti de Pressine et Mabilie uxoris sue et Helye filii eius decimam suam de Boctune, ex dono Walteri cum Barba terciam partem decime quam habet in Stok' et duas acras terre in eadem villa et totam decimam de terra sua apud Priditune. Omnia hec dictis filiis nostris dilectis monachis ecclesie Sancti Iohannis Baptiste in qua sub regulari disciplina vivunt confirmamus et sigilli nostri apposicione corroboramus et auctoritate Beati Petri et ecclesie Norwicensis, cui auctore Deo presidemus, et nostra interdicimus et sentencia excommunicacionis percellimus siquis ex predictis donacionibus antenominatis fratribus vel ecclesie sue aliquid violenter auferre presumpserit. Testes Willelmus Turba prior Sancte Trinitatis Norwicensis, Willelmus archidiaconus Norwicensis, Rogerus archidiaconus et alii.[8]

[7] *Margin:* Sancte Fidis in Norfol'.   [8] MS aliis.

Date: the predecessor of William de Turba as prior of Norwich last occurs after 1136 (*Fasti: Monastic Cathedrals 1066-1300*, 59). Prior Gerard of Stoke had been succeeded by Robert by 1143 (no. 21).

71. Confirmation charter of William de Turba bishop of Norwich, issued at the petition of Roger earl of Clare, by which he confirms to the monks the monastery of St John the Baptist at Stoke by Clare with its appurtenances, the church of St Augustine at Stoke, in which they shall provide a suitable priest to minister, the churches of Clare and Bures, the church of Hundon with the land once held by John son of Edward, which in the presence of the bishop he resigned to the monks, and the great and lesser tithes of that land, the churches of Little Thurlow and Gazeley, the chapel of Kentford, the churches of Rede, St Andrew at Burwell, and Cavenham, the grants of Gilbert Fitz Richard and his successors, as detailed in the charter of Earl Roger (no. 37. i, ii), and the grants of the barons and men of the honour, as detailed in the various clauses of no. 37 and otherwise, as follows: that part of iii relating to Norwich diocese; iv-vii; by William Pecche of two thirds of his tithe at Aldersfield; x-xi; xxxi-xxxvi; xxx; xii-xiii; xiv, but omitting tithe at Hawkedon; xv; xvii; that part of xviii relating to Norwich diocese, with the addition of tithe at Siam Hall; xix-xxix; xl; xlii; by Robert de Pressini and Elias his son of all their tithe at Boughton; by Richard son of Ansgot of two thirds of his great and lesser tithe at Cornard. 1152-73.

A: no.71.
B: no.100, *inspeximus* by Prior William and the convent of Norwich.
C: no.72, a confirmation charter of Bishop John I in similar terms, variants noted below.

Confirmacio Willelmi Norwicensis episcopi super predictis facta monachis de Stokes.
Willelmus Dei gracia Norwicensis episcopus universis Christi fidelibus salutem in Domino. Que inspirante Domino ecclesie Dei largicione fidelium ob animarum suarum salutem in locis iurisdiccioni nostre subpositis pia devocione conferuntur, hec concedere et ea que nobis a Domino concessa est auctoritate imperiosa caritatis lege confirmare constringimur. Eapropter universitati vestre presenti scripto notificamus nos instancia et peticione dilecti filii nostri viri nobilis Rogeri comitis de Clara priori et conventui de Stok' ecclesias cum pertinenciis in Norwicensi diocesi constitutas et omnia alia beneficia que eis largicione fidelium collata fuisse et ab eisdem tempore bone memorie Everardi predecessoris nostri / *fo 37r* possedisse cognovimus, concessisse et auctoritate episcopali confirmasse, inter que suis hec duximus exprimenda vocabulis, scilicet monasterium Sancti Iohannis Baptiste de Stok' cum pertinenciis suis in quo Deo serviunt, ecclesiam Sancti Augustini de Stokes cum pertinenciis suis, ita quod ipsi monachi de sacerdote ydoneo in eadem ecclesia ministraturo semper provideant cum opus fuerit,[1] ecclesiam de Clar' cum pertinenciis suis, ecclesiam de Bures cum pertinenciis suis, ecclesiam de Huneden' cum pertinenciis suis et totam terram quam Iohannes filius Eadwardi[2] tenuit quondam, quam eciam me presente eisdem monachis resignavit, et decimas eiusdem terre quas dicti monachi possident tam minores quam maiores, ecclesiam de Trillawe cum pertinenciis suis, ecclesiam de Gaisle cum pertinenciis suis,[3] capellanam de Kenteford cum pertinenciis suis, ecclesiam de Rede cum pertinenciis suis, ecclesiam Sancti Andree de Burewelle cum pertinenciis suis, ecclesiam de Caveham cum pertinenciis suis; ex dono autem nobilissimi Gilberti filii Ricardi, qui monachos Becci in Claram primus adduxit, totam decimacionem omnium maneriorum suorum de dominicis suis in Norfolc' tam minores quam maiores, videlicet totam decimam de dominico[4] de Cremplesham et de Wiram et de Velles[5] et de Bertuna. Dedit eciam predictis monachis pro anima Ricardi primogeniti sui totas decimas de dominico de Clara et de Huneden' et de Deseniges et de Caveham, tam minores quam maiores omnium rerum de quibus decima dari debet, quicumque de ipso dominico tenuerit, et ecclesias omnium istorum predictorum maneriorum cum omnibus libertatibus et pertinenciis suis cum a persona vacaverint, et in villa de Cremplesham Goche[6] fabrum cum omni tenemento suo, et in Fincham[7] redditum v solidorum, et in Buketuna[8] redditum v solidorum, et unum miliare anguillarum apud Fordham, et in Caveham pro decimis molendinorum que vocantur Twigrint[9] redditum v solidorum et xi denariorum, et sex miliaria

1 B: cum opus fuerit semper provideant.
2 B: Aedwardi.
3 B: grant of Gazeley church omitted.
4 B: de dominico omitted; A: transposed.
5 B: Welles.
6 B: Goge.
7 B: Phincham.
8 B: Boketona.
9 B: Twigrind.

59

anguillarum et dimidium apud Lackingeheiam. Dedit eciam predictus Gilbertus
filius Ricardi dictis monachis culturam que apellatur Waltune et holmum iuxta
eam et quatuor bubulcos in villa de Stok' cum omnibus terris suis, et boscum de
Clar' qui est iuxta villam que apellatur Trillawe, et quinquaginta acras terre apud
Hunedenam iuxta boscum de Trillawe et illum villanum qui ibidem manet cum
omni terra sua, et Aluricum piscatorem cum omni terra sua, et Stu- / fo 37v
remeram[10] et piscacionem tocius fluminis ab ipsa Sturemera usque ad castellum
de Clara, et ad luminaria ecclesie molendinum de Smalebrige et piscacionem uno
die et duabus noctibus in vivario suo de Caveham[11] annuatim ad nativitatem
Sancti Johannis Baptiste, et unum damum in parco suo de Hunedena et ibidem
unam quercum ad natale Domini ad calefaciendum monachos, et annuatim
quietudinem sexaginta porcorum de pasnagio cum porcis suis ubicumque
voluerint in nemoribus suis, et dimidietatem decime de Denham, quicumque de
dominico ipso tenuerit. Dedit eciam predictus vir nobilis Rogerus comes de
Clara prefatis monachis piscacionem per unum diem annuatim contra anniversarium nobillisimi Gilberti filii Ricardi avi sui, et quicquid habebant[12] in duabus
mansuris que fuerunt Rogeri cornesarii quas Walterus Chamberlenc[13] dederat eis
pro anima comitis Gilberti fratris sui, ex dono Adelicie de Claro Monte et
Ricardi filii sui totam terram Martini capellani apud Stok', et in eadem villa
totam terram cum pertinenciis suis quam Rogerus carpentarius tenuit, et boscum
de eadem villa qui[14] vocatur Stokeho, et quoddam nemusculum prope ecclesiam
Sancti Augustini. Omnes eciam elemosinas quas barones predictorum dominorum seu quilibet alii fideles prefatis monachis dederunt confirmamus et corroboramus, scilicet ex dono Ernaldi de Nazanda unum hospitem in villa de Clara,
ex dono Roberti Psalterium Admarum[15] villanum de Hunedena cum tota terra
integre cum nemore et prato et aliis pertinenciis quam tenuit de feodo domini
in eadem terra, item ex dono ipsius Roberti Psalterium quindecim acras terre
cum pertinenciis suis in eadem villa, et in eadem villa ex dono Ricardi de Reda
triginta acras terre cum pertinenciis suis, ex dono Roberti Darnel duas partes
decime sue de Stansfeld,[16] ex dono Willelmi Peccati duas partes decime sue de
Aluredesfeld, ex dono Elinaldi vicecomitis totam decimam suam de Fornham
tam minores quam maiores, et ibidem decem acras terre cum pertinenciis suis et
molendinum de Waldingefeld[17] et terram ad molendinum pertinentem cum
pertinenciis suis, ex dono Galfridi filii eius totam terram suam de Fornham et
terram suam de Reda et terram Wlgari de Tya, et terram Huctredi[18] de Mora
cum pertinenciis suis, et tres mansuras in villa de Clara, ex dono Willelmi Giffard
duas partes decime sue in Cloptuna tam / fo 38r minores quam maiores, ex dono
Gilberti de Baillol duas partes decime sue de Denardestune, ex dono Petri de
Cloptuna totas decimas suas tam minores quam maiores, ex dono Rogeri de la
Kersunere duas partes decime sue de Hauekesdune, ex dono Galfridi filii Galfridi
duas partes decime sue de Finstede, et in eadem villa de dono Alexandri Ferding
duas partes decime sue, et in eadem villa ex dono Radulfi Smukel[19] duas partes

[10] A: Sturemaram.	[15] B: Eadmarum; C: Edmarum.
[11] B: Kaveham.	[16] B: Stanesfeld.
[12] B: habebant, *n* expunged.	[17] B: Waldinguefel.
[13] B: Camberlenc.	[18] C: Ochtredi.
[14] B: quod.	[19] B: Smuchel.

60

decime sue,[20] ex dono Galfridi Peccati duas partes decime sue in Hertstret,[21] ex dono Johannis Knicht[22] duas partes decime sue in Alfistun tam minores quam maiores, ex dono Galfridi filii Hamonis et Ansgoti de Bukeshala duas partes decime sue de Bukeshala,[23] ex dono Herlewini filii Goismeri decem solidatas terre de terra Wlrici[24] Smukel apud Finstede, ex dono Radulfi de la Kersunere duas partes decime sue de Kemesinges, ex dono Canevaz duas partes decime sue de Herinngeswell',[25] ex dono Ricardi filii Hugonis duas partes decime sue de Meleford et de Culinges et de Nedham et totam terram suam de Brochole cum omnibus pertinenciis suis, ex dono Rogeri de Sancto Germano totam decimam suam de Cavenedis, tam minores quam maiores, excepta acra et dimidia pertinentibus ad ecclesiam, similiter totam decimam suam de Saiham[26] tam minores quam maiores, ex dono Rogeri de Giesnei[27] duas partes decime sue de Haveringeland[28] et de Witewelle[29] et de terra sua apud Norwicum, ex dono Galfridi de Favarches duas partes decime sue de Walsingeham, ex dono Osulphi Maskerel duas partes decime sue de Cavenedis, similiter et de terra quam dedit cum filia sua, ex dono Galfridi Brokes[30] duas partes decime sue de Badeleia, ex dono Goismeri duas partes decime sue de Chippeleia,[31] ex dono Helie[32] coci duas partes decime sue de Poselingeworthe,[33] ex dono Roberti pincerne et Mabilie uxoris sue ecclesiam de Trillawe cum pertinenciis suis et redditum quinque solidorum in eadem villa,[34] ex dono Hugonis filii Ernaldi terram Ingenulfi de Bradeleia cum pertinenciis suis, ex dono Albrici de Capellis totam moram suam de Stok' et totam decimam suam de Hawerelle tam minores quam maiores,[35] ex dono Gilberti de Nevilla duas partes decime sue in villa de Haverelle, ex dono Baldewini filii Galfridi totam terram quam Willelmus Claviger tenuit de eo apud Claram cum pertinenciis suis,[36] ex dono Walteri cum Barba totam decimam suam / fo 38v de Priditune, ex dono Willelmi Capre Robertum de Bolileia[37] reddentem annuatim sex solidos,[38] ex dono Roberti de Pressini[39] et Elye[40] filii sui totam decimam suam de Boctune, ex dono Ricardi filii Ansgoti[41] duas partes decime sue de Cornerde tam minores quam maiores. Hec autem omnia superius annotata et alia que in presenciarum canonice possident vel que futuris temporibus annuente Domino in episcopatu Norwicensi iustis modis poterunt adipisci,

20 C: et in eadem villa duas partes decimarum Alexandri Ferding, et duas partes decimarum Rod(ulfi) Smukel, in villa de Denham medietatem decimarum tocius dominici Galfridi de Say quicumque de ipso dominico tenuerit, in Parva Bradeleia duas partes decimarum tocius dominici W. filii R. et tocius dominici illius curie que dicitur Overhalle, ex dono Galfridi Peccati *etc.*

21 B: Hercherst.

22 B: Chingt.

23 C omits de Bukehala, adds in eadem villa.

24 B: Wulurici.

25 C: Heriswelle.

26 C: Seham.

27 B: Gyesnei; C: Gisnay.

28 B: Haveringelond.

29 B: Wittewell'.

30 C: Galfridi de Brokes.

31 B: Cippeleia.

32 B: Elye.

33 B: Poselingeworde.

34 C: grant by Robert Pincerna omitted.

35 C: et omnes decimas suas tam minores quam maiores.

36 C: grant by Baldwin son of Geoffrey omitted.

37 B: Bulileia.

38 C: grant by William Capra omitted.

39 B: Prissini.

40 B: Helye.

41 C: Ansgoti filii Ricardi.

eis firma constare, quieta et inconvulsa permanere et confirmata auctoritate episcopali inperpetuum fore volumus, et huius presentis scripti testimonio cum sigilli nostri apposicione communimus. Districcius eciam inhibemus ne quis hanc nostre confirmacionis paginam infringere vel contra eam ausu temerario venire aliquatinus presumat. Quod siquis presumpserit, sciat se auctoritate Beati Petri et ecclesie Norwicensis cui auctore Deo presidemus et nostra sentenciam excommunicacionis incurasse. Hii sunt testes Willelmus archidiaconus Norwicensis, magister Wineineius, magister Teobaldus,[42] magister Galfridus clerici, Thuroldus, Georgius capellani, Lucius filius Ade et alii multi.

[42] A: witnesses from Master Theobald added in margin in later hand; B has no witness list.

Date: the tenure of Earl Roger.

72. Confirmation by Bishop John of Oxford of the possessions of the monks, namely the monastery of St John the Baptist at Stoke by Clare, the church of St Augustine at Stoke, in which the monks shall provide a suitable chaplain to minister when necessary, the churches of Clare, Bures and Gazeley, the church of Hundon and the land there which John son of Edward resigned to the monks in the presence of Bishop William, and the tithes of that land, the churches of Cavenham, Thurlow, Reed, St Andrew's Burwell and Crimplesham, the demesne tithes of the earl's manors of Clare, Hundon, Desning, Cavenham, Wereham, Barton Bendish and Beechamwell, and the grants of the barons and men of the honour as listed in no.71, with the addition noted *ibid.* n.20, the omissions noted *ibid.* n.34, 36 and 38, and the variations noted *ibid.* n.18, 23, 26, 30, 35 and 42. 25 March 1192 – 24 March 1193.

Confirmacio Iohannis Norwicensis episcopi super predictis facta monachis de Stokes.
Omnibus Christi fidelibus ad quos presens scriptum pervenerit Iohannes permissione divina Norwicensis ecclesie minister salutem in Domino. Licet universis nobis subiectis in hiis que ad nos pertinent[1] sua iura conservare debeamus, ex pastoratus tamen nostri officio viris religiosis qui ad frugem melioris vite confugientes conversacionis arcioris viam elegerunt elemosinas et beneficia que eis fidelium largicione sunt collata attencius confirmare et ipsos in iustis possesionibus suis episcopali auctoritate tueri et fovere tenemur, ut exclusa temerarie presumpcionis et vexacionis iniuria divinis obsequiis liberius intendant. Ea propter ad omnium volumus pervenire noticiam nos episcopali auctoritate donasse et confirmasse dilectis in Domino filiis monachis Beccensibus apud Stok' in monasterio Sancti Iohannis Baptiste Deo servientibus ecclesias et beneficia que temporibus predecessorum nostrorum ab eisdem possedisse cognovimus. Hec autem propriis duximus exprimenda vocabulis, scilicet monasterium Sancti Iohannis Baptiste de Stok' cum pertinenciis suis (in quo Deo serviunt, ecclesiam

[1] MS *in* expunged.

62

Sancti Augustini de Stokes cum pertinenciis suis)² ita quod ipsi monachi de
sacerdote ydoneo in eadem ecclesia ministraturo cum opus fuerit semper provideant, ecclesiam de Clara integre cum pertinenciis suis, ecclesiam de Buris cum
pertinenciis suis, ecclesiam de Gaisle cum pertinenciis / *fo 39r* suis, ecclesiam de
Huneden' cum pertinenciis suis, et totam terram quam Iohannes filius Edwardi
tenuit quondam, quam eciam in presencia bone memorie Willelmi episcopi
Norwicensis predecessoris nostri eisdem monachis resignavit, sicut in auctentico
ipsius continetur, et omnes decimas eiusdem terre tam minores quam maiores,
ecclesiam de Caveham cum pertinenciis suis, ecclesiam de Trillawe cum pertinenciis suis, ecclesiam de Reda cum pertinenciis suis, ecclesiam Sancti Andree de
Burewelle cum pertinenciis suis, ecclesiam de Cremplesham cum pertinenciis
suis. Preterea donavimus dictis monachis de Stok' et auctoritate episcopali confirmavimus omnes decimas maneriorum comitis de Clara tam in Norfolch' quam
in Suffolch', scilicet de dominico de Clara et de Huneden' et de Deseninges et de
Caveham et de Wirham et de Bertune et de Welles tam minores quam maiores
omnium rerum de quibus decima debet dari, quicumque de ipsis dominicis
tenuerit, et omnes elemosinas quas barones dominorum Clare seu quilibet alii
fideles prefatis monachis contulerunt tam in terris quam in decimis, redditibus,
pratis, nemoribus, et aliis rebus, ex dono Ernaldi de Nazanda unum hospitem in
villa de Clara (etc. as in no.71, with variations there noted to *duas partes decime
sue de Cornerda tam minores quam maiores.*)³ Hec autem omnia et alia que in
presenciarum canonice possident vel que futuris temporibus annuente Domino
in episcopatu Norwicensi iustis modis poterunt adipisci eis firma constare et confirmata fore volumus, salvo in omnibus / *fo 40r* honore, obediencia et reverencia
sancte Norwicensis ecclesie. Districcius eciam inhibemus ne quis hanc nostre
donacionis et confirmacionis paginam infringere vel contra eam ausu temerario
venire presumat. Eam autem servantibus et predictis monachis bona conferentibus sit pax et salus eterna. Datum anno ab Incarnacione Domini mcxcii. Testes
Gaufridus et Rogerus archidiaconi et alii.⁴

Margin: Nota pro curia de Overhalle in Parva Bradeley quod confirmatur per
capitulum ccccli (no. 520).

2 Supplied from no.71.
3 *Foliation:* duas partes decimarum / *fo 39v* Alexandri Ferding.
4 MS aliis.

**73. Confirmation by John I bishop of Norwich of the monks' possession of the
church of Cavenham, which is to be appropriated by them after the death of
Alan, the present rector, when provision is to be made for the decent maintenance of a vicar who shall minister in the church. c.1186-1200.**

Confirmacio Iohannis Norwicensis episcopi facta monachis de Stok' de ecclesia
de Kaveham.
Omnibus Christi fidelibus ad quos presens scriptum pervenerit Iohannes Dei
gracia Norwicensis episcopus salutem in Domino. Ad universorum volumus

pervenire noticiam nos pietatis favore et religionis canonice confirmasse dilectis filiis nostris in Christo monachis de Stok' ecclesiam de Caveham cum omnibus ad ipsam pertinentibus in usus suos perpetuo possidendam, salva possessione Alani eiusdem ecclesie rectoris quam diu vixerit, salvis quoque in omnibus obediencia, reverencia, honore et debitis consuetudinibus sancte Norwicensis ecclesie et honesta et sufficienti vicarii sustentacione qui in prefata ministrabit ecclesia. Hanc autem confirmacionem nostram ut perpetua perseveret et stabilis presenti scripto et sigilli nostri patrocinio communimus. Testibus Thoma Britone, Eustachio de Bellocampo et aliis.

Date: all the Norwich cathedral charters witnessed by Thomas Brito and Eustace can be dated c.1186-1200 (Dodwell, *Norwich Cathedral Charters*, nos 35-40, 135-6, 138-9, 142, 259 (ii), 264).

74. *Inspeximus* and confirmation by John II bishop of Norwich of no.73. 24 September 1200 – 18 October 1214, possibly autumn 1211.

Confirmacio Iohannis ii Norwicensis episcopi facta monachis de Stok' de ecclesia de Kaveham.
Universis sancte matris ecclesie filiis ad quos presens scriptum pervenerit Iohannes Dei gracia Norwicensis episcopus salutem in Domino. Inspeximus cartam bone memorie I(ohannis) predecessoris nostri in hec verba conceptam: Omnibus *etc.* (as no.73). Attendentes autem factum predecessoris nostri in hac parte de sinu misericordie processisse, istud / *fo 40v* sicut pie et racionabiliter factum est, presentis scripti patrocinio[1] et sigilli nostri apposicione confirmavimus. Hiis testibus magistro Galfrido de Neketun', magistro Eadmundo de Sancto Amando[2] et aliis.

1 *patrocinio* interlined.
2 MS Eadmundo. A Master Edmund de Sancto Amando and Alan de Sancto Eadmundo were both frequent witnesses of Bishop John II's *acta.*

Date: the two witnesses coincide in three other charters of the bishop, all dated September-November 1211.

75. Appropriation by Bishop Walter de Suffield of Norwich to the monks of the church of Cavenham. The monks shall receive all the great tithes and shall hold the manse with the church buildings; all other tithes and revenues shall be retained by the rector, who will be presented by the monks at the bishop's nomination. 17 December 1254.

A: no.75.
B: no.76, *inspeximus* by Prior Simon and the convent of Norwich.

Confirmacio Walteri Norwicensis episcopi de eadem.

Omnibus Christi fidelibus presentes literas inspecturis Walterus miseracione divina Norwicensis epsicopus salutem in Domino sempiternam. Ut religiosi viri domus Sancti Iohannis Baptiste de Stok' nostre diocesis quiecius et devocius Domino famulentur et hospitalitatis gracia habundancius caritative petentibus impendatur, nos ecclesiam de Caveham nobis lege diocesana subiectam in qua ipsi optinent patronatum taliter eorum propriis usibus duximus concedendam, (ita) quod iidem perpetuo percipiant omnes decimas garbarum tocius parochie dicte[1] et mansum habeant cum edificiis ecclesie memorate, omnibus aliis decimis et proventibus rectori qui ecclesiam predictam pro tempore gubernabit retentis, qui per nos et nostros successores ibidem ordinabitur successive, ita tamen quod prefati viri religiosi ipsum a nobis et successoribus nostris nominatum presentabunt. Rector vero omnia onera dicte ecclesie debita et consueta sustinebit. In cuius rei testimonium presentibus literis sigillum nostrum fecimus apponi. Datum apud Gypeswycum[2] sextodecimo kal. Januarii anno gracie mcc quinquagesimo quarto.

[1] B: dicte parochie.   [2] B: Gippiswic'.

76. *Inspeximus* **and confirmation of no.75 by Prior Simon de Elmham and the convent of Norwich. 13 January 1255.**[1]

[1] *Foliation:* quod iidem perpetuo / *fo 41r* percipiant omnes decimas.

77. Confirmation by Everard bishop of Norwich of the grant to the monks by Gilbert earl of Clare of the church of Bures (no.21). 1139-43.

Confirmacio Everardi Norwicensis episcopi facta monachis de Stok' de ecclesia de Bures.

Everardus Dei gracia Norwicensis episcopus omnibus Norwicensis ecclesie filiis et fidelibus tam clericis quam laicis tam futuri temporis quam presentis salutem. Caritati vestre notum sit quod ego dedi et concessi canonice ecclesiam de Buris cum omnibus ad eam[1] pertinentibus beneficiis cuiuscumque sint generis monachis de Stok' Deo servientibus et servituris, concedente hoc Gilberto comite Clare advocato predicti loci et domino quantum in sua erat potestate, et Norwicensi clero consulente et consenciente. Quare episcopali auctoritate precipio ut in predicto loco servientes et servituri Deo monachi predictam ecclesiam de Bures pacifice teneant et inconcusse[2] et omnia ad eam pertinencia cuiuscumque sint generis beneficia. Quam donacionem meam et concessionem predictam ratam esse inperpetuum volens, sigilli mei apposicione munivi, ut qui

[1] *eam* interlined.   [2] MS inconcussisse, *iss* expunged.

65

contra hoc venire temptaverit Norwicensi ecclesie se adversarium recognoscens resipiscat. Testes sunt Willelmus filius Henfridi archidiaconus, Willelmus prior Norwicensis et alii.[3]

[3] MS aliis.

Date: after no. 21. The probable successor of William son of Humphrey, archdeacon of Sudbury, first occurs in 1143 (*Fasti: Monastic Cathedrals 1066-1300*, 69).

78. Appropriation by John I bishop of Norwich to the monks of the church of Bures, with provision for the decent maintenance of a vicar. 1178-1200, probably after 1186.

Confirmacio Iohannis Norwicensis episcopi facta monachis de Stokes de eadem.
Omnibus Christi fidelibus ad quos presens scriptum pervenerit Iohannes Dei gracia Norwicensis episcopus salutem in Domino. Quoniam episcopalem decet auctoritatem virorum religiosorum profectibus racione et iusticia mediante providere, ad universorum volumus noticiam devenire nos divini amoris intuitu et religionis favore potissime / *fo 41v* inductos canonice concessisse et presenti carta nostra confirmasse dilectis filiis nostris monachis de Stok' ecclesiam de Buris in usus suos ad eorum sustentacionem cum omnibus ad eandem ecclesiam pertinentibus perpetuo possidendam, salvis honore et obediencia et reverencia et debitis consuetudinibus sancte Norwicensis ecclesie et sufficienti et honesta sustentacione vicarii qui in prescripta ministrabit ecclesia. Testibus Thoma archidiacono, Eustachio capellano et aliis.

Date: the predecessor of Archdeacon Thomas last occurs in 1178-9 (*Fasti: Monastic Cathedrals 1066-1300*, 63-4). Probably after 1186, since the majority of charters witnessed by Eustace the chaplain can be dated within these limits.

79. *Inspeximus* and confirmation of no. 78 by John II bishop of Norwich. 1200-14.

Confirmacio Iohannis Norwicensis episcopi facta monachis de Stok' de eadem.
Universis sancte matris ecclesie filiis ad quos presens scriptum pervenerit Iohannes Dei gracia Norwicensis episcopus salutem in Domino. Noverit universitas vestra nos inspexisse cartam bone memorie I(ohannis) predecessoris nostri in hec verba: Omnibus *etc.* (as no.78). Attendentes autem factum predecessoris nostri in hac parte de sinu misericordie processisse, illud sicut pie et racionabiliter factum est presentis scripti patrocinio et sigilli nostri apposicione confirmamus. Hiis testibus magistro Galfrido de Neketun', magistro Eadmundo de Sancto Amando, Rogero de Suthamton' et aliis.

Date: the pontificate of John de Gray.

80. Appropriation by William de Ralegh bishop of Norwich to the monks of the chapel of St Mary at Bures, to be held with twenty acres of land given by William de Blaveni, another ten acres with a rent of ten shillings, and other possessions now held or to be acquired. 21 October 1243.

Confirmacio Willelmi Norwicensis episcopi facta predictis monachis de capella de Bures.
Omnibus Christi fidelibus ad quos presens scriptum pervenerit Willelmus Dei gracia episcopus Norwicensis salutem in Domino. Cura pastoralis nos admonet et racio postulat equitatis religiosarum personarum peticiones que racioni non dissonant propicius exaudire. Cum igitur dilecti filii prior et monachi de Stok' nobis humiliter supplicaverint et devote quatinus capellam Beate Marie de Buris cum quibusdam terris, redditibus ac bonis aliis ipsi capelle assignatis sibi in / *fo 42r* proprios usus confirmare caritatis intuitu dignaremur, nos eorum piis precibus inclinati ipsam capellam de Buris cum viginti[1] acris terre de dono Willelmi de Blawen' et aliis decem acris terre cum redditu[2] decem solidorum simul cum omnibus bonis eidem capelle caritative collatis sicut ea canonice sunt adepti necnon et cetera bona que in posterum iustis modis dante Domino poterunt adipisci ad divini cultus ampliacionem et obsequii ipsius gloriose virginis sustentacionem perpetuam in eadem ipsis priori et monachis et ecclesie sue auctoritate pontificali duximus confirmanda. In cuius rei testimonium presenti scripto sigillum nostrum duximus apponendum. Datum per manum magistri Rogeri Pincerne archidiaconi Suffolch' apud Hoxn' xii kal. Novembris pontificatus nostri anno quinto.

1 MS vigintis.
2 MS redditum.

81. *Inspeximus* and confirmation of no.79 by Prior William and the convent of Norwich. c.1202-14, or 1219-35.

Confirmacio capituli Norwicencis predictis monachis facta de eadem.
Universis sancte matris ecclesie filiis ad quos presens scriptum pervenerit Willelmus prior Norwicensis ecclesie et eiusdem loci conventus salutem in Domino. Universitati vestre notum esse volumus nos inspexisse cartas venerabilium patrum nostrorum Iohannis primi et Iohannis secundi episcoporum nostrorum continentes hec verba: Universis *etc.* (as no.79). Nos vero predictas concessiones et confirmaciones de / *fo 42v* sinu misericordie procedere attendentes, quantum ad nos spectat gratum eisdem concessionibus et confirmacionibus prebemus assensum et presenti scripto commune sigillum capituli nostri apponentes confirmamus.

Date: Prior William de Walsham or William son of Odo of Norwich (*Fasti: Monastic Cathedrals 1066-1300*, 60).

82. Confirmation by John I bishop of Norwich of the grant to the monks of the church of Barton Mills, with further provision that after the death of Master Godfrey, the present incumbent, the rectors presented by the monks shall pay them an annual pension of three marks. 1187-93.

Confirmacio Iohannis Norwicensis episcopi de ecclesia de Berton', ut ab eadem monachi predicti recipiant singulis annis xl solidos.
Universis Christi fidelibus ad quos presens scriptum pervenerit[1] Iohannes Dei gracia Norwicensis episcopus salutem in Domino. Omnibus notum esse volumus nos confirmasse ecclesie Sancti Iohannis Baptiste de Stok' et monachis ibidem Deo servientibus ecclesiam de Bertune cum omnibus ad eam pertinentibus sicut carte donatorum testantur. Concessimus autem intuitu pietatis et religionis ut post magistri Godefridi discessum rector predicte ecclesie qui a prescriptis monachis ad eamdem ecclesiam episcopo Norwicensi presentabitur iii marchas argenti eisdem monachis ad sustentacionem eorum annuatim de predicta ecclesia nomine pencionis persolvat, scilicet xx solidos ad synodum Pasche et xx solidos ad synodum Sancti Michaelis. Et ut hec nostra confirmacio perpetuam optineat firmitatem, eam presenti scripto et sigilli nostri testimonio communimus, salvo in omnibus et per omnia iure et auctoritate et obediencia sancte Norwicensis ecclesie debita. Testibus Thoma, Iohanne, Gaufrido, Rogero archidiaconis, Thoma Brit(one), magistro Lamberto et aliis.

[1] MS pervenenerit, *en* expunged.

Date: the predecessor of Roger was not yet archdeacon in 1187-8, and he himself first occurs 1192-3; the successor of Archdeacon John first occurs in 1197-8 (*Fasti: Monastic Cathedrals 1066-1300*, 65, 69-70). Before no. 88.

83. Appropriation by John I bishop of Norwich to the monks of the church of Clare, with provision for the decent maintenance of a vicar who shall minister in the church, and shall have all the offerings of the altar and all the lesser tithes, except the tithe of corn and vegetables and the lesser tithes from the court of the earl, Samson's land and Walton, for which he shall pay the monks twenty shillings *per annum*. The vicar shall discharge episcopal obligations on the church and shall provide suitable ornaments and books. 1187-93.

Confirmacio Iohannis Norwicensis episcopi facta monachis de Stok' de ecclesia de Clara.
Omnibus Christi fidelibus ad quos presens scriptum pervenerit Iohannes Dei gracia Norwicensis episcopus salutem in Domino. Ad universorum volumus pervenire noticiam nos divine pietatis intuitu et ob favorem religionis dilectorum filiorum nostrorum monachorum de Stok' concessisse eisdem et hac presenti carta nostra auctoritate episcopali confirmasse ecclesiam de Clara cum omnibus pertinenciis suis in usus proprios convertendam, salva honesta et competenti sustentacione vicarii qui in prefata ministrabit ecclesia, qui nobis et successoribus nostris per predictos fratres presentabitur ad prefatam vicariam cum eandem

68

vacare contigerit. Possidebit autem idem vicarius omnes obvenciones altaris et omnes minutas decimas tocius parochie de Clara et quicquid ad eamdem vicariam pertinet, exceptis garbis bladi et leguminis tocius parochie et exceptis minutis decimis provenientibus de curia domini comitis tantum / *fo 43r* et de terra que fuit Samsonis et illa terra que dicitur Waltone, solvendo inde annuatim prefatis monachis viginti solidos, scilicet ad Pascha decem solidos et ad natale Domini x solidos. Predictus vero vicarius omnia honera episcopalia sustinebit et ecclesie competenter in ornamentis et libris providebit. Et ne possit hec nostra confirmacio tractu temporis in irritum revocari, nos eam presenti carta sigillique nostri testimonio duximus roborandam, salvo in omnibus iure et dignitate Norwicensis ecclesie. Hiis testibus Gerardo priore Norwicensi, Reinnero archidiacono, Thoma archidiacono et aliis.

Date: Master Reiner occurs without title in 1187-8, and his successor as archdeacon of Sudbury first occurs in 1192-3 (*Fasti: Monastic Cathedrals 1066-1300*, 69-70).

84. Confirmation by John (I or II) bishop of Norwich of the monks' possession of the great tithes of the demesne of W. son of R. and of the demesne of the house called Werehaule,[1] as adjudged to them by Warin abbot of Wardon, Walter prior of Chicksands and Hugh prior of Caldwell, papal judges delegate. 1198-1214, probably before May 1208.

Confirmacio Iohannis Norwicensis episcopi facta monachis de decimis duarum garbarum tocius dominici W. filii R. et curie que dicitur Werehal' predictis adiudicatis per iudices delegatos.
Omnibus Christi fidelibus ad quos presens scriptum pervenerit Iohannes Dei gracia Norwicensis episcopus salutem in Domino. Ad universorum volumus pervenire noticiam nos canonice confirmasse dilectis filiis monachis de Stok' decimas duarum garbarum tocius dominii W. filii R. et tocius dominii illius curie que dicitur Werehaule, sicut eis racionabiliter ab W(arino) abbate de Wardune et W(altero) et H(ugone) de Chikesh' et de Caldewelle prioribus iudicibus a summo pontifice delegatis sunt adiudicate, sicut ipsorum scriptum auctenticum inde confectum testatur. Et ut hec nostra confirmacio rata inperpetuum perseveret et illibata, presentis scripti attestacione cum sigilli nostri apposicione eam communimus.

1 In nos 71, n. 20, and 72, *Overhalle.*

Date: Warin I abbot of Wardon occurs in 1198-9, when his predecessor resigned. An Abbot Roger occurs in 1200, and Warin II in 1205; Warin II's successor occurs in May 1208 (*Heads*, 146). The judgement therefore can be dated 1198-May 1208. These tithes had been confirmed to the monks by Bishop John I in 1192-3 (no.72), and further litigation arose in 1225 (no.520). For mandate, see Cheney, *Letters of Innocent III*, no.176.

85. Confirmation by John I bishop of Norwich of the pensions received by the monks from various churches in his diocese, that is, from Crimplesham seven marks, from Bures sixteen marks and four shillings, from Cavenham thirty-six shillings, from Rede ten shillings, from Hundon ten shillings, from Clare twenty shillings and from Little Bradley half a mark. 1175-93, probably after 1186.

Concessio et confirmacio I(ohannis) Norwicensis episcopi facta monachis de omnibus pensionibus sibi debitis in ecclesiis diocesis Norwicensis quas statim specificat.

Omnibus Christi fidelibus ad quos presens scriptum pervenerit Iohannes Dei gracia Norwicensis episcopus salutem in Domino. Ad universorum volumus noticiam devenire nos divini amoris intuitu canonice concessisse dilectis filiis nostris monachis de Stok' omnes penssiones ecclesiarum suarum que in episcopatu nostro sunt, scilicet in ecclesia de Cremplesham septem marcas, in ecclesia de Bures sexdecim marcas et quatuor solidos, in ecclesia de Caveham triginta sex solidos, in ecclesia de Rede decem solidos, in ecclesia de Huneden' decem solidos, in ecclesia de Clara viginti solidos, in ecclesia de Parva Bradeleia dimidiam marcam. Has omnes predictas penciones prefatis monachis auctoritate episcopali qua presidemus confirmamus. Et ut hec nostra confirmacio firma et stabilis inperpetuum permaneat, nos eam presenti scripto sigillique nostri testimonio roboramus. Hiis testibus Thoma Britone et aliis.

Date: before the assignment of a pension from Barton Mills church (no.82). Most charters witnessed by Thomas Brito can be dated after 1186.

86. Grant by John I bishop of Norwich to the monks of an annual pension of twenty shillings from the church of Little Thurlow, and confirmation of their possession of the tithes of the vill of Chilton Street and all the tithes pertaining to the church of Clare. 1178-93, probably after 1186.

Fo 43v Concessio et confirmacio facta monachis de xx solidis percipiendis annuatim in ecclesia de Trillawe et de decimis Chilt(un) et Clar'.

Omnibus Christi fidelibus ad quos presens scriptum pervenerit Iohannes Dei gracia Norwicensis episcopus salutem in Domino. Ad universorum volumus pervenire noticiam nos concessisse et presenti carta nostra confirmasse dilectis filiis nostris monachis de Stok' annuam pensionem viginti solidorum inperpetuum percipiendam de ecclesia de Trillawe, et preterea omnes decimas tocius ville de Chiltun' et universas decimas spectantes ad ecclesiam de Clara in usus suos perpetuo possidendas eisdem monachis canonice concedimus et confirmamus. (Hiis testibus) Thoma archidiacono, Eustachio capellano et aliis.

Date: the predecessor of Archdeacon Thomas last occurs in 1178-9 (*Fasti: Monastic Cathedrals 1066-1300*, 63). Before no.88. Most charters witnessed by Eustace the chaplain can be dated after 1186.

87. Confirmation by William de Turba bishop of Norwich of the grant of the church of Gazeley, which the monks have long possessed for their own use, and of the chapel of Kentford. The bishop reiterates that the monks should have the tithe of corn, lambs, calves, chickens, piglets, wool and cheese, and the mortuary of the first living beast, and the vicar should have all other offerings and the chapel of Kentford with its possessions. 1161-75.

A: no. 87.
B: no.105a, *inspeximus* by Bishop Roger de Skerning.

Confirmacio Willelmi Norwicensis episcopi de ecclesia de Gaisle et capella de Kent(eford) et taxacione vicarie.
Omnibus sancte matris ecclesie filiis ad quos presens scriptum pervenerit Willelmus Dei gracia Norwicensis ecclesie minister humilis salutem in Domino. Ad universorum volumus noticiam pervenire[1] nos divine miseracionis intuitu confirmasse monachis de Stok' ecclesiam de Gaisle[2] cum omnibus pertinenciis suis quam in proprios usus longo tempore possiderunt, et capellam de Kenteford. Et ne alicui processu temporis possit venire indubium qualis fuerit diutina possessio prescriptorum monachorum in prefata ecclesia et possessio vicarii qui in ipsa ecclesia per eorum presentacionem pro loco et tempore ministrabit, auctoritate pontificali dignum duximus terminandum, scilicet quod predicti monachi percipient omnes decimas garbarum, agnorum, vitulorum, pullorum, porcellorum, lane et caseorum et primum legatum vivum quod offertur pro mortuo, et vicarius in supradicta ecclesia de Gaisle[3] percipiet universas obvenciones ceteras et capellam de Kenteford cum omnibus pertinenciis suis. Omnia prelibata auctoritate qua fungimur confirmamus. Hiis testibus Willelmo archidiacono,[4] magistro Wimero, magistro Theobaldo,[5] Turoldo capellano[6] et aliis.

1 A: pervenimur.	4 A: Willelmus archidiaconus.
2 B: Gaysselei.	5 A omits.
3 B: Gayselei.	6 A omits.

Date: the attestation of Master Theobald and Turold the chaplain indicates that this is a charter of William de Turba (see no.71), although his use of the title *minister humilis* is rare, and perhaps unique. If the archdeacon was William I, who last occurs in 1148, such a detailed ordination of a vicarage would be exceptionally early. The archdeacon therefore is almost certainly William II, who first occurs before 1168 and whose predecessor last occurs in ?1161 (*Fasti: Monastic Cathedrals 1066-1300*, 62-3).

88. Confirmation by John I bishop of Norwich of the pensions received by the monks from various churches in his diocese, that is, from Crimplesham seven marks, from Bures sixteen marks and four shillings, from Barton Mills three marks, from Cavenham thirty-six shillings, from Little Thurlow twenty shillings, from Little Bradley half a mark, from Hundon ten shillings, from Rede ten shillings and from Clare twenty shillings. 1187-93.

Confirmacio I(ohannis) Norwicensis episcopi de omnibus pensionibus debitis monachis dictis de ecclesiis Norwicensis diocesis.

Omnibus Christi fidelibus ad quos presens scriptum pervenerit Iohannes Dei gracia Norwicencis episcopus salutem in Domino. Ad universorum volumus noticiam devenire nos divini amoris intuitu canonice concessisse dilectis filiis nostris monachis de Stok' omnes pensiones ecclesiarum suarum que in episcopatu nostro sunt, scilicet in ecclesia de Cremplesham septem marchas, in ecclesia de Buris sexdecim marcas et quatuor solidos, in ecclesia de Bertune tres marcas, in ecclesia / *fo 44r* de Caveham triginta sex solidos, in ecclesia de Parva[1] Trillawe viginti solidos, in ecclesia de Parva Bradeleia dimidiam marcam, in ecclesia de Huneden' decem solidos, in ecclesia de Reda decem solidos, in ecclesia de Clara viginti solidos. Has omnes predictas pensiones prefatis monachis auctoritate episcopali qua presidemus concedimus et confirmamus. Et ut nostra confirmacio firma et stabilis inperpetuum permaneat, nos eam presenti scripto sigillique nostri testimonio roboramus. Hiis testibus Thoma Britone, Eustachio capellano, Roberto de Chipeleia et aliis.

1 MS Parvva.

Date: after no. 82, which establishes the pension from Barton Mills, and before no. 98, as no pension from Burwell is here listed.

89. Confirmation by William de Ralegh bishop of Norwich of the grant to the monks of the church of Crimplesham, with its tithes and other appurtenances. 25 September 1239 – 9 October 1242, probably before January 1241.

A: no. 89.
B: no. 90, *inspeximus* by Prior Simon and the convent of Norwich.

Confirmacio Willelmi Norwicencis episcopi de ecclesia de Crempesham.

Omnibus Christi fidelibus ad quos presens scriptum pervenerit Willelmus Dei gracia episcopus Norwicencis salutem in Domino. Cura nos admonet suscepti regiminis et racio postulat equitatis preces et peticiones religiosarum personarum que racioni concordant clementer admittere et utiliter effectu prosequente complere. Cum igitur dilecti in Christo filii[1] prior et conventus monachorum de Stok' nobis humiliter supplicaverint ut donaciones, concessiones et cartas predecessorum nostrorum inspectas super piis collacionibus eis factis confirmaremus, nos eorum precibus inclinati ecclesiam de Cremplesham cum decimis et omnibus aliis ad eam pertinentibus que ante tempora nostra pacifice possidebant, possessiones quoque, decimas quascumque, homines et redditus suos et quecumque bona largicione pontificum, regum, comitum, baronum seu quorumcumque aliorum[2] fidelium, vel que aliis iustis modis quibuscumque adepti fuerint, et omnia que rite possident et inposterum iuste adipiscent, ut de cetero inperpetuum firma eis et eorum posteris illibata permaneant auctoritate pontificali confirmamus. In cuius rei robur et testimonium huic scripto sigillum nostrum duximus apponendum. Hiis testibus magistris Rogero Pincerna, Willelmo de Clar' et aliis.

1 A: filii et, *et* expunged.
2 A: clericorum; *aliorum* supplied from B.

Date: Master Roger Pincerna first occurs as archdeacon of Sudbury in January 1241 (*Fasti: Monastic Cathedrals 1066-1300,* 70).

90. *Inspeximus* and confirmation of no.89 by Prior Simon and the convent of Norwich. 9 October 1242.[1]

1 *Foliation:* concordant / *fo 44v* clementer.

91. Taxation by Walter de Suffield bishop of Norwich of the vicarage of Crimplesham, which is to consist of all the altarage, half the tithe of hay and one acre of land. The vicar shall pay the synodals and provide books and ornaments for the church. The monks shall have the tithe of corn and half the tithe of hay, and they shall maintain the chancel and pay the archdeacon's procuration. When the vicarage becomes vacant they shall present to the bishop a suitable parson. 12 March 1253.

A: no.91.
B: no.92, *inspeximus* by Prior Simon and the convent of Norwich.

Taxacio vicari(e) de Crempesham facta per Walterum Norwicencem episcopum.
Universis Christi fidelibus presentes literas audituris vel visuris Walterus Dei gracia episcopus Norwicensis[1] salutem in Domino sempiternam. Quoniam per inquisicionem invenimus vicariam in ecclesia de Cremplesham[2] actenus non fuisse taxatam, licet aliqui in eadem certas habuerint porciones, ne de taxacione vicarie predicte futuris temporibus hesitetur,[3] eam duximus sic taxandam. Consistit vicaria in toto alteragio ecclesie memorate et medietate feni et in una acra libere terre ecclesie antedicte, et vicarius sustinebit sinodalia et expensas librorum et aliorum ornamentorum ecclesie sepedicte, salvis priori et monachis de Stokes omnibus decimis bladi et medietate decime feni, et dicti monachi reficient cancellum et solvent procuracionem archidiaconi, et cum vacaverit vicaria prefata presentabunt nobis vel successoribus nostris dicti monachi personam ydoneam ad eandem. In cuius rei testimonium sigillum nostrum presentibus duximus apponendum. Datum apud Hevingham die Sancti Gregorii anno Domini mcclii.

1 B: Norwicencis.   3 A: hestitetur; B: essitetur.
2 B: Cremplisham.

92. *Inspeximus* and confirmation of no.91 by Prior Simon de Elmham and the convent of Norwich. 13 March 1253.[1]

[1] *Foliation:* Symon de / *fo 45r* Helmham.

93. Ordination by Walter de Suffield bishop of Norwich of a perpetual benefice of fifty shillings in the church of Rede, to be paid to the monks by the rector at the two synods at Ipswich, the monks having resigned their previous pension of ten shillings. When the present rector dies or resigns they may appropriate the church, whereupon a vicarage will be established by the bishop. 11 April 1245.

A: no.93.
B: no.94, *inspeximus* by Prior Simon and the convent of Norwich.

Confirmacio Walteri Norwicencis episcopi facta monachis de Stok' de l solidis percipiendis in ecclesia de Rede nomine pensionis et de ecclesia retinenda sibi in proprios usus rectore mortuo tunc Romano.
Omnibus Christi fidelibus ad quos presens scriptum pervenerit Walterus Dei gracia Norwicencis episcopus salutem eternam in Domino. Etsi omnium religiosorum episcopali pululemus dileccione, illos tamen maiori tenemur prosequi beneficio qui in nostra diocesi constituti hospitalitatis causa se ipsos eviscerant et depauperant. Cum igitur dilecti filii prior et conventus de Stok' operibus misericordie intendentes hospitalitatis gracia cunctis se insignes reddant et pauperibus undique ad eos confluentibus congrua subsidia administrent, nos illis decem solidos annuos quos nomine pencionis ex collacione predecessorum nostrorum in ecclesia de Rede optinebant in manus nostras resignantibus et se super eandem ecclesiam in omnibus voluntati nostre committentibus, volentes eis graciam facere specialem quinquaginta solidos in eadem ecclesia nomine perpetui beneficii annuatim concessimus ad duas synodos de Gyppiswic'[1] a rectore eiusdem per-/ *fo 45v* cipiendos, ita quod decendente vel recedente nunc rectore eiusdem ecclesie ipsa ecclesia cedat eis in proprios usus, salva vicaria per nos vel successores nostros taxanda. Datum apud Sybetun'[2] iii idus Aprilis pontificatus nostri anno primo.

[1] B: Gypiswic'.   [2] B: Sybeton.

94. *Inspeximus* and confirmation of no.93 by Prior Simon de Elmham and the convent of Norwich. 13 January 1255.

95. Confirmation by William de Clare archdeacon of Sudbury of the charters of W. bishop of Norwich and his successors by which the church of Rede was granted to the monks. September 1243 – 24 March 1244.

Confirmacio Willelmi de Clar' archidiaconi Suberie super eadem collacione de Rede facta confirmacione.

Omnibus Christi fidelibus presens scriptum visuris vel audituris Willelmus de Clara archidiaconus Suberie salutem in Domino. Inspeximus cartas bone memorie venerabilis patris W. quondam Norwicensis episcopi et quorumdam successorum suorum unacum[1] confirmacione capituli Norwicencis continentes ipsos / fo 46r ecclesiam de Rede cum pertinenciis viris religiosis priori et conventui de Stokes concessisse et auctoritate episcopali confirmasse. Nos igitur vastigiis dictorum venerabilium patrum inherentes[2] dictam ecclesiam cum pertinenciis secundum formam tam in ipsis cartis quam in confirmacione capituli contentam quantum ad ius archidiaconale sede Norwicensi vacante pertinet eisdem duximus concedendam, salvis in omnibus episcopalibus consuetudinibus et Norwicensis ecclesie dignitate. In cuius rei testimonium huic scripto sigillum nostrum apposuimus. Datum apud Alfretun' anno gracie mcc quadragesimo tercio.

[1] MS unam cum.   [2] MS inharentos.

Date: William de Ralegh was translated to Winchester in September 1243.

96. Notification by John I bishop of Norwich of an agreement reached in his presence in the year 1183-4 between the prior and convent of Thetford and the prior and convent of Stoke by Clare concerning the great tithe of the fee held by Peter the Lombard of Roger Bigod in Little Bradley. The monks of Thetford have conceded that the monks of Stoke shall hold these tithes for the annual payment of twelve pence and a pound of wax, to be paid at the Easter synod at Hoxne.

Confirmacio Iohannis episcopi Norwicensis facta monachis de Stok' de duabus garbis decimarum Rogeri Bigot in Parva Bradeleia.

Omnibus ad quos presens scriptum pervenerit Iohannes Dei gracia Norwicencis episcopus salutem in Domino. Universis notum esse volumus quod ita convenit inter priorem et conventum Teford' et priorem et conventum de Stok' super duabus garbis decimarum de feodo Rogeri Bigot in Parva Bradel(eia), quem feodum Petrus Lumburdus tenuit, scilicet quod prior et conventus Teford' concesserunt ut predictus prior et conventus de Stok' teneant prefatas decimas, reddendo annuatim monachis Teford' xii denarios et unam libram cere ad synodum post Pascha apud Hoxan. Hec autem convencio facta est in presencia nostra anno ab Incarnacione Domini mclxxxiii, hiis presentibus Galfrido capellano, magistro Reinero et aliis. Et ut hec transaccio firma sit et stabilis, eam presenti scripto et sigilli nostri apposicione roboramus.

97. Notification by William bishop of Norwich that in 1147 Alan parson of Cowlinge acknowledged that two thirds of the tithe of the fee held by Richard son of Hugh in Cowlinge pertained by right to the church of Stoke by Clare, after Prior Robert had demonstrated this by ecclesiastical proof in full synod. With the bishop's consent it was agreed that Alan should hold these two thirds

75

of the tithe, rendering to the monks for them three shillings *per annum*, but that after his death they should revert in full to the church of Stoke by Clare.

Recognicio Alani persone tunc de Culing' facta coram Willelmo Norwicensi episcopo quod decime quas tenebat in Culing' de feodo Ricardi filii Hugonis pro[1] duabus partibus pertinebant ad priorem de Sto(kes), ipsoque mortuo reverterentur.

Universis sancte ecclesie filiis Willelmus Norwicensis ecclesie minister salutem. Notum sit universitati vestre quod anno Incarnacionis dominice m centesimo quadragesimo septimo recognovit et confessus est Alanus qui tunc personatum agebat ecclesie de Culingia decime de feodo quod tenuit in Culingia Ricardus filius Hugonis duas partes esse de iure ecclesie de Stokes, Roberto tunc priore eiusdem loci hoc evincente ecclesiastico disraciocinio adversus predictum Alanum in plena sinodo. Conventum quoque est nobis consencientibus et convencionem confirmantibus ut predictus Alanus ab inde easdem duas partes predicte decime teneret de ecclesia de Stok', redditurus ei annuatim tres[2] solidos, octodecim denarios in Pascha et octodecim ad festum Sancti Michaelis, post obitum eius omnimodis reversuris / *fo 46v* predictis partibus in proprietariam possessionem ecclesie de Stok'. Quarum convencionum et gestorum testes sunt Willelmus archidiaconus, Baldewynus archidiaconus et alii.[3]

[1] MS per.   [3] MS aliis.
[2] MS tercios.

98. Confirmation by John I bishop of Norwich of the monks' possession of the church of St Andrew at Burwell. The rector, who is to be presented by them to the diocesan, shall pay the prior and convent sixty shillings *per annum* and shall discharge the church's obligations to the bishop. 1187-93.

Confirmacio Iohannis Norwicensis episcopi facta monachis de Stok' de ecclesia de Burewell'.

Omnibus sancte matris ecclesie filiis Iohannes divina permissione Norwicencis episcopus salutem in vero salutari. Cum viros ecclesiasticos singulos et universos diligere teneamur et protegere, eos quadam dileccionis prerogativa fervencius amplecti debemus quos iugiter divinis obsequiis mancipatos quorumque propositum in religione fervens esse cognovimus, ne si forte eorum immunitates et iura eis illibata non conservemus, religionem officio nostro connexam in nobis quod absit non esse declaremus. Attendentes igitur honestatem religionis monachorum de Stok' qui[1] Beccensis ordinis esse noscuntur ecclesiam Sancti Andree de Burewell' cum omnibus pertinenciis suis auctoritate episcopali qua presidemus eis confirmamus, ita sane quod per manum rectoris eiusdem ecclesie quem ipsi diocesano[2] episcopo ad eamdem pro loco et tempore presentaverint sexaginta solidos annuos de eadem percipiant, qui quidem rector episcopales consuetudines sustinebit. Et ne possit hec nostra confirmacio tractu temporis in irritum re-

[1] MS de expunged.   [2] MS diocesana.

vocari, nos eam presenti carta sigillique nostri testimonio roboramus, salvo in omnibus iure Norwicencis ecclesie. Hiis testibus Gerardo priore Norwicensi, Reinerio archidiacono, Thoma archidiacono et aliis.

Date: Master Reiner occurs without title in 1187-8; his successor as archdeacon of Sudbury first occurs in 1192-3 (*Fasti: Monastic Cathedrals 1066-1300*, 69-70).

99. General confirmation by John of Oxford bishop of Norwich of the possessions of the prior and convent of Stoke by Clare, that is, the monastery of St John the Baptist, the churches of St Augustine at Stoke, of Clare, Bures, Hundon, Little Thurlow, the chapel of Kentford, the churches of Rede, Little Bradley, Gazeley, St Andrew's at Burwell, and Cavenham; the grant of Gilbert Fitz Richard the founder of the demesne tithes of his manors of Crimplesham, Wereham, Beechamwell and Barton Bendish; the churches of Crimplesham and Wereham; in Crimplesham Gothe the smith with his tenement, given for the soul of Richard his firstborn; all the tithes of Clare and Hundon; the tithe of the mills of Cavenham; five and a half thousand eels at Lakenheath; Stour Mere with the fisherman there and all his land; the wood at Thurlow; an oak each year from his park at Hundon and fishing for two days a year in his fishpond at Cavenham; rents of five shillings at Fincham and five shillings at Boughton (all as detailed in no.37. i, ii); by the grant of Alice de Clermont and Richard her son, all the land of Martin the chaplain; the land of Roger the carpenter in Stoke, with the woodland of that vill (no.37. i); by the grant of Earl Roger, land worth one hundred shillings at Stoke (no.26); by the grant of Earl Richard, the wood called *Litlehey* (no.40); and the grants of the barons and men of the honour as detailed in the various clauses of no.37 and otherwise, as follows: by Roger Caperun, of the church of Barton Mills; xi, xiii-xiv, viii, vii, xv; that part of xviii relating to the diocese of Norwich, with the addition of tithe at Siam Hall, and ascribed to William de St German; xvii; by Geoffrey son of Elinald, of two thirds of his tithe at Buxhall; xix-xx; xxi, but omitting mention of the land given with his daughter; xxii, but ascribed to Geoffrey son of Elinald (probably in error); xxiii-xxiv; by Richard son of Simon, of the church of Pensthorpe and of all his woodland between Stoke and Clare; by Elinald *vicecomes* of his mill at Waldingfield with one and a half acres (*cf.* x); by Robert Pincerna and Mabel his wife of five acres at Thurlow (*cf.* xxv); by Daniel de Crevequer, of ten acres at Gazeley; by Roger de Dalham, of five acres there; by Ralph de Halstead, of twelve acres at Gazeley; by Osbert the parker, of two acres at Higham; by Alexander de la Cressonière, of two acres at Needham; vi; by Stephen de Cameis, of land worth ten shillings at *Chelveston* and one thousand eels at Burwell; by Walter son of Humphrey, of one thousand eels at Lakenheath; by Robert de Angeville, of two shillings from his mill at Sproughton; xxvi, but ascribed to Simon son of Arnold; xxvii, but omitting tithe at Haverhill; xxix; by Geoffrey son of Geoffrey, of a man with his tenement worth twelve pence at Poslingford; by Geoffrey son of Baldwin, of five shillings from Manwin's mill at Stoke; by William Capra and Elias his brother, of land worth eleven shillings with the men thereon in the parish of Stoke; by

Robert de Pressini and Elias his son, of all their tithe at Boughton; xl, with the addition of the grant of two acres at Stoke. 25 March 1192–24 March 1193.

Confirmacio Iohannis Norwicensis episcopi de possessionibus et beneficiis que monachi de Stok' percipiunt in diocesi Norwicensi, que singula specificat in eadem.

Omnibus Christi fidelibus ad quos presens scriptum pervenerit Iohannes permissione divina Norwicencis ecclesie minister salutem in Domino. Licet universis nobis subiectis in hiis que ad nos pertinent sua iura conservare debeamus, ex pastoratus nostri tamen officio viris religiosis qui ad frugem melioris vite confugientes conversacionis arcioris viam elegerunt, elemosinas et beneficia que eis fidelium largicione iuste sunt collocata attencius confirmare et ipsos in iustis possessionibus suis episcopali auctoritate tueri et fovere tenemur, ut exclusa temerarie presumpcionis et exacionis iniuria, divinis obsequiis liberius intendant. Eapropter ad omnium volumus pervenire noticiam nos confirmasse dilectis in Domino filiis monachis Beccensibus apud Stok' in monasterio Sancti Iohannis Baptiste Deo servientibus ecclesias, possessiones et beneficia que in presenciarum / *fo 47r* canonice possident. Hec autem propriis duximus exprimenda vocabulis, scilicet monasterium Sancti Iohannis Baptiste de Stok' cum pertinenciis suis in quo Deo serviunt, ecclesiam Sancti Augustini de Stok' cum pertinenciis suis, ecclesias de Clara cum pertinenciis suis, ecclesiam de Buris cum pertinenciis suis, ecclesiam de Huneden' cum pertinenciis, ecclesiam de Trillawe cum pertinenciis suis, capellam de Kentefor cum pertinenciis, ecclesiam de Reda cum pertinenciis, ecclesiam de Parva Bradeleia cum pertinenciis, ecclesiam de Gaisle cum pertinenciis, ecclesiam Sancti Andree de Burewell' cum pertinenciis, ecclesiam de Caveham cum pertinenciis; ex dono autem nobilissimi[1] Gilberti qui monachos Beccenses in Claram primus adduxit, totam decimam maneriorum suorum de dominiis suis in Nortfolc(ia), scilicet totam decimam de dominio suo de Cremplesham et de Wiram et de Well' et de Bertuna, et ecclesias de Cremplesham et de Wiram; in villa de Cremplesham Goche fabrum cum omni tenemento suo quod de eo tenuit (quem dedit) predictis monachis pro anima Ricardi primogeniti sui, et totam decimam de Clara et de Hunedena, et totam decimam de redditu molendinorum de Cavenham, et quinque miliaria et dimidium anguillarum apud Lackingeheiam, et totam maram de Sturemere et piscatorem cum tota terra sua, et boscum suum apud Trillawe, et unam quercum annuatim in parco de Huneden', et piscacionem in vivario per duos dies annuatim apud Cavenham, et redditum quinque solidorum in Fincham, et quinque solidos in Buketune; ex dono Alicie de Claromonte et Ricardi filii sui totam terram Martini capellani apud Stok', et in eadem villa terram quam Rogerus carpentarius tenuerat, et boscum de eadem villa; ex dono comitis Rogerii centum solidatas terre apud Stok'; ex dono comitis Ricardi boscum quod vocatur Litlehey; ex dono Rogerii Caperun ecclesiam de Bertune cum pertinenciis suis; ex dono Gaufridi dapiferi totam terram de Forham et terram suam de Reda et terram Wlgari de Tya et tres mansuras in Clara et terram Huchtredi de Mora; ex dono Herlewini filii Goismere x solidos de terra Wlrici Smukele apud Finstede; ex dono Radulphi de la Kersunere duas partes decime sue de Hauekedun' et de

---

1 MS nobilissime.

Kemesing'; ex dono Rogeri de Carlewille duas partes decime sue de Aluredesfeld et de Hertsterst; ex dono Roberti Darnel duas partes decime sue de Denardes-/ *fo 47v* stun et de Stanesfeld; ex dono Canevaz duas partes decime sue de Heringewell'; ex dono Willelmi de Sancto Germano totam decimam suam de Cavenedis et de Seiham; ex dono Ricardi filii Hugonis duas partes decime sue de Meleford et de Culinge et de Nedham, et totam terram suam de Brochole; ex dono Galfridi filii Elinaldi duas partes decime sue de Bukeshale; ex dono Rogerii de Gisenei duas partes decime sue de Haveringelond et de Witewelle et de terra sua apud Norwicum; ex dono Galfridi de Favarchas duas partes decime sue de Walsingeham; ex dono Osulphi Maskerel duas partes decime sue de Cavenedis; ex dono Galfridi filii Elinaldi duas partes decime sue de Badeleia; ex dono Goismeri duas partes decime sue de Cippeleia; ex dono Elye coci duas partes decime sue de Poselingeworthe; ex dono Ricardi filii Symonis ecclesiam de Penestorp' cum pertinenciis suis, et totam moram suam inter Stok' et Claram; ex dono Elinaldi vicecomitis quoddam molendinum apud Waldigefeld cum una acra terre et dimidia; ex dono Roberti pincerne et Mabilie uxoris sue quinque solidatas terre in Trillawe; ex dono Danielis de Crevequer x acras terre apud Gaisle; in eadem villa ex dono Rogerii de Dalham quinque acras terre; ex dono Radulfi de Halstede xii acras terre in eadem villa; ex dono Oseberti parcarii duas acras terre apud Haingham; ex dono Alexandri de la Kersunere duas acras terre iuxta Nedham; ex dono Ricardi de Reda xxx acras terre apud Redam; ex dono Stephani de Cameis decem solidatas terre apud Chelveston' et unum milliarium anguillarum apud Burewell; ex dono Walteri filii Humfridi unum miliarium anguillarum apud Lackinghei; ex dono Roberti de Angevilla ii solidos de molendino de Sproutun'; ex dono Symonis filii Ernaldi totam terram Ingenulfi de Bradeleia; ex dono Alberi de Capellis totam moram suam de Stok'; ex dono Baldewini filii Galfridi totam terram quam Willelmus claviger tenuit de eo apud Claram; ex dono Galfridi filii Galfridi hominem cum tenemento xii denariorum apud Poseling-wrthe; ex dono Galfridi filii Baldewini v solidos de molendino Manwini apud Stok'; ex dono Willelmi Capre et Elye fratris sui donacionem xi solidatarum terre cum hominibus eamdem terram possidentibus in parochia de Stokes; ex dono Roberti de Prissinni et Elie filii eius totam decimam suam de Boctune; ex dono Walteri cum Barba duas acras terre in Stok' et totam decimam de terra sua apud Priditun'. Hec autem omnia / *fo 48r* et alia que in presenciarum iuste et canonice possident vel que futuris temporibus annuente Domino in episcopatu Norwicensi iustis modis poterunt adipisci eis firma constare et confirmata fore volumus, salva in omnibus honore, obediencia et reverencia sancte Norwicencis ecclesie. Districcius eciam inhibemus ne quis hanc confirmacionis nostre paginam in-fringere vel contra eam ausu temerario venire aliquatenus presumat; eam autem observantibus et predictis monachis bona conferentibus sit pax et salus eterna. Datum anno ab Incarnacione Domini mcxcii. Testibus Galfrido et Rogero archi-diaconis et aliis.

100. *Inspeximus* **and confirmation by Prior William and the convent of Norwich of the general confirmation charter of Bishop William de Turba (no.71), with the variations there noted.**[1] **c.1202-14 or 1219-35.**

Foliation: Caveham cum / *fo 48v* pertinenciis; ex / *fo 49r* dono Adelicie; Herinngewell; / *fo 49v* ex dono Ricardi filii Hugonis; presidemus / *fo 50r* et nostra sentenciam.

Date: for Prior William, see no. 81.

101. Confirmation by Walter bishop of Rochester of the grant to the monks by Gilbert de Dammartin of the church of East Peckham, made with the consent of Sarah his mother. 1152-79, probably before 1173.

Confirmacio Walteri Roffensis episcopi facta monachis de Stokes de ecclesia de Peccham.
Walterus Dei gracia Roffensis ecclesie minister humilis omnibus sancte matris ecclesie fidelibus per episcopatum Roffensem constitutis salutem. Universitati vestre notum fieri volumus quod nos pietatis intuitu, religione et honestate et favore ecclesie Beccensis inducti, dignum duximus ratam habere concessionem ecclesie de Pecham quam Gilbertus de Damartin ad quem ius advocacionis spectabat fecit monachis de Stok' assensu et voluntate Sarre matris sue pro animabus antecessorum suorum et pro salute anime sue et Sarre matris sue. Et ne quis eos super donacionem seu concessionem ecclesie illius iniuste inquietare aut temere molestare presumat, nos eam iam dictis monachis de Stok' attestacione scripti nostri confirmamus ac sigilli nostri imprissione corroboramus. Hiis testibus Helya monacho, Roberto de Crocteschun capellano, Rogero abbate et aliis.

Date: Walter was consecrated on 14 March 1148 and died on 26 July 1182. Abbot Roger is almost certainly Roger I of Bec, 1149-79. The grant of East Peckham church is associated in the grantor's charter (no. 538) with that of Pitley, which was made for the soul of Earl Gilbert, before the death of Earl Roger (no. 28).

102. Notification to Godfrey bishop of Winchester by Hugh bishop of Lincoln, Hamo dean of Lincoln and Master R. de Rolleston that in the case heard by them as papal judges delegate between the prior of Stoke by Clare and Jordan, Robert and Theodoric, clerks, concerning the church of Woking, the clerks resigned the church with its chapels into the hands of the judges, who restored it to the prior, saving to the foresaid clerks the perpetual vicarages acknowledged by the prior. October 1189-1194.

Adiudicacio ecclesie de Wochinges facta monachis de Stok' per iudices a sede apostolica delegatos.

Venerabili fratri suo et amico carissimo G(odefrido) Dei gracia Wintoniensi episcopo H(ugo) eadem gracia Lincolniensis episcopus et H(amo) decanus Lincolniensis et magister R. de Rolvest(un) salutem in salutis auctore. Notum vobis fieri volumus causam nobis auctoritate domini pape commissam que vertebatur inter priorem de Stok' et Iordanum, Robertum et Terr(icum) clericos super ecclesia de Wochinges et eius pertinentibus hoc modo in presencia nostra conquievisse. Iordanus et ceteri resignaverunt in iure ecclesiam prefatam cum capellis in manus nostras sicut ex originali scripto nostro perpendere poteritis. Nos autem cum plene constaret nobis de iure prioris eidem priori ecclesiam et capellas restituimus auctoritate apostolica, salvis prefatis clericis perpetuis vicariis suis ab ipso recognitis. Mandamus itaque vobis auctoritate qua fungimur quatinus auctoritatem vestram apponatis et quod vestrum est exequamini. Bene valete.

Date: Godfrey de Luci was consecrated as bishop of Winchester on 22 October 1189. Hamo dean of Lincoln first occurs after 15 September 1189 and was perhaps dead by 15 September 1196 (*Fasti: Lincoln Diocese 1066-1300*, 9). Hugh of Avalon, bishop of Lincoln, died in November 1200. Master Roger de Rolleston was archdeacon of Leicester probably before 1194 (*ibid.*, 48).

103. Notification by William bishop of Llandaff that at the request of Richard prior of Stoke by Clare, and with the licence of Master Alan de Beccles, Official of the bishop of Norwich and archdeacon of Sudbury, he has dedicated the chapel of the infirmary in honour of the Holy Trinity. To those present at the dedication and to those who in future attend the feast of the dedication and offer their oblations, he grants fifteen days indulgence from penance imposed. 10 July 1225.

Relaxacio xv dierum facta per Willelmum episcopum Landavensem in dedicacione capelle Sancte Trinitatis apud Stok'.
Omnibus Christi fidelibus ad quos presentes litere pervenerint Willelmus divina /
fo 50v miseracione Landavensis ecclesie minister humilis salutem in Domino. Noverit universitas vestra nos ad instanciam et peticionem domini Ricardi prioris et conventus de Stok', licencia magistri A(lani) de Beccles officialis domini Norwicensis (episcopi) et archidiaconi Suberie, capellam infirmorum domus de Stok' in honore sancte et individue Trinitatis dedicasse[1] et omnibus bene confessis et vere penitentibus qui eiusdem capelle dedicacioni interfuerunt et qui futuris temporibus ad festum dedicacionis illius capelle ad dictum locum convenerint et suis oblacionibus sanctam Trinitatem ibidem honoraverint quindecim dies de iniuncta sibi penitencia auctoritate pontificali relaxasse. Quod ne cuiquam veniat[2] indubium presentes literas sigillo nostro munitas priori et conventui de Stok' tradimus in testimonium. Actum anno gracie mccxxv sexto idus Iulii in natali videlicet septem fratrum.

[1] MS dedisse.
[2] *ad* deleted after *veniat.*

104. Notification by William bishop of Llandaff that at the request of Prior Richard and the convent he has blessed and consecrated the great wooden cross in the conventual church, and that to all those confessed and truly penitent who revere the cross he has granted seven days indulgence from penance imposed. November 1219 – January 1229.

Relaxacio vii dierum facta per eundem concessa (eis) qui crucem in maiori ecclesia adoraverint.
Omnibus Christi fidelibus ad quos presens scriptum pervenerit Willelmus divina miseracione Landavensis ecclesie minister humilis salutem in Domino. Ad universitatis vestre noticiam volumus pervenire nos ad peticionem virorum venerabilium domini Ricardi prioris et conventus de Stok' magnam crucem ligneam in ecclesia de Stok' conventuali benedixisse et consecrasse, et omnibus bene confessis[1] et vere penitentibus qui eandem crucem honoraverint et eam in honorem crucifixi adoraverint septem dies de iniuncta sibi penitencia misericorditer relaxasse. In cuius rei testimonium sigillum nostrum presentibus literis fecimus apponi.

[1] MS concessis.

Date: William de Goldcliff was provided to the see of Llandaff on 27 October 1219 and died on 28 January 1229.

105. Notification by Master Ranulf de Wareham, Official of the diocese of Norwich, that on the authority of Bishop John de Gray he has inducted the prior and convent of Stoke by Clare into corporal possession of the church of Bures, which is appropriated to them, saving a perpetual vicarage of fifteen marks *per annum* and twenty acres of land, from which the vicar is to discharge the episcopal obligations of the church. c.1202-14.

Institucio facta monachis de Stok' in ecclesia de Bures per magistrum R(anulfum) de Warham officialem Norwicensem.
Omnibus hoc scriptum visuris magister R(anulfus) de Warham officialis Norwicensis salutem in Domino. Ad universorum volo noticiam pervenire me auctoritate domini Norwicensis Iohannis secundi investivisse et in corporalem possessionem induxisse ecclesie de Buris priorem et monachos de Stok' inperpetuum in proprios usus possidende cum omnibus ad eam pertinentibus, salva eiusdem ecclesie vicario vicaria perpetua quindecim marcharum et viginti acrarum terre, qui in eadem ecclesia ministrabit et omnia honera[1] episcopalia sustinebit. Et ne a quoquam inirritum vel indubium iniuste factum istud inposterum possit devocari, in huius rei testimonium has literas meas patentes eisdem tradidi.

[1] MS honora.

Date: Ranulf de Wareham first occurs as Official at Easter 1202, and continued in that office beyond the death of Bishop John de Gray (*Fasti: Monastic Cathedrals 1066-1300*, 60).

105a. *Fo 51r Inspeximus* and confirmation by Roger de Skerning bishop of Norwich of the appropriation by Bishop William de Turba of the church of Gazeley (no.87). Witnessed by Master John de Firebi, Master Adam de Dirham and many others. Stoke by Clare, 14 June 1272. (*Added in later hand.*)

Fo 51v blank.

106. Institution by Gilbert Foliot bishop of London of Alexander the chaplain as perpetual vicar of the church of Toppesfield on the presentation of Prior Nicholas and the convent of Stoke by Clare. The vicar is to pay an annual pension of four marks to the monks and is to discharge the episcopal obligations of the church. c.1179-81.

Fo 52r Ordinacio vicarie facta ecclesie de Topesfeld per Gilbertum Londoniensem episcopum, iiii marcis monachis annuatim assignatis.

Gilbertus Dei gracia Lundoniensis episcopus omnibus sancte matris ecclesie filiis ad quos presentes[1] littere pervenerint salutem graciam et benediccionem. Ad communem omnium volumus devenire noticiam nos ad peticionem et presentacionem N(icholai) prioris et fratrum de Stok' Alexandro capellano perpetuam in ecclesia de Thopesfeld vicariam concessisse ipsumque in eadem sub annua quatuor marcharum pensione iam dictis priori et fratribus ad statutos inter eos terminos solvenda perpetuum vicarium constituisse, ita quidem quod supradictus Alexander nobis et successoribus nostris et officialibus debitas nobis pro eadem consuetudines exsolvet, et debitam per omnia exhibebit obediencie reverenciam. Quam nimirum concessionem sibi factam et nostram institucionem quia firmam et inconvulsam manere volumus, presentis eam scripti patrocinio et sigilli nostri munimine corroborare curavimus. Testibus Ricardo archidiacono Colcestrie, magistro Radulfo de Altaripa Sancti Pauli cancellario et aliis.

[1] MS presens.

Date: Master Ralph de Alta Ripa, or Hauterive, was master of the schools c.1179-80, and Richard Foliot was perhaps transferred from the archdeaconry of Colchester to that of Middlesex c.1181 (*Fasti: St Paul's London 1066-1300*, 19). *Printed: LCGF*, no.457.

107. Confirmation by William de St Mère-Eglise bishop of London of the grant to the monks by Bishop Gilbert Foliot of the church of Toppesfield. The rector presented by them to the bishop shall render to the monks four marks yearly and shall discharge the episcopal obligations of the church. March 1200 – September 1216.

Confirmacio Willelmi Londoniensis episcopi facta monachis de Stok' de ecclesia de Topesfeld.

Omnibus sancte matris ecclesie filiis Willelmus Dei gracia Lundoniensis episcopus salutem in vero salutari. Cum viros ecclesiasticos singulos et universos diligere teneamur et protegere, eos quadam dileccionis prerogativa fervencius amplecti debemus quos iugiter divinis obsequiis mancipatos quorum propositum in religione fervens esse cognovimus, ne si forte eorum immunitates et iura eis illibata non conservemus, religionem officio nostro connexam in nobis quod absit declaremus. Attendentes igitur honestatem religionis monachorum de Stok' qui Beccensis ordinis esse noscuntur, vestigiis eciam pie recordacionis G(ilberti) secundi Londoniensis episcopi predecessoris nostri inherentes, ecclesiam de Topesfeld, quam idem predecessor noster eis canonice concessit et auctentico scripto suo quod inspeximus communivit, nos quoque auctoritate qua presidemus episcopali eis confirmamus, ita sane quod per manum rectoris eiusdem ecclesie quem ipsi diocesano episcopo ad eamdem pro loco et tempore presentaverint quatuor marcas annuas de eadem percipiant, qui quidem rector episcopales consuetudines sustinebit. Et ne possit hec nostra confirmacio trac-/ *fo 52v* tu temporis in irritum revocari, nos eam presenti carta sigillique nostri testimonio roboramus, salvo in omnibus iure Londoniensis ecclesie. Hiis testibus Alardo decano Sancti Pauli Londoniensis, Ricardo archidiacono Colcestrie et aliis.

Date: Master Alard de Burnham first occurs as dean between March 1200 and May 1201, and died as dean in 1216 (*Fasti: St Paul's London 1066-1300*, 6).

108. Confirmation by Richard Fitz Neal bishop of London of the appropriation of the church of Thaxted, as the monks held it in the time of Bishop Gilbert. The monks are to discharge the episcopal obligations of the church and to provide the ornaments. 1190-92.

Confirmacio Ricardi Londoniensis episcopi facta predictis monachis de ecclesia de Taxtede.

Ricardus Dei gracia Lundoniensis ecclesie minster omnibus sancte matris ecclesie filiis per episcopatum Lundoniensem constitutis eternam in Domino salutem. Cum ad omnes Christiane religioni subiectos caritatis latitudo diffu(n)datur et singulis ac universis temporalia simul et spiritualia bona pastoralis officii sollicitudine communicare teneatur, hos tamen in visceribus caritatis arccius commendatos habere nos convenit qui mundum cum suis pompis reliquentes carnem suam cum viciis et concupiscenciis iugiter crucifigunt et Domino seipsos holocaustum offerunt. Hiis profecto necesse est, cum pro divinis obsequiis quibus addicti sunt ad seculares occupaciones respectum vel delectum non habeant,[1] ut eis in hiis sine quibus humana vita non ducitur uberius provideatur, ne quod absit ob defectum exteriorum a proposti sui studeo vacillare cogantur. Attendentes igitur honestam conversacionem dilectorum in Christo filiorum nostrorum monachorum de Stokes et fervens quod habent in religione propositum, ob hoc

---

[1] No.111: habebant.

eciam forcius inclinati quod se et sua cunctis in caritate petentibus prout exigit situs loci passim exponunt, ad uberiorem domus ipsius sustentacionem et pauperum et peregrinorum suscepcionem, ecclesiam de Taxtede cum fructibus et obvencionibus et omnibus pertinenciis suis illis habendam et in usus proprios imperpetuum convertendam concedimus et episcopali qua fungimur auctoritate confirmamus, sicut eam unquam melius vel plenius habuerunt et tenuerunt tempore bone memorie G(ileberti) episcopi predecessoris nostri, salvo per omnia iure ecclesie Beati Pauli Londoniensis. Idem vero monachi consuetudines episcopales sustinebunt et ecclesie competenter in ornamentis providebunt. Ut igitur hec nostra concessio perpetue firmitatis robur optinere valeat, eam pagine presentis inscripcione pariterque sigilli nostri testimonio duximus roborandam. Hiis testibus magistro Petro de Waltham, Ricardo de Windeshore et aliis.

Date: Richard Fitz Neal was elected on 15 September 1189 and consecrated on 31 December. Master Peter de Waltham became archdeacon of London before December 1192, and Richard de Windsor was either dead or had resigned as prebendary of Oxgate in 1192 (*Fasti: St Paul's London 1066-1300*, 2, 47-8, 68).

109. Confirmation by Roger Niger bishop of London of the appropriation of the church of Thaxted, saving a vicarage consisting of all the altarage of the church, with all the tithe of hay and of mills and all the other lesser tithes. The monks shall have the great tithe of the whole parish, and they shall themselves be exempt from payment of great and lesser tithes in the parish; they shall receive the candles at the Purification of the Blessed Virgin Mary and five marks yearly from the vicarage. The vicar shall discharge all episcopal and archidiaconal obligations, except for the archdeacon's procuration, which is to be paid by the prior and convent. The monks and the vicar shall share the costs of the repair of the chancel and of the provision of ornaments. June 1229-1236, probably before April 1234.

A: no.109.   B: no.110, with different witness list.

Confirmacio Rogeri Londoniensis episcopi super eodem.
Omnibus Christi fidelibus presentes literas audituris Rogerus divina permissione / *fo 53r* Londoniensis ecclesie minister humilis[1] salutem in Domino sempiternam. Noveritis nos ecclesiam de Taxtede dilectis in Christo filiis priori et conventui de Stokes divine pietatis intuitu in usus proprios confirmasse, salva vicaria eiusdem ecclesie que in talibus consistit, scilicet in omnibus ad altaragium pertinentibus cum omnibus decimis feni et molendinorum et omnibus aliis minutis decimis, (salvis dictis priori et conventui omnibus decimis garbarum tocius parochie undecumque provenientibus, et)[2] excepto eo quod dicti prior et conventus in dicta

1 A: Londonie minister ecclesie humilis, *minister* and *ecclesie* marked for transposition.
2 B omits.

parochia erunt immunes a prestacione omnium decimarum maiorum et minorum. Percipient quoque dicti prior et conventus candelas purificacionis Beate Marie annis singulis et quinque marchas annuas a dicta vicaria, scilicet ad Pascha sexdecim solidos et octo denarios, ad nativitatem Sancti Iohannis Baptiste sexdecim solidos et octo denarios, ad festum Sancti Michaelis sexdecim solidos et octo denarios et ad natale Domini sexdecim solidos et octo denarios. Notandum eciam quod vicarius dicte ecclesie omnia onera[3] episcopalia et archidiaconalia debita et consueta, excepta procuracione archidiaconi ad quam dicti prior et conventus tenentur, sustinebit.[4] Cancellam[5] vero ipsam cum opus fuerit et ornamenta ecclesie tam dicti monachi quam vicarius pro rata sue porcionis reparabunt. In huius rei testimonium presenti scripto sigillum nostrum duximus apponendum. Hiis testibus magistro Petro de Neweport', domino Henrico capellano nostro, magistro Ricardo de Colecestre et aliis.[6]

Margin: Nota quod rectoria de Taxstede non solvat decimas vicario.

[3] A: onora; B: honera.   [5] B: ecclesiam.
[4] A: sustinere.   [6] For witnesses of B, see no.110.

Date: Bishop Roger Niger was consecrated on 10 June 1229. Master Peter de Newport subsequently became precentor of St Paul's, in which office he last occurs on 2 April 1234; he first occurs as archdeacon of London between June 1235 and June 1236 (*Fasti: St Paul's London 1066-1300*, 3, 11).

110. Confirmation by Roger Niger bishop of London of the appropriation of the church of Thaxted. As no.109, with variations there noted and different witnesses: Hiis testibus magistro Roberto de Bonewelle archidiacono Middilsex', magistro Petro de Neuport precentore Sancti Pauli London' et aliis.[1] 1231 – June 1236.

[1] *Foliation:* ad festum Beati Michaelis / *fo 53v* sexdecim solidos.

Date: Master Robert de Bonewell first occurs probably on 9 March 1231. Master Peter de Newport last occurs as precentor on 2 April 1234, and was archdeacon of London before June 1236 (*Fasti: St Paul's London 1066-1300*, 17, 24). After no.109, where Peter is not called precentor.

111. Appropriation by Richard Fitz Neal bishop of London to the monks of the church of Great Bardfield. The monks are to have all the tithe of the demesne of the earl of Clare in that vill. They are to choose a vicar, whom they shall present to the bishop, and each year he shall receive forty shillings from the offerings of the altar at Christmas and Easter for his stipend as long as he ministers satisfactorily in the church, and unless the monks prove before the bishop that he is useless and unsuitable. The monks shall discharge the episcopal obligations of the church and provide suitable ornaments. July 1190-1196.

Concessio et confirmacio Ricardi Londoniensis episcopi de ecclesia de Berdefeld. Ricardus Dei gracia Londoniensis ecclesie minister *etc.* (as no.108 to et pauperum et peregrinorum suscepcionem), ecclesiam Maioris Berdefeld cum fructibus et obvencionibus et omnibus pertinenciis suis illis habendam et in usus proprios inperpetuum convertendam concedimus et episcopali qua fungimur auctoritate confirmamus, salvo per omnia iure ecclesie Beati Pauli London', salvis quoque memoratis monachis decimacionibus omnibus de dominico comitis Clarensis in eadem villa quas antiquo iure et alia racione habuerunt sibi appropriatas. I(i)dem eciam monachi vicarium ad eandem ecclesiam eligent et nobis / *fo 54r* et successoribus nostris presentabunt, qui singulis annis quadraginta solidos de obvencionibus altaris in natali Domini et in Pascha pro stipendiis suis percipiet quamdiu bene ministraverit in eadem ecclesia, et nisi monachi eum inutilem et minus idoneum esse coram episcopo Lundoniensi probaverint. Et ipsi monachi consuetudines episcopales sustinebunt et ecclesie competenter in ornamentis providebunt. Ut igitur hec nostra concessio perpetue firmitatis robur obtinere valeat, eam pagine presentis inscripcione pariterque sigilli nostri testimonio duximus roborandam. Hiis testibus Petro Lundon(ie), Ricardo Colcestrie archidiaconis et aliis.

Date: Master Peter de Waltham was not appointed archdeacon of London before c. January 1190 and last occurs early 1195; his successor occurs before 30 December 1196. Richard of Ely first occurs as archdeacon of Colchester c.1192; his predecessor last occurred in July 1190 (*Fasti: St Paul's London 1066-1300*, 9-10, 19).

112. Confirmation by William de Ste Mère-Eglise bishop of London of the appropriation by Bishop Richard Fitz Neal to the monks of the church of Great Bardfield (no.111), saving the perpetual vicarage of Geoffrey the chaplain and his successors, and augmentation of the vicarage in the following form: the vicar shall receive all the revenues of the church, except the tithe of corn and vegetables of the whole parish and the tithe of pannage. The prior and convent shall each year between Michaelmas and the Feast of All Saints provide the vicar with grain to the value of five marks, that is twenty horseloads of wheat valued at three marks, eight loads of rye valued at one mark and thirteen loads of oats valued at one mark, or shall give him five marks if he so prefers. The vicar shall have the tithe of hay of the whole vill and all the tithe of corn and vegetables from the prior's demesne which pertains to the church of Great Bardfield, besides that from the garden and orchard, and he shall have an acre of land on which to make a messuage for himself. The vicar shall discharge all the episcopal obligations of the church. 18 September 1214.

A: no.112.
B: no.114, *inspeximus* by Alard the dean and the chapter of St Paul's.

Confirmacio Willelmi Londoniensis episcopi super eodem et taxacio ipsius vicarie. Omnibus Christi fidelibus ad quos presens scriptum pervenerit Willelmus Dei gracia Londoniensis episcopus salutem in Domino sempiternam. Universitati vestre notum esse volumus nos divine pietatis intuitu concessisse et presenti carta nostra confirmasse priori et monachis de Stokes ecclesiam Maioris Berdefeld cum omnibus pertinenciis in usus proprios habendam et inperpetuum possidendam, sicut bone memorie Ricardus predecessor noster quondam episcopus ipsis eandem concessit et sua carta confirmavit, salva perpetua vicaria tamen Galfrido capellano et successoribus suis qui in eadem ecclesia pro tempore ministrabunt. Percipiet[1] autem vicarius in eadem ecclesia omnes proventus ecclesie, exceptis garbis bladi et leguminis tocius parochie et exceptis decimis pannagii. Omnes autem decime ex ortis provenientes ad vicarium pertinebunt. Preterea prefatus conventus dabit annuatim prefato vicario bladum ad valenciam quinque marcarum inter festum Sancti Michaelis et festum Omnium Sanctorum, scilicet viginti summas frumenti pro tribus marcis, et frumentum bonum et pacabile debet esse, et octo summas siliginis pro una marca et tresdecim summas avene pro una marcha, vel quinque marchas si maluerit. Habebit eciam vicarius decimam feni tocius ville et omnes decimas bladi et leguminis de dominico prioris pertinente ad ecclesiam de Berdefeld preterquam de orto et gardino, et unam acram terre ad mesuagium sibi faciendum. Idem vero vicarius omnia onera episcopalia ipsius ecclesie sustinebit. Et ut hec nostra concessio perpetue firmitatis robut obtineat, presens scriptum communi assensu capituli nostri sigilli nostri apposicione roboravimus. Hiis testibus / *fo 54v* Alardo decano, Gilberto archidiacono, Petro thesaureo London(ie) et aliis. Datum Lond(onie) anno Domini mccxiiii, xiiii kal. Octobris pontificatus nostri anno xvi.

---

[1]   A: precipiet.

113. Confirmation by Eustace de Fauconberg bishop of London of the appropriation by his predecessors Bishops Gilbert, Richard and William to the monks of the churches of Great Bardfield and Thaxted, saving suitable vicarages therein, and of pensions of six marks in the church of Stambourne, of four marks in the church of Toppesfield, of four marks in the church of Foxearth, of two marks in the church of Ashen, and of one mark from the vicarage of Steeple Bumpstead, and of the monks' tithes and other possessions in the diocese of London. 4 May 1227.

A: no.113.
B: no.115, *inspeximus* by Robert de Watford the dean and the chapter of St Paul's.

Confirmacio Eustacii Londoniensis episcopi de eodem. Item de aliis pensionibus in multis ecclesiis ut in eadem.
Omnibus sancte matris ecclesie filiis presens scriptum visuris vel audituris Eustachius divina permissione Londoniensis ecclesie minister humilis salutem in Domino. Venerabilium patrum et predecessorum nostrorum Gilberti, Ricardi et Willelmi episcoporum Londoniensium vestigiis inherentes, dilectis[1] in Christo filiis priori et conventui de Stok' beneficia subscripta auctoritate episcopali qua

fungimur duximus confirmanda, videlicet ecclesiam de Berdefeld Magna et ecclesiam de Taxtede cum omnibus ad easdem ecclesias pertinentibus, salvis tamen in eisdem ecclesiis competentibus vicariis, item sex marcas in ecclesia de Stamburn', quatuor marcas in ecclesia de Topesfeld, quatuor marcas in ecclesia de Foxerd', duas marcas in ecclesia de Esse et unam marcam de vicaria ecclesie de Bumstede singulis annis percipiendas. Decimas eciam et alias possessiones quas in episcopatu nostro iusto titulo adquesierunt sicut eas iuste et canonice possident eisdem eadem confirmamus auctoritate, salvis tamen in omnibus iure et dignitate Londoniensis ecclesie. In cuius rei testimonium presenti scripto sigillum nostrum duximus apponendum. Hiis testibus Philippo archidiacono Huntind(onie), magistris Reginaldo de Radenor, W(illelmo) de Lichefeld[2] et aliis. Datum apud Stebenth(eiam)[3] anno gracie mcc vicesimo septimo, iiii non. Maii.

1 A: lidectis.
2 B omits.
3 B: Stebben'.

114. *Inspeximus* **and confirmation by Alard the dean and the chapter of St Paul's of the appropriation and augmentation of the vicarage of Great Bardfield by Bishop William de Ste Mère-Eglise (no.112). September 1214 – September 1216.**

Confirmacio ecclesie de Berdefeld et taxacionis vicarie per capitulum Londoniensem.
Omnibus Christi fidelibus ad quos presens scriptum pervenerit A(lardus) decanus et capitulum Sancti Pauli London(ie) salutem in Domino. Noveritis nos inspexisse cartam venerabilis patris nostri W(illelmi) Dei gracia Londoniensis episcopi hanc formam verborum continentem: Omnibus *etc.* (as no.112).[1] Nos igitur prefatam concessionem ratam habentes et gratam eam quantum ad capitulum pertinet confirmamus et eam presenti scriptura sigilli nostri apposicione roborata dignum duximus communire. Testibus hiis Alardo decano, Gilberto archidiacono London(ie), Ricardo archidiacono Essexie et aliis.

1 *Foliation:* Galfrido capellano / *fo 55r* et successoribus.

Date: after no.112. Master Alard de Burnham died as dean in 1216, probably in September, and the two archdeacons last occur in that year (*Fasti: St Paul's London 1066-1300*, 6, 10, 13).

115. *Inspeximus* **and confirmation by Robert de Watford the dean and the chapter of St Paul's of the confirmation charter of Bishop Eustace de Fauconberg (no.113). May 1227 – July 1228.**

Confirmacio decani et capituli Lond(onie) de ecclesia de Berdefeld' et de pensionibus in eadem contentis.

Omnibus Christi fidelibus ad quos presens scriptum pervenerit Robertus decanus et capitulum Sancti Pauli London(ie) salutem in Domino. Noverit nos inspexisse cartam venerabilis patris nostri Eustachii Dei gracia Londoniensis episcopi hanc formam verborum continentem: Omnibus *etc.* (as no.113).[1] Nos prefatam concessionem ratam habentes et gratam, eam quantum ad capitulum pertinet confirmamus et eam presenti scriptura sigilli nostri apposicione roborata dignum duximus communire. Hiis testibus Galfrido de Luci archidiacono et aliis.

1   *Foliation:* in eisdem / *fo 55v* ecclesiis competentibus.

Date: after no.113. Master Robert de Watford died in July 1228 (*Fasti: St Paul's London 1066-1300*, 6).

116. Confirmation by Richard Fitz Neal bishop of London of an annual pension of six marks received by the monks from the church of Stambourne. The remainder of the revenues of the church shall be given in perpetuity to a perpetual vicarage, to which the monks shall when it is vacant present a suitable vicar, who will discharge the episcopal obligations of the church. April 1196 — September 1198.

Confirmacio Ricardi Londoniensis episcopi de vi marcis percipiendis in ecclesia de Stamburne.

Omnibus Christi fidelibus Ricardus divina miseracione Lundoniensis ecclesie minister salutem in Domino. Que locis religiosis et ibidem devotum Deo famulantum exhibentibus collata sunt beneficia dignum est inperpetuum illesa conservari, et ne aliquando qualibet machinancium calliditate valeant inmutari, ea pontificali confirmari decet auctoritate. Quocirca religionem dilectorum in Christo filiorum nostrorum monachorum de Stok' et publice famam assersionis attendentes, eis sex marcas argenti de ecclesia de Stamburn', quam ad eos sicut carte quas super hoc habent testantur pertinere cognovimus, singulis annis nomine pensionis percipiendas sicut ante ingressum nostrum perceperunt pontificali auctoritate confirmamus, ita sane quod residuum[1] a predictis sex marcis ad perpetuam vicariam eiusdem ecclesie cedet inperpetuum, ad quam prefati monachi quociens eam vacare contigerit idoneum vicarium nobis et successoribus nostris presentabunt, qui omnia onera episcopalia sustinebit. Ut autem hec nostra confirmacio perpetuam firmitatem obtineat, nos eam presenti carta sigillique nostri testimonio roboramus. Hiis testibus Radulfo abbate Sancte Osithe, Alardo archidiacono Lund(onie), Willelmo de Ely domini regis thesaurario, magistro Rogero et aliis.

1   MS residunt.

Date: Alard de Burnham was appointed archdeacon of London between 21 April and 30 December 1196; Bishop Richard died on 10 September 1198 (*Fasti: St Paul's London 1066-1300*, 10, 2).

117. Confirmation by Gilbert Foliot bishop of London of the grant to the monks in free alms by Robert de Greinville, knight, of the church of Stambourne. June 1180 – February 1187.

Fo 56r Confirmacio Gilberti Londoniensis episcopi de ecclesia de Stamburne.
Gilbertus Dei gracia Londoniensis episcopus omnibus sancte matris ecclesie filiis ad quos hee litere pervenerint salutem in Domino. Ad universitatis vestre volumus devenire notitiam nos cartam dilecti filii nostri Roberti de Greinvill' militis inspexisse, ex cuius tenore concepimus ipsum Robertum pro salute sua et patris et matris et antecessorum suorum dilectis filiis monachis Beccensibus apud Stok' Deo famulantibus ecclesiam de Stamburnia cum omnibus pertinenciis suis in puram et perpetuam elemosinam concessisse. Cuius nos devocionem approbantes concessionem suam ratam habuimus et memoratam ecclesiam de Stamburn' cum omnibus ad eam pertinentibus supradictis monachis auctoritate pontificali contulimus. Et ut ea perpetuo gaudeant ipsam eis literarum nostrarum inscripcione et sigilli nostri apposicione confirmavimus. Testibus G(ilberto) archidiacono Midd(elsexe), Ricardo magistro scolarum London(ie) et aliis.

Date: Gilbert Foliot II was not appointed archdeacon of Middlesex until after 11 June 1180; Bishop Gilbert Foliot died on 18 February 1187 (*Fasti: St Paul's London 1066-1300*, 16, 2).
Printed: LCGF, no.458.

118. Confirmation by Gilbert Foliot bishop of London of the grant to the monks in free alms by Geoffrey son of Baldwin of two thirds of the tithe of his demesne in Little Sampford and Harefield. 1166-80.

Carta G(ilberti) Londoniensis episcopi super decimis datis monachis de Stok' de terris et boscis Galfridi filii Baldewini de Samford' et de Herefeld'.
Gilbertus Dei gracia Londoniensis episcopus dilectis in Domino filiis archidiaconis, decanis et omnibus ecclesiarum personis per episcopatum Londonie constitutis salutem graciam et benediccionem. Ad universitatis vestre noticiam pervenire volumus nos cartam Galfridi filii Baldewini inspexisse, ex cuius tenore manifeste perpendimus ipsum concessisse et confirmasse dilectis fillis nostris monachis de Stokes duas partes decimacionum tocius dominii sui, de terris et de boscis et de omnibus aliis rebus unde decima debet dari, tam minutarum quam maiorum de Samford et de Herrefeld in liberam et puram elemosinam perpetuo possidendas. Nos autem eandem concessionem sicut memoratis[1] monachis a predicto G(alfrido) facta est ratam habentes, gratam et acceptam, supramemoratas decimas eisdem habendas et iure perpetuo possidendas auctoritate qua presidemus episcopali concedimus et presentis scripti patrocinio commun(i)v(i)mus. Hiis testibus Radulfo archidiacono, David capellano et aliis.

1 MS memorati.

Date: before no.123; Geoffrey son of Baldwin was still a minor in 1166 (no.166).
Printed: LCGF, no.455.

119. Confirmation by William de Ste Mère-Eglise bishop of London of the possession by the monks of the churches of Foxearth and Ashen, previously confirmed by Bishop Gilbert. The vicar presented by the monks to Foxearth shall pay them an annual pension of twenty shillings, and the vicar presented to Ashen shall pay an annual pension of two marks. The vicars are to discharge all the episcopal and archidiaconal obligations of the churches. May 1199—March 1204.

Confirmacio Willelmi Londoniensis episcopi de ecclesiis de Foxherde et de Esse.
Universis Christi fidelibus ad quos presens scriptum pervenerit Willelmus Dei gracia Londoniensis episcopus salutem in Domino. Universitati vestre notum fieri volumus nos pie recordacionis G(ilberti) quondam Londoniensis episcopi predecessoris (nostri) vestigiis inherentes / *fo 56v* ecclesias de Foxherde et de Essa monachis de Stokes auctoritate episcopali confirmasse, ita quidem ut quicumque ad presentacionem eorundem monachorum in ecclesia de Foxherde fuerit pro tempore vicarius institutus viginti solidos annuos prefatis monachis nomine pensionis persolvere teneatur.[1] Qui vero ad ecclesiam de Essa eisdem monachis presentantibus ab episcopo diocesano fuerit vicarius admissus duas marcas annuas dicto conventui de Stok' persolvere teneatur. Agnoscent autem predictarum ecclesiarum vicarii[2] universa episcopalia et archidiaconalia ipsas ecclesias contingencia, salvo in hiis omnibus nobis et successoribus nostris iure episcopali. Ne autem hec nostra confirmacio futuris temporibus a quoquam possit indubium devocari, nos ipsam presenti pagina ac sigilli nostri apposicione dingnum duximus roborandam. Hiis testibus magistro Iohanne de Canc(ia), Salom(one) capellano rectore ecclesie de Foxherde, Ricardo de Eggeham et aliis.

1 MS teneamur, two minims of *m* expunged.
2 MS vicari.

Date: Bishop William was consecrated on 23 May 1199. Master John of Kent first occurs as Chancellor of the cathedral in March 1204, in which month Richard de Hegham first occurs as archdeacon of Essex (*Fasti: St Paul's London 1066-1300*, 2, 26, 13).

120. Grant by William de Ste Mère-Eglise bishop of London, with the consent of Walter son of Humphrey the patron, to Prior Hugh and the convent of an annual benefice of four marks in the church of Foxearth after it is vacated by Solomon de Buckingham the chaplain, who while he lives is bound to the payment of twenty shillings only. May 1199—March 1205.

Confirmacio Willelmi Londoniensis episcopi de quatuor marcis annuis percipiendis in ecclesia de Foxherde.
Omnibus sancte matris ecclesie filiis ad quos presens carta pervenerit Willelmus Dei gracia Londoniensis episcopus eternam in Domino salutem. Noverit universitas vestra nos assensu Walteri filii Hunfridi patroni ecclesie de Foxherde divine

pietatis intuitu concessisse quantum ad nos pertinet H(ugoni) priori et conventui de Stok' annuum beneficium quatuor marcarum de eadem ecclesia perpetuo percipiendum, salva possessione Salomonis de Buckingham capellani quam in eadem ecclesia habere dinoscitur sub annua pensione viginti solidorum predictis priori et conventui quoad vixerit persolvenda. Quod ut maioris firmitatis robur optineat presenti scripto sigilli nostri apposicione munito duximus confirmandum. Hiis testibus magistro Iohanne de Canta,[1] magistro Gilberto de Plesseto et aliis.

Margin: Vide cartam huius Walteri cccllvi (no.454). Hec pensio quondam fuit xvi marcarum et iiii solidorum, vide lxxxviii.[2]

[1] MS Cantar, *r* expunged.
[2] No.88 in fact relates to churches in the diocese of Norwich.

Date: for Master John of Kent, see no.119. Prior Hugh's successor first occurs in April 1205.

121. Confirmation by Gilbert Foliot bishop of London of the monks' possession of the church of Steeple Bumpstead, with appropriation to them of the church. The priest who shall minister in the church shall receive the necessities of life according to the archdeacon's taxation. November 1166-1180.

Confirmacio Gilberti Londoniensis episcopi de ecclesia de Bomestede.
Gilbertus Dei gracia Londoniensis episcopus archidiaconis, decanis et ecclesiarum que in eodem episcopatu constitute sunt personis omnibus, salutem graciam et benediccionem. Universitati vestre presenti scripto notificamus nos instrumenta prioris et monachorum de Stok' inspexisse, que ecclesiam de Bumestede monasterio de Stok' ab eiusdem ecclesie advocatis donatam et predecessorum nostrorum auctoritate concessam fuisse commemorant et testantur. Unde quia iustum est ut suis stet antiquitas inconvulsa radicibus, et que a predecessoribus nostris recte / *fo 57r* statuta sunt iustum est ut observemus, vobis in commune notum facimus nos eandem donacionem ratam habuisse, ipsamque ut predicto monasterio firma permaneat pagine presentis inscripcione et sigilli nostri attestacione corroborasse. Concedimus itaque quod predictus prior de Stokes et fratres in eodem monasterio devocionis sue Domino prestantes obsequium memoratam ecclesiam de Bunstede cum omnibus ad eam pertinentibus possideant et obvenciones eius in usus proprios honeste convertant, sic quidem ut sacerdos qui in eadem ministrabit de ipsa necessaria sibi iusta archidiaconi nostri taxacione percipiat, et ecclesia ipsa ecclesie Beati Pauli et eius officialibus canonicam in omnibus obedienciam semper exhibeat. Huius nostre concessionis testes hii sunt, Radulfus de Dici et Ricardus Fol(iot) archidiaconi Lundon(ienses) et multi alii.

Date: the predecessor of Richard Foliot as archdeacon of Colchester last occurs after 21 October 1166. Master Ralph de Diceto was elected dean between January 1180 and January 1181 (*Fasti: St Paul's London 1066-1300*, 5, 19).
Printed: LCGF, no.454.

122. Confirmation by Richard Fitz Neal bishop of London of the grant by Geoffrey son of Baldwin to the monks in free alms of two thirds of the tithe of his demesne in Little Sampford and Harefield, as previously confirmed by Bishop Gilbert Foliot (no.118). April 1196—September 1198.

Confirmacio Ricardi Londoniensis episcopi de duabus partibus decimacionum Gilberti filii Baldewini in Samford' et Herefelde.

Ricardus Dei gracia Lundoniensis episcopus omnibus Christi fidelibus per episcopatum London(iensem) constitutis salutem eternam in Domino. Ad universitatis vestre noticiam pervenire volumus nos cartam Galfridi filii Baldewini inspexisse, ex cuius tenore manifeste perpendimus ipsum concessisse et confirmasse dilectis filiis nostris monachis de Stok' duas partes decimacionum tocius dominii sui de Samford et de Herrefeld in liberam et puram elemosinam perpetuo possidendas. Nos autem eandem concessionem sicut memoratis monachis a predicto G(alfrido) racionabiliter facta est ratam habentes gratam et acceptam, supramemoratas decimas eisdem habendas et iure perpetuo possidendas auctoritate qua presidemus episcopali concedimus et presentis scripti patrocinio communimus. Hiis testibus Willelmo de Ely domini regis thesaurario, Johanne de Garland', Alano Berengar', Ricardo capellanis et aliis.

Date: William of Ely served as the king's treasurer from between 21 April and 30 December 1196; Bishop Richard died on 10 September 1198 (*Fasti: St Paul's London 1066-1300*, 35, 2).

123. i. Appropriation by Gilbert Foliot bishop of London to the monks of the church of Thaxted, on the presentation of Richard earl of Clare.
ii. Confirmation to the monks of the churches of Great Bardfield, Ashen, Little Yeldham, Pebmarsh, Toppesfield, Steeple Bumpstead, Foxearth and Stambourne.
iii. of two thirds of the tithes of Geoffrey son of Baldwin in Little Sampford and Harefield (no.118).
iv. of two thirds of the tithes of Lambert and of Robert son of Richard in Steeple Bumpstead.
v. of two thirds of the tithes of Richard son of Simon in Hempstead.
vi. of two thirds of the tithes of Fulk de Blandac in Stambourne.
vii. of two thirds of the tithes of Gilbert Willde, Robert Buzcal and Margaret in Toppesfield.
viii. of half the tithes of Solomon in Tilbury iuxta Clare.
ix. of two thirds of the tithes of Richard de Nazanda in Wickham (?St Paul).
x. of the tithe of Walter de Langetot in Belchamp Otten.
xi. of the tithe of Hilger in Ashen.
xii. of two thirds of the tithes of Hamo Pecche in Gestingthorpe.
xiii. of the tithe of Adam son of Warin in Binsley (in Bulmer).
xiv. of two thirds of the tithes of William son of Ralph in Finchingfield.
xv. of two thirds of the tithes of Peter, William and William Hurand in Halstead.
xvi. of two thirds of the tithes of Walter son of Humphrey in *Barewe* (?Barrow Hall in Little Wakering).

xvii. of two thirds of the tithes of Roger de St German in Naylinghurst Farm (in Stisted).

xviii. of two thirds of the tithes of Reginald de Codham in *Muchelheia*.

xix. of two thirds of the tithes of Peter in Belchamp (?Otten).

xx. of two thirds of the tithes of Roger in Pentlow.

xxi. of land in Birdbrook granted by Geoffrey de Blaveni.

xxii. of land in Steeple Bumpstead granted by Gilbert de Baillol and Walter son of Humphrey.

xxiii. of land in Hempstead granted by Robert de Watteville.

xxiv. of Pitley Farm (in Great Bardfield) granted by Gilbert de Dammartin.

xxv. of land in Great Bardfield granted by Ailward the forester, Godfrey the butler and Gilbert son of Robert.

xxvi. of land in Stambourne granted by Fulk de Blandac and Baldwin son of Serlo.

xxvii. of land in Birdbrook granted by Hamo Pecche.

xxviii. of land in Ovington granted by Solomon.

xxix. of land in Henny granted by Adam son of Warin.

xxx. of land in Stambourne granted by Aubrey.

xxxi. of land in Ridgewell granted by the wife of Ralph son of Sired.

xxxii. of land in Ashen granted by Ilger.

xxxiii. of a meadow by the monks' garden granted by William de Pirenho.

xxxiv. of a meadow and the tithe of hay of William de Musterol in Claret Hall (in Ashen).

1173-80.

Confirmacio Gilberti Londoniensis episcopi de omnibus ecclesiis, decimis et possessionibus in diocesi Lond(oniensi) et in ea specificatis.

Gilbertus Dei gracia Lundoniensis episcopus dilectis sibi in Domino archidiaconis, decanis et omnibus ecclesiarum prelatis per episcopatum Lundoniarum constitutis, salutem graciam et benediccionem. Que inspirante Domino ecclesie Dei largicione fidelium ob animarum suarum salutem in locis iurisdiccioni nostre suppositis pia devocione conferuntur, hec concedere et ea que nobis a Domino concessa est auctoritate imperiosa caritatis lege confirmare constrin- / *fo 57v* gimur. Eapropter universitati vestre mandamus et presenti scripto notificamus nos presentacione dilecti filii nostri viri nobilis Ricardi comitis de Clara priori et fratribus de Stokes ecclesiam de Taxtede cum omnibus ad eam pertinentibus concessisse nosque ipsos in eadem ecclesia debita cum solempnitate personas constituisse. Ecclesias eciam et beneficia ecclesiastica que in eos largicione fidelium collocata fuisse et ab hiis tempore predecessorum nostrorum inconcusse possessa fuisse cognovimus, eis concessimus, inter que suis hec duximus exprimenda vocabulis: ecclesiam de Berdefeld cum omnibus pertinenciis suis, ecclesiam de Essa cum omnibus pertinenciis suis, ecclesiam de Geldam cum omnibus pertinciis (suis), ecclesiam de Pebenersc cum omnibus pertinenciis suis, ecclesiam de Topesfeldia cum omnibus pertinenciis suis, ecclesiam de Bumstede cum omnibus pertinenciis suis, ecclesiam de Foxherde cum omnibus pertinenciis suis, ecclesiam de Stamburna cum omnibus pertinenciis suis; duas eciam partes decimacionis Galfridi filii Baldewini in Samfordia, duas eciam partes decimacionis eiusdem Ga(l)fridi filii Baldewini in Herrefeldia, duas eciam partes decimacionis

Lamberti in Bunstede, et duas partes decimacionis Roberti filii Ricardi in eadem
villa, et duas partes decimacionis Ricardi filii Symonis in Hamstede, et duas
partes decimacionis Fulconis de Blandac in Stamburnia, et duas partes decimacionis Gilberti Willde in Topesfeldia, et duas partes decimacionis Roberti Buzcal
in eadem villa, et duas partes decimacionis Margarete in eadem villa, et dimidiam
decimacionis Salomonis in Tillebiri, et duas partes decimacionis Ricardi de
Nazanda in Wicham, et decimam Walteri de Langatot in Bellocampo, et totam
decimam Hilgeri in Essa, et duas partes decimacionis Hamonis Peccati in
Gestingetorp, et totam decimam dominii Ade filii Warini in Binisleia, et duas
partes decimacionis Willelmi filii Radulfi in Finchingefeld, et duas partes decimacionis Petri in Halstede, et duas partes decimacionis Willelmi in eadem villa, et
duas partes decimacionis Willelmi Hurand in eadem villa, et duas partes decimacionis Walteri filii Humfr(idi) in Barewe, et duas partes decimacionis Rogeri de
Sancto Germano in Neilingeherst, et duas partes decimacionis Rainaldi de
Codeham in Muchelheia, et duas partes decimacionis Petri / *fo 58r* in Belcham,
et duas partes decimacionis terre Rogeri in Pentelawe; terram eciam et pratum[1]
ex dono Galfridi de Blavenni in Bridebroc, terram eciam ex dono Gilberti de
Baillol in Bunstede, terram eciam ex dono Walteri filii Humfr(idi) in eadem villa,
terram eciam ex dono Roberti de Watevilla in Hamstede, et terram et mansuram
de Piteleiheg' cum pertinenciis suis ex dono Gilberti de Dammartin, et terram ex
dono Ailwardi forestarii in Berdefeld, terram eciam ex dono Godefridi pincerne
in eadem villa, et terram ex dono Gilberti filii Roberti in eadem villa, et terram
ex dono Fulconis de Blandac in Stamburne, terram eciam ex dono Baldewini filii
Serlonis in eadem villa, et terram et pratum ex dono Hamonis Peccati in Bridebroc, et terram ex dono Salomonis[2] in Uvitune, et terram ex dono Ade filii
Warini in Heneia, et terram Alberede in Stamburna, et terram ex dono uxoris
Radulfi filii Siredi in Redewelle, et terram ex dono Ilgeri in Essa, pratum eciam
de dono Willelmi de Pirenho iuxta ortum monachorum, et pratum ex dono
Willelmi de Musterol in Claretta, et totam decimacionem feni eiusdem Willelmi
in eadem villa. Que quia eis pietatis intuitu[3] largicione fidelium concessa sunt
nos quoque eis concedimus, et ut ea sibi quieta et inconvulsa permaneant ea
presentis scripti testimonio et sigilli nostri apposicione ea que nobis a Domino
concessa est auctoritate confirmamus. Hiis testibus Radulfo de Disc(i) archidiacono, Ricardo archidiacono Colcest(rie), Roberto archidiacono Essex(ie) et
aliis.

1 MS terram et pratum eciam, *et pratum* added in margin.
2 MS Salomononis.
3 MS intuiti.

Date: Earl Richard succeeded in 1173. Ralph de Diceto was elected dean
between January 1180 and January 1181 (see no.121).
Printed: LCGF, no.456.

**124. Notification by J. son of Ralph, rector of Bulmer, that when the case was
heard before the archdeacon of Norwich and his fellow judges delegate between**

96

himself and the prior and convent of Stoke by Clare concerning certain tithes in Bulmer, namely two thirds of the tithes from the land held in that vill by Hugh de Lasandre of the fee of Clare and all the great tithe of the fee of Ralph son of William in *Bilca* in the same parish, the issue was concluded thus: at the petition of R. bishop of London and R. archdeacon of Middlesex and other good men, he received the farm of the said tithes from the prior and convent, to be held for the duration of his life for an annual payment of twenty shillings. After his death the prior and convent may resume the tithes, and their right shall not be diminished by the farm. Probably June 1229–May 1231.

Decisio cuiusdam controversie mote inter monachos et I. filium Radulfi rectorem[1] ecclesie de Bulemere super quibusdam decimis.

Universis presens scriptum visuris I. filius Radulfi rector ecclesie de Bulemere salutem in Domino. Noverit universitas vestra quod cum lis esset mota auctoritate apostolica coram archidiacono Norwicensi et coniudicibus suis inter priorem et conventum de Stok' ex una parte et me ex altera super quibusdam decimis in parochia mea de Bulemere ad eos spectantibus ut dicebant, scilicet super duabus garbis provenientibus de tota terra quam Hugo de Lasandre tenet in eadem villa de feodo de Clara et super omnibus decimis maioribus in Bilca provenientibus de feodo Radulfi filii Willelmi in eadem parochia, super quibus omnibus coram dicto archidiacono et coniudicibus suis possessarium intentatum fuit iudicium, in hunc modum[2] lis conquievit, videlicet quod ad peticionem / *fo 58v* domini R. episcopi Londoniensis et R. archidiaconi Middilsex(e) et aliorum bonorum virorum ego dictas decimas a dicto priore et conventu de Stok' ad firmam recepi, de eis tenendas quamdiu vixero pro viginti solidis argenti eis[3] annuatim solvendis, ad festum Sancti Michaelis decem solidis et ad Pascha decem solidis, ita tamen quod post discessum meum liceat eis ingredi possessionem dictarum decimarum, hoc eciam adiecto, quod occasione dicte firme (nullo modo)[4] dictis monachis quicquam iuris vel possessionis depereat vel acrescat. In cuius rei testimonium presenti scripto tam sigillum episcopi quam capituli apponi procuravi.

1 MS rectoris.
2 MS mundum.
3 MS eas.
4 MS blank due to erasure.

Date: the dating of this document is determined by the coincidence of R. bishop of London and R. archdeacon of Middlesex. The three possible dates are September 1152–May 1162, April 1196–September 1198, and June 1229–March 1231. While the fact that the rector did not seal the document himself might point to an early date, the appending of the chapter seal suggests the thirteenth century. It is more common to find archdeacons appointed as principal judges in thirteenth century commissions, and John of Ferentino, papal chaplain and archdeacon of Norwich c.1229-38, does so occur in other cases. Moreover, Ralph son of William de Pebmarsh granted a rent of 5s in Little Henny (no.382). He occurs in 1207 (*PR 9 John*, 101) and 1228 (*CRR*, xiii, no. 432).

125. Notification by Gilbert Foliot bishop of London of his settlement, as papal judge delegate, of the case between the priory and Benedict de Reepham, William de Haveringland and Gervase de Norwich, clerks, and Roger de Gisney concerning the church of St Clement, Norwich, and certain tithes. The prior and convent abandoned their claim to the church and Roger, with the consent of the clerks, resigned into the hands of the bishop two thirds of the tithes of his demesne in Whitwell, Haveringland and Norwich. The bishop by apostolic authority restored these tithes to the monks, from whom they were to be held by the said clerks in return for an annual pension of twenty shillings. After the death of the second successor the tithes are not to be alienated from the monastery by Roger or any other person. October 1166-c.1181.

Confirmacio Gilberti Londoniensis episcopi facta auctoritate apostolica inter monachos de Stok' et quosdam alios de ecclesia Sancti Clementis Norwic(i) et quibusdam decimis.
Gilbertus Dei gracia Lundoniensis episcopus omnibus sancte matris ecclesie filiis ad quos hee litere pervenerint nostre, salutem in Domino. Noverit universitas vestra causam que vertebatur inter monachos de Stokes et Benedictum de Refham et Willelmum de Haveringeland' et Gerv(asium) de Norwico clericos et Rogerum de Gisnai super ecclesia Sancti Clementis in Norwico et quibusdam decimis, nobis a summo pontifice delegatam, parcium in hoc concurrente assensu hoc tandem fine post quam plurimas auditas hinc inde allegaciones in nostra presencia conqui(e)visse. Monachi siquidem de Stok' ab accione quam super ecclesia Sancti Clementis intendebant recedentes,[1] penitus se ultra in ipsa nichil vendicaturos firmiter promiserunt. Prefatus vero Rogerus duas partes decimarum tocius dominii sui quod habuit in Witewelle et in Haveringelonde et in Norwico assensu et voluntate predictorum clericorum, tamquam ad ecclesiam de Stokes pertinentes, in manus nostras resignavit, et nos ipsas apostolica auctoritate memoratis monachis restituimus. Quas ipsi monachi iam dictis clericis de eis tenendas sub annua xx solidorum pensione coram nobis concesserunt, ita quidem quod liberum erit unicuique prescriptorum clericorum conpetentem sibi porcionem sepe dictarum decimarum alii cui voluerit ecclesiastice persone, monachis tamen et prefato milite in hoc prebentibus assensum,[2] assignare, sub ea qua et ipse tenebat pensione tota vita sua tenendam. Post secundi vero successoris discessum nec prefato militi nec cuilibet alii prescriptas decimas alias quam ad monasterium de Stokes transferre vel ab ipso quolibet modo alienare licebit. Hanc autem convencionem fidei in hoc interveniente / *fo 59r* religione, se fideliter observaturam pars utraque promisit. Et nos ne de cetero possit in dubium vel in irritum revocari, presentis eam pagine inscripcione confirmavimus et nostri[3] pariter apposicione sigilli roboravimus. Hiis testibus Ricardo archidiacono Colcestrie, magistro Hugone de Lund(onia) et aliis.

[1] MS resedentes.   [3] MS nostrum.
[2] MS prebente assensu.

Date: Richard Foliot, archdeacon of Colchester, was appointed after 21 October 1166, and was perhaps transferred to the archdeaconry of Middlesex c.1181 (*Fasti: St Paul's London 1066-1300*, 19).
Printed: LCGF, 453.

126. On 8 May 1253 in the chapter house of St Paul's cathedral, before Master Walter Chaucehose, Official of Fulk bishop of London, the master of St Bartholomew's hospital in London alleged that the prior and convent of Stoke by Clare wrongfully received the tithes of the arable and marshes of the demesne of Humphrey son of Walter in the parish of Little Wakering, which were held in their name by Robert son of Hugh. These tithes by common law pertained to the parish church, to the detriment of which, and to the prejudice and injury of the master and brethren of St Bartholomew's, they were held by the monks. He sought that the tithes of the said demesne should be adjudged to the parish church, together with arrears estimated at one hundred marks and expenses estimated at forty shillings. At the intervention of mutual friends, an amicable composition was reached between the parties and ratified by the Official. The master and brethren of St Bartholomew's are to hold the foresaid tithes in perpetuity, and are to render to the monks an annual pension of thirty two shillings, payable in two instalments at Michaelmas and Easter; if they fail to make any payment at the due term, they shall pay the monks a fine of one mark, together with any expenses incurred by them in recovery of the payment.

Decisio cuiusdam litis facta per officialem Londiniensem inter monachos de Stok' et magistrum hospitalis Sancti Bartolomei Lond(onie) de decimis in parochia de Parva Wakerringe.

Die mercuri proxima post invencionem Sancte Crucis in capitulo Sancti Pauli Lond(onie) anno Domini millesimo ducentesimo quinquagesimo tercio coram magistro Waltero Chaucehose tunc officiali venerabilis patris Fulconis Dei gracia Londoniensis episcopi comparuit magister hospitalis Sancti Bartholomei Lond(onie) pro se et pro fratribus suis ex una parte et prior de Stok' pro se et pro conventu suo ex altera. Et cum peteret dictus magister quod procederetur in causa inter eos mota secundum formam retroactorum, exhibito libello convencionali qui talis est, dicunt magister et fratres hospitalis Sancti Bartholomei Lond(onie) contra[1] priorem et conventum de Stok' quod dominicum Hunfridi filii Walteri, tam terre arabiles quam mariscus, situm[2] fuit in parochia ecclesie sue de Parva Wakering', et ideo decime inde provenientes de iure communi ad eos et ad ecclesiam predictam spectent. Idem prior et conventus per manus Roberti filii Hugonis, qui possessioni dictarum decimarum nomine prioris et conventus incumbit ut dicunt, dictas decimas percipiant et perceperunt minus iuste, in dicte ecclesie lesionem et eorundem magistri et fratrum preiudicium et gravamen, unde petunt dictas decimas de toto dicto dominico infra memoratam parochiam sito de quo decimas non percipiunt dicte ecclesie adiudicari unacum arreragiis et fructibus inde perceptis, quos estimabant centum marcas argenti, et eis de dampnis et expensis que estimant quadraginta solidos satisfieri et iusticiam exiberi, protestantes se velle a lite discedere si apparuerit dictos priorem et conventum plus iuris habere in dictis decimis quam habent magister et fratres memorati. Hec dicunt sano iure etc. Demum communibus amicis intervenientibus, auctoritate predicti iudicis, talis inter partes intervenit amicabilis composicio, scilicet quod dicti magister et fratres nomine dicti hospitalis et ad utilitatem eiusdem habebunt et retinebunt inperpetuum decimas premissas petitas in iudicio

1 *coram* erased.   2 MS sita.

cum omnibus suis pertinenciis et crementis, et fructus / *fo 59v* eorundem con-
vertent in usus dicti hospitalis, reddendo pro eisdem decimis dictis priori et
conventui et ecclesie de Stokes apud eandem ecclesiam de Stok' singulis annis
inperpetuum triginta et duos solidos sterlingorum ad duos anni terminos, scilicet
medietatem in quindena Sancti Michaelis et aliam medietatem in quindena
Pasche, sub pena unius marce solvende dictis priori et conventui quocienscumque
dicti magister et fratres in solucione dicte pecunie pro dictis loco et terminis
defecerint, rata manente dicta obligacione. Et si contingat dictos priorem et
conventum occasione dicte pecunie suis terminis non solute sumptus aliquos
facere, dicti magister et fratres tam de expensis quam interesse satisfacient,
credendo super eisdem nudo verbo procuratoris dictorum prioris et conventus
sine honere alterius probacionis. Prior autem et conventus dicte ecclesie de
Stokes warantizabunt imperpetuum magistro et fratribus dicti hospitalis dictas
decimas, nichil ultra petentes quam pecuniam pretaxatam suis terminis. Quam
composicionem tam dicti conventus quam fratres postea acceptarunt et ratifi-
carunt. In cuius rei testimonium residet presens instrumentum penes dictos
priorem et conventum de Stok', appenso signo iudicis premissi unacum signo
magistri et fratrum dicti hospitalis, et aliud instrumentum[3] eundem continens
tenorem penes dictos magistrum et fratres signo eiusdem iudicis appenso unacum
signo dictorum prioris et conventus, procurato per utramque partem ad perpetuam rei firmitatem signum venerabilis patris Fulconis Dei gracia Lundoniensis
episcopi unacum signo capituli Sancti Pauli Lond(onie) utrique instrumento
apponi. Testes autem dicte composicionis sunt magister Walterus Chaucehose
tunc officialis domini Londoniensis, magister Willelmus de Laudon', magister
Alanus de Stokwell' et alii.

[3] MS in frumentum.

**127. Notification by Ralph de Diceto, archdeacon of Middlesex, to the rural
dean and chapter of Hinckford that when Bishop Richard II first committed the
archdeaconry to him and he enquired who was the patron, parson and vicar of
each church, he learnt from the whole chapter of Hinckford that the prior and
convent of Stoke by Clare had obtained the parsonage of the churches of Ashen
and Little Yeldham at the petition, presentation and gift of the earls of Clare
and by the authority of the bishops of London in times past. As far as it pertains
to him he confirms these churches to the monks. May 1162-1180.**

Concessio Radulfi Londoniensis archidiaconi[1] de ecclesia de Essa et de Parva
Gelham et earum presentacione.
Radulfus Lundoniensis ecclesie archidiaconus decano et toti capitulo de Haing-
ford salutem. Cum primo nobis curam archidiaconatus commisit Ricardus bone
memorie quondam Lundoniensis episcopus secundus, et quiscuiusque esset
ecclesie advocatus seu persona seu vicarius diligenter inquiremus, de communi
tocius capituli de Haingeford assercione didicimus quod prior de Stokes et conventus personatum ecclesie de Essa et personatum / *fo 60r* ecclesie de Parva
Geldeham peticione, presentacione et donacione comitum de Clara et auctoritate

Lundonencium episcoporum a retro temporibus obtinuerant. Quantum igitur ad nos spectat eisdem monachis memoratarum ecclesiarum curam et amministracionem, et ut eas libere, quiete, pacifice, sine aliqua concussione teneant et possideant concedimus. Valete in Domino karissimi.

1 MS episcopi.

Date: Bishop Richard de Belmeis II died on 4 May 1162; Ralph de Diceto became dean between January 1180 and January 1181 (*Fasti: St Paul's London 1066-1300*, 2, 16).

128. Notification by Master R. rector of Notley and R. vicar of Great Waltham to the rural deans of Sampford and Hedingham. By the authority (as papal judges delegate) by which they function and by which the rural deans have sequestrated the tithes of the monks of Stoke by Clare, because the monks are sufficiently admonished they order them to allow them the administration of their tithes, as specified, in their deaneries. 27 August 1257.

Carta iudicum delegatorum a papa per quam administracionem habeant decimarum in locis ut in eadem specificatis.

Magister R. et R. rector ecclesie de Noteleie et vicarius de Magna Waltham, de Sanford et de Heyngeham decanis salutem in Domino. Auctoritate qua fungimur quam vos prius inspexistis et qua decimas monachorum de Stokes ad mandatum nostrum sequestratis, quia sufficienter muniti sunt, vobis mandamus quatinus administracionem decimarum suarum eisdem concedatis, videlicet duas partes decimacionis Galfridi filii Baldewini[1] in Sanford, duas eciam partes decimacionis eiusdem G(alfridi) in Herfeld', duas eciam partes decimacionis Lamberti in Bumsted' et duas partes decimacionis Roberti filii Ricardi in eadem, et duas partes decimacionis Ricardi filii Symonis in Hansted' et duas partes decimacionis Fulconis de Blandec in Stanburn' et duas partes decimacionis Gilberti Wilde in Top(pesfeld) et duas partes decimacionis Roberti Bustard' in eadem et duas partes decimacionis Margarete in eadem villa et dimidiam decimacionis Salomonis in Tileberi et duas partes decimacionis Ricardi de Nassandre in Wicham et decimam Walteri de Longetot in Bellocampo et totam decimam Ylgeri in Esse et duas partes decimacionis Hamonis Peccati in Gestingesorp et totam decimam domini Ade[2] filii Warini in Buneleia et duas partes decimacionis Willelmi filii Radulphi in Finchingefeld et duas partes decimacionis Petri in Hausted' et duas partes decimacionis Willelmi in eadem villa et duas partes decimacionis Rogeri de Sancto Germano in Nelingeherst et duas partes (decimacionis) Reginaldi de Codham in Mucheleia et duas partes decimacionis Petri in Beuchamp et duas partes decimacionis terre Rogeri in Pent(elawe), salva possessione persone de Parva Sanford' decimarum[3] suarum in eadem parochia huc usque semper optenta. Actum die lune proxima ante festum Sancti Bartolomei anno Domini mccl septimo.

1 MS Ealdwini.   3 MS de decimarum.
2 *Ade* interlined.

Note: for the tithes specified, see no.123. The rural deanery of Hedingham is identical with that of Hinckford (see no.127), the name of the hundred in which the Hedinghams are situated.

129. Notification by Ralph of Ely, archdeacon of Middlesex, that in the presence of the ruridecanal chapter of Hinckford meeting at Wethersfield a composition was reached before him between Hugh prior of Stoke by Clare and Robert, parson of Harefield. Robert recognised that the demesne tithe pertained to the priory, and the archdeacon invested the prior with them. Robert received these tithes from the prior for the duration of his life, in return for an annual payment of seven shillings. If he sends this payment to the priory within the octaves of the feast of the Nativity of St John the Baptist, four pence may be deducted for the expenses of his messenger. After Robert's death the tithes are to revert to the priory. May 1196–March 1205.

Composicio facta inter quondam personam ecclesie de Herefeld et monachos de Stok' et per Radulfum Londoniensem archidiaconum ratificata.

Radulfus Londoniensis ecclesie archidiaconus omnibus clericis suis tam de Midelsex quam de Essex salutem. Noverit universitas vestra Hugonem priorem de Clara et Robertum personam ecclesie de Herrefeldia coram nobis in presencia capituli de Haingeford apud Werresfeld convenisse et de decima dominii / *fo 60v* de Herrefeld super qua diu inter eos accitatum erat composuisse hoc modo. Confessus est Robertus predictam decimam ad ius ecclesie Sancti Iohannis Baptiste de Clara pertinere, eamque coram memorato capitulo in manus nostras refutavit. Nos autem tamquam ius suum ecclesie Sancti Iohannis reddentes, sub testimonio eiusdem capituli prefatum priorem eadem decima investivimus. Robertus vero a manu ipsius prioris hanc recepit decimam omnibus diebus vite sue nomine ecclesie de Clara possessurus, annuum canonem predicte ecclesie solvendo, septem scilicet solidorum ad festum nativitatis Sancti Iohannis Baptiste, conventumque est ut si per nuncium suum infra octabis Sancti Iohannis ad predictam ecclesiam de Clara hunc canonem miserit Robertus, soluta tantum dimidia marca quatuor nummi in expensam nuncii convertentur, sin autem predicta ecclesia redditum septem solidorum integre recipiet. Post decessum autem predicti Roberti hec eadem decima libere et quiete ad ecclesiam Sancti Iohannis de Clara revertetur, eamque integram recipiet in omnibus de quibus decima dari debet. Facta est autem hec composicio primum in capitulo de Haingeford', presentibus hiis eiusdem capituli clericis, Ernaldo decano de Finchingefeld, magistro Pagano, magistro Gilberto de Haustede, Willelmo presbitero de Ovitune, Nigello presbitero de Essa, Turstano presbitero de Redeswella, Iohanne presbitero de Stamburn' et aliis.

Date: the predecessor of Ralph of Ely as archdeacon of Middlesex last occurs in 1196 (*Fasti: St Paul's London 1066-1300*, 16). The successor of Prior Hugh first occurs in April 1205.

The remainder of fo 60v and fo 61 are blank.

129a. **Mandate of Theobald archbishop of Canterbury to the rural deans of Gestingthorpe, Hedingham and Denham, ordering them to compel defaulters to pay their tithes to the priory of Stoke by Clare. 1139-50.**

Fo 62r (T)heobaldus Dei gracia Cantuariensis archiepiscopus et tocius Anglie primas Eadmundo decano de Gestingetorp et W(altero) decano de Hahingeham et R. decano de Deneham salutem. Mandamus vobis et precipimus ut de quibuscumque clamorem prioris et monachorum de Clara audieritis pro decimis suis quas non recte vel more ecclesiastico dare volunt vel quod peius est detinent, talem eis iusticiam ecclesiasticam faciatis ut ipsi corrigantur et ceteri timorem habeant[1] et ne opus sit ut pigricia vestra nos manum apponere oporteat quia et vobis non expedit. Valete.

Margin: null(ius) util(itatis).

1 MS habebant.

Date: before the grant of the legatine title to Archbishop Theobald.
Note: for Walter the rural dean of Hedingham, see *Colne Cart*, 14.
Printed: Saltman, *Theobald*, no.257.

130. **Notification by Stephen Langton archbishop of Canterbury that when at the request of Gilbert de Tany, knight, he dedicated the chapel in his house at Bures, Gilbert promised that the mother church of Bures should not suffer through this chapel, except that on holy days his household and tenantry may attend the chapel as other parishioners attend the mother church. July 1213-1224.**

De immunitate ecclesie de Buris provisa per S(tephanum) Cantuariensem archiepiscopum, non obstante dedicacione capelle facta per ipsum ibi.
Omnibus Christi fidelibus ad quos presens scriptum pervenerit S(tephanus) Dei gracia Cantuariensis archiepiscopus tocius Anglie primas et sancte Romane ecclesie cardinalis salutem in Domino. Noverit universitas vestra quod cum nos ad peticionem G(ilberti) militis de Tani capellam suam in curia sua de Buris dedicaremus, idem miles sacramento interposito coram nobis firmiter promisit quod nunquam occasione illius capelle vel dedicacionis eiusdem aliquid contra ius et libertatem matricis ecclesie de Buris vel in preiudicium eiusdem attemptaret.[1] Heredes eciam suos eadem obligacione obligavit. Omnia eciam iura matricis ecclesie de Buris in omnibus et per omnia sicut ante dedicacionem fuerit voluit servari illibata, excepto hoc tantum quod eius familia que ipsum sequitur ad capellam suam diebus sollempnibus libere poterunt divertere tota illa familia sua et totum homagium suum matricem ecclesiam de Bures sicut alii parochiani sequantur. Que ut nulli inposterum possint venire in dubium, hec coram nobis acta fuisse presenti scripto attestamur et sigilli nostri apposicione roboramus. Valete.

1 MS attemptarent.

103

Date: after the archbishop's return to England. Gilbert de Tany was dead by 1224 (*Essex Fines*, 67).
Printed: Major, *Acta Stephani Langton*, no.70.

130a. Notification by Richard of Dover, archbishop of Canterbury, of a composition reached before him between John de Garland and Gervase the clerk concerning the vicarage of East Hanningfield. John is to retain all the tithes of the house of Agnes de Mountchesney and the church house and all the land adjacent to the church, except for one acre of land which Agnes gave to the church when she acquired the manor against Cecily countess of Hereford her sister, and except for two acres which are of the fee of Robert son of Tecius. John is also to have the tithes of the lands which the canons of Bicknacre now cultivate in this parish. Gervase shall have all the tithes, offerings and all other profits pertaining to the church, and shall exonerate John from all customs due to the bishop and his officials. Gervase swore faith, honour and reverence to John the parson, and that he would in no way seek to disturb his possession, and any chaplain who shall minister in the church shall swear this oath. John also swore to observe the terms of this composition. 25 March – 13 November 1182.

Ricardus Dei gracia Cantuariensis archiepiscopus tocius Anglie primas universis Christi fidelibus ad quos presentes littere[1] pervenerint eternam in Domino salutem. Sciant presentes et futuri quod cum inter Iohannem de Garland' et Gervasium clericum controversia super vicaria ecclesie de Esthaningefeld verteretur, tali modo tandem in presencia nostra composuerunt / *fo 62v* pro bono pacis, scilicet quod penes Iohannem residebunt[2] omnes decime curie Agnetis de Munchanesi et domus ecclesie cum universa terra ad ipsam ecclesiam adiacente, preter unam acram terre quam predicta Agnes dedit prefate ecclesie quando adepta est manerium illud contra Ceciliam comitissam Hereford(ie) sororem suam, et preter duas acras que sunt de feodo Roberti filii Tecii. Habebit eciam idem Iohannes omnes decimas provenientes de terra quam canonici de Bichenacra modo excolunt in ipsa parochia. Prefatus vero Gervasius habebit omnes decimas, obvenciones omniaque beneficia alia que de ipsa ecclesia pervenient, et exhonerabit prefatum Iohannem de omnibus episcopalibus et officialium suorum consuetudinibus. Idem vero Gervasius fidei sue interposicione firmavit quod fidem et honorem ac reverenciam portabit Iohanni tamquam persone sepedicte ecclesie, et non queret artem vel ingenium modis aliquibus unde possessio ipsius Iohannis turbetur vel ius eius in aliquo diminuatur. Capellanus vero qui in ea ministrabit faciet fidelitatem ipsi Iohanni tamquam persone. Predictus autem Iohannes vice versa hanc transaccionem firmiter observandam fide mediante firmavit. Facta est autem hec transaccio anno ab Incarnacione Domini mclxxxii apud Lamhidam robur perpetuum habitura. Testibus Ricardo Wintoniensi episcopo, Herberto Cantuariensi archidiacono, magistro Gerardo, magistro Roberto de Inglesham' et aliis.

Margin: nul(lius utilitatis).

[1] MS litterere.   [2] MS residerunt.

Date: before the archbishop's departure from England, to which he did not return until August 1183.

131. *Inspeximus* **by Stephen Langton, archbishop of Canterbury, and by the bishops Richard of Salisbury and Benedict of Rochester of a bull of Pope Honorius III to the abbot and convent of Bec, dated 12 December 1220, allowing them to receive tithes from lands newly brought into cultivation in those parishes where they had all or some of the old tithes, and on the same terms as they held the old tithes. 1221-6.**

Recitacio confirmacionis pape per S(tephanum) archiepiscopum Cantuariensem de decimis quas monachi possident.
Stephanus Dei gracia Cantuariensis archiepiscopus tocius Anglie primas et sancte Romane ecclesie cardinalis, R(icardus) et B(enedictus) divina miseracione Sarisburiensis et Roffensis ecclesiarum ministri humiles omnibus Christi fidelibus ad quos presens scriptum pervenerit eternam salutem in Domino. Noverit universitas vestra nos inspexisse privilegium a sede Romana impetratum in hec verba: Honorius episcopus servus servorum Dei dilectis filiis abbati et conventui Beccensibus salutem et apostolicam benediccionem. Nec novum est nec insolitum aut indignum Romanam ecclesiam hiis exhibere graciam specialem quos conspicit religione florere. Cum igitur monasterium vestrum per Dei graciam sic pollere religione noscatur ut merito debeat penes apostolicam sedem graciam invenire, vobis auctoritate presencium indulgemus ut in parochiis in quibus habetis veteres decimas totaliter seu partialiter ab antiquo, tantam partem percipiatis de decimis quoque terrarum quas de cetero deduci contigerit[1] ad / *fo 63r* culturam quantam in veteribus decimis[2] noscimini optinere. Nulli ergo hominum liceat hanc paginam nostre concessionis infringere vel ei ausu temerario contraire. Si quis autem hoc attemptare presumpserit, indignacionem omnipotentis Dei et Beatorum Petri et Pauli apostolorum eius se noverit incursurum. Datum Laterani ix kal. Ianuarii pontificatus nostri anno quinto. Nos vero ad instanciam et peticionem predictorum abbatis et conventus in huius rei testimonium presenti scripto sigilla nostra duximus apponenda. Bene valeat universitas vestra in Domino.

[1] MS contingerit, *n* expunged.
[2] MS deciminis.

Date: Benedict de Sawston bishop of Rochester died on 21 December 1226.
Printed: Major, *Acta Stephani Langton*, no. 97.

132. Ratification by Thomas Becket archbishop of Canterbury of the compromise concerning the church of Ashen, after long litigation between the prior and convent of Stoke by Clare and Abraham. The latter resigned all right in the church into the hands of the archbishop, and for his withdrawal from litigation the prior gave him three marks and a pelisse. June 1162 – October 1164.

Confirmacio Thome archiepiscopi Cantuariensis de ecclesia de Essa.

Thomas Dei gracia Cantuariensis ecclesie minister humilis universis sancte matris ecclesie fidelibus salutem. Noverit universitas vestra causam que inter priorem de Stok' et Abraham super ecclesia de Essa diucius agitata est in presencia nostra transaccione decisam esse. Que quidem[1] de iure nitebatur, eam confirmavimus, et ne aliquo casu in posterum rescindatur, presentis scripti testimonio communivimus. Porro Abraham predicte ecclesie et omni iuri quod in ea habebat in manu nostra inperpetuum renunciavit. Et ut recederet a lite, memoratus prior iii marcas argenti donavit et pellicium.

1 MS quem.

Date: between Becket's consecration and his withdrawal into exile.

133. Mandate of Theobald archbishop of Canterbury to Richard de Belmeis, archdeacon of Middlesex. The monks of Stoke by Clare have complained that their tithes from Pentlow, Toppesfield and Halstead have been unjustly withheld, and that they have been unjustly involved in litigation over the church of Ashen. The archbishop marvels that, as he had already written to the archdeacon, the monks had not obtained justice from him; he now orders him to restore the monks to the church and tithes until his own return. 1139-50.

Littere misse archidiacono pro monachis de Stok' ne super decimis inquietentur.

T(heobaldus) Die gracia Cantuariensis archiepiscopus et tocius Anglie primas Ricardo de Belmers archidiacono salutem. Conquesti sunt nobis proprii filii et fratres nostri monachi de Stok' quod in archidiaconatu tuo quedam decime sibi iniuste detinentur, videlicet de Pentelau, de Toppesfeld (et) de Halstede, et quod de ecclesia de Esse iniuste ducuntur in causa, quamquam ea omnia ut asserunt xl annis inconcusse usque ad hec tua tempore possederunt. De quibus omnibus iam tibi alia vice scripsimus, miramurque plurimum quod nec prece nostra nec precepto aliquod iuris sui a te emolumentum obtinere potuerunt. Quia qui se in hiis nimium gravari et iniuste asserunt et iure suo quadragenaria iniuste destitui, precipientes tibi per presencia scripta precipimus ut eos in hiis nullatenus gravari paciaris, sed si eos tandiu investitos[1] predictis decimis et ecclesia constiterit, omnino rem vestiri et in pace tenere precipias usque ad redditum nostrum. Tunc vero si quis super hiis adversus eos agere voluit, nostre presencie assistat et Deo favente/ *fo 63v* sibi iusticia non deerit. Valete.

1 MS investitas.

Date: almost certainly before the grant to Theobald of the legatine title (Saltman, *Theobald*, 30-1) and certainly before Richard de Belmeis became bishop of London in September 1152.
Printed: Saltman, *Theobald*, no. 258.

134. Mandate of Edmund Rich archbishop of Canterbury to the prior and sacristan of St Mary Overy, Southwark, to hear and determine the justice of the complaint of the prior and convent of Stoke by Clare that Master Alan de Beccles, archdeacon of Sudbury, had sequestrated certain tithes in Cavendish, which they had demonstrated to be theirs, in a case which did not by law fall within his jurisdiction, wherefore they appealed to the archbishop's court of Audience. 20 January 1239.

Littere de reddenda iusticia super appellacione quam monachi de Stokes fecerunt.
Eadmundus Dei gracia archiepiscopus Cantuariensis tocius Anglie primas dilectis in Christo filiis priori et sacriste de Suwerk' salutem graciam et benediccionem. Querelam prioris et conventus de Stokes recepimus continentem quod dilectus in Christo filius magister A(lanus) archidiaconus Subir(ie) quasdam decimas in villa de Cavenedis ad ecclesiam suam de iure spectantes, licet coram eo de iure suo plene docuissent, dictas decimas contra iusticiam in casu a iure non concesso sequestravit, unde se sencientes indebite pregravari nostram audienciam appell-arunt. Quocirca discrecioni vestre mandamus quatinus, vocatis qui fuerint evoc-andi, de dicta appellacione legitime cognoscentes, si inveneritis ita esse, causam audiatis et quod canonicum fuerit statuatis, facientes quod statueritis per censuram ecclesiasticam firmiter observari. Datum apud Lamhee xiii kal. Febru-arii pontificatus nostri anno quinto.

135. *Inspeximus* **and confirmation by Hubert Walter archbishop of Canterbury of a notification by Richard Fitz Neal bishop of London of the settlement before him of a dispute between P., clerk of the Earl of Clare, and the prior and convent of Stoke by Clare. The monks granted P. the farm of the church of Great Bardfield for the duration of his life, which church was to be held with all the lands and possessions which Robert de Thurlow held of them in Great Bardfield, in return for which P. should render to them annually one hundred shillings, and should also discharge the episcopal obligations of the church. November 1193 – April 1195, or February – September 1198.**

Composicio facta inter monachos de Stok' et quamdam personam super ecclesia de Berdefeld.
Omnibus sancte matris ecclesie filiis ad quos presens scriptum pervenerit Hubertus Dei gracia Cantuariensis archiepiscopus tocius Anglie primas salutem in salutis auctore. Noverit universitas vestra nos venerabilis fratris nostri R(icardi) Londoniensis episcopi cartam inspexisse sub hac forma: Ricardus Dei gracia Lon-doniensis episcopus omnibus sancte matris ecclesie filiis ad quos presens scriptum pervenerit eternam salutem in Domino. Noverit universitas vestra quod cum inter dilectos filios nostros priorem et monachos et Stok' et P. clericum venerabilis viri comitis Clarensis super ecclesia de Berdefeld controversia verteretur, tandem post multas altercaciones in presencia nostra sub hoc fine amicabiliter conquievit, quod videlicet prefati prior et monachi tradiderunt prenominato P. ecclesiam suam de Berdefeld' ad firmam tenendam et habendam cum omnibus pertinenciis suis et cum omnibus terris et possessionibus quas Robertus de Trillawe tenuit de

107

eis in Berdefeld, omnibus diebus vite sue possidendam pro centum solidis[1] annuis quos eis annuatim persolvet ad duos terminos, scilicet medietatem ad Pascha et aliam medietatem in festo Sancti Michaelis. Predictus eciam P. omnia onera episcopalia ad prefatam ecclesiam pertinencia in se suscepit et sacramento corporaliter prestito[2] cavit de predicta firma statutis terminis fideliter persolvenda. Ut autem quod in/ *fo 64r* nostra presencia gestum est perpetuam optineat firmitatem, id ipsum presenti scripto et sigilli nostri apposicione confirmamus. Nos vero convencionem illam sicut racionabiliter facta est et auctoritate venerabilis fratris R(icardi) Londoniensis eipscopi roborata, auctoritate nostra confirmamus. Hiis testibus Rannulfo thesaurario Sar(esberiensi), Humfrido archidiacono Sar(esberiensi) et aliis.

[1] MS solidos.
[2] MS prestitito.

Date: probably between Hubert Walter's translation to Canterbury and the receipt of the legatine commission, but possibly between the loss of that commission and the death of Bishop Richard. Probably before the appropriation of the church to the monks by Bishop Richard (no.111), but it is possible that litigation arose after the appropriation.

136. Confirmation by Theobald archbishop of Canterbury of the grant in 1090 by Gilbert Fitz Richard de Clare to the monks of Bec of the church of St John at Clare and of the endowment of the prebends to be occupied by the monks and of the other gifts of Gilbert, as described in the charter of Everard bishop of Norwich (no.70); of his grant of the churches of Great Bardfield, Little Yeldham and Ashen (in the diocese of London), and of Woking (in the diocese of Winchester); of two wagonloads of wood a year from his wood in Great Bardfield for the monks' kitchen, of timber for the maintenance of three ploughs, and of pannage for sixty pigs anywhere in his woods; and confirmation of the translation in 1124 by Richard Fitz Gilbert of the monks from his castle to Stoke by Clare, and of the various exchanges made with them, as described in Bishop Everard's charter, and of the exchange of the church of Cavenham for that of Denham, which Richard then gave to Aubrey de Vere, and to which the monks remitted half the tithe of Denham.

He also confirmed the grants of the barons and men of the honour, as detailed in the general confirmation of Earl Roger (no.37) and otherwise, as follows: cl. iii, v, vi; vii, but listed as the gift of Robert de Neiella; ix-xiv; viii, xv; the grant by Geoffrey son of Hamo of two thirds of his tithe at Little Sampford and all his lesser tithes; xvii; the grant by Roger de St German of his tithes at Cavendish (*cf.* cl. xviii); xix, xx; the grant by Osulf Maskerel of two thirds of his tithes in Cavendish (*cf.* cl. xxi); xxii-xxv; xxvi (but donor called Simon son of Arnold, rather than Hugh); xxvii (with the omission of the grant of tithes in Haverhill); xxviii; the grant by Adam son of Warin of his land at Henny; the grant by Robert de Clopton of his tithes in Clopton (*cf.* cl. xxiii); the grant by Geoffrey de Blaveni of ten acres in Birdbrook; the grant by Robert de Blaveni and Richard his son of twelve acres in Birdbrook; xxxvii; the grant by Robert de Pressini and Mabel his wife and Elias his son of their tithes at Boughton; the grant by Tebald de Stambourne of three acres at Stambourne; the grant by Daniel de Crevequer of ten acres at Gazeley; the grant by Roger de Dalham of five acres at Dalham; the grant by Osbert the parker of two acres at Higham; the grant by Alexander de la Cressonière of two acres at Needham; xxxviii; the grant of Walter cum Barba of one third of his tithes in Stoke and all his tithe in Pridi- ton, and of two acres of land in Stoke (*cf.* cl. xl); xli, xlii; the grant by Robert the Fleming of two thirds of his tithe in Bumpstead; the grant by Richard son of Gilbert of two thirds of his tithe in Bumpstead; the grant by Fulk de Blendac of two thirds of his tithe in Stambourne; xliii, xliv; the grant by William de la Landa of all his tithes in Ashen; the grant by Solomon of half his tithes in Tilbury iuxta Clare; and the grant by Rainald de Codeham of two thirds of his tithes in *Mucheleia*. 1150-53.

Confirmaciones T(heobaldi) Cantuariensis archiepiscopi de omnibus decimis, redditibus, ecclesiis in archiepiscopatu, ut in ea continetur.

T(heobaldus) Dei gracia Cantuariensis archiepiscopus Anglorum primas et apos- tolice sedis legatus episcopis et universo clero et populo per Angliam constitutis salutem. Paci et utilitati fratrum religiosorum in omnibus secundum racionem pro posse studere et providere, ipsa nos inju(n)cti nobis officii episcopalis sollici- tudo et cura hortatur et compellit. Sanctorum igitur antecessorum nostrorum exemplo et auctoritate provocati et corroborati, donaciones et elemosinas que presenti scripto notantur ecclesie Sancti Iohannis Baptiste de Stok' et monachis ibi Deo servientibus pertinentes in manu et proteccione nostra suscipimus et sigillo nostro munimus et ut inperpetuum illibata sibi permaneant censemus et precipimus. Anno ab Incarnacione Domini millesimo nonagesimo Gilbertus de Clara filius Ricardi filii Gilberti comitis Brionie dedit ecclesie Sancte Marie Beccensi et monachis in ea Deo servientibus ecclesiam Sancti Iohannis de Clara cum omnibus que ad eam pertinent, in prebendis in decimis in silvis in vineis in terris in aquis, iure perpetuo possidendam in subjeccionem abbatum qui in Beccensi ecclesia preerunt. Dedit eciam eis septem prebendas a bone memorie Elurico filio Wihtgari temporibus Eadwardi regis institutas, scilicet prebendam Alfwini que continet terram de Brochol' et totam decimam de dominico de Hunedena, et prebendam Willelmi filii Alboldi que continet ecclesiam de Gaisleia et capellam de Kenteford et totam decimam de Deseinge et totam decimam de molendinis de Cavenham et unum miliarium et dimidium anguillarum apud Lachingeheiam et terram de Boctune, et prebendam Rengerii de Lundoniis que continet ecclesiam de Tastede et totam decimam de dominico Clare, et preben- dam Walterii de Sancto Germano que continet ecclesiam Sancti Pauli de Clara et terram de Haverhelle et decimam de Cavenedis et decimam de Saham et decimam de Benetleia et decimam de Alesford et decimam de Neilingeherst, et prebendam Sawini que continet ecclesiam de Pebenersc et terram, et terram de Polheia et terram de Suberia et terram de Bulileia, et prebendam Bernardi / *fo 64v* que continet ecclesiam de Hunedena et decimam de Gestingetorp et decimam de Halstede et decimam de Buris, et prebendam Oggerii que continet ecclesiam de Stok' et terram de eadem villa et decimam de Cornerth' et decimam de Herefeld'. Constituit eciam et confirmavit predictus Gilbertus quatinus

109

monachi sine aliqua contradiccione vel dilacione omnes prebendas suas ex quo a persona vacarent in manus suas proprias secundum voluntatem suam disponendas acciperent et cum omni libertate et pace inperpetuum obtinerent. Dedit eciam eis culturam que appellatur Waltune et holmum iuxta eam et quatuor bubulcos in villa que vocatur Stok' cum omnibus terris suis et boscum de Clara qui est iuxta villam que vocatur Trillawa, et illum villanum qui ibidem manet cum omni terra sua et Aluricum piscatorem cum omni terra sua et Sturemaram et piscacionem tocius fluminis ab ipsa Sturemara usque ad castellum de Clara concedentibus fratribus suis Roberto et Rogero, et l acras terre apud Huneden' iuxta boscum de Trillawa. Dedit eis eciam ad luminaria ecclesie molendinum de Smalebruge quod ei per singulos annos xx solidos reddere solebat, et ecclesiam de Berdefeld cum omnibus pertinenciis suis, et ecclesiam de Gelham cum pertinenciis suis, et ecclesiam de Essa cum pertinenciis suis, et ecclesiam de Wochingis cum pertinenciis suis, et ecclesiam de Cremplesham cum pertinenciis suis et in eadem villa Gothe fabrum cum omni tenemento suo. Dedit eciam eis integre decimas omnium rerum de quibus decima dari debet de toto dominio omnium maneriorum suorum in Nortfolc, videlicet totam decimam de Cremplesham, totam decimam de Wiram, totam decimam de Welles, totam decimam de Bertona et ecclesias omnium istorum maneriorum cum vacaverint, et redditum x solidorum, scilicet v solidorum in Fincham et v solidorum in Buchetuna, et duo milia anguillarum cum piscatura apud Fordham et quatuor milia anguillarum apud Lachingeh', et singulis annis licenciam pi(s)candi per unum diem et duas noctes in vivario de Caveham ante festum Sancti Iohannis, et unam damam in parco de Hunedena, et ibidem unam quercum ad Natale Domini ad calefaciendum monachos infirmos, et duas quadrigas in nemore de Berdefeld ad portanda lingna ad quoquinam suam, et in eodem nemore merenum quantum opus est ad tres carucas per annum, et quietudinem lx porcorum de pasnagio cum porcis suis ubi- / fo 65r cumque voluerint in nemoribus suis. Confirmamus eciam eis donaciones omnes[1] quas fecit eis Ricardus filius predicti Gilberti et commutaciones terrarum que inter eos facte sunt sicut hic notantur. Anno ab Incarnacione Domini millesimo cxxiiii Ricardus filius Gilberti transtulit monachos de castello Clare ad ecclesiam Sancti Augustini de Stok' et dedit eis molendinum de Stok' in escambium molendini de Clara, et terram Rogerii carpentarii liberam et quietam a geldo et scoto et omnibus consuetudinibus in escambium terrarum que monachi habebant in Clara, culture scilicet que vocatur Horscroft et vinee que est iuxta eandem culturam et culture que vocatur Waltune et vinee quam Goisfridus filius Hamonis dederat eisdem monachis et horti eorum et molendini eorum de Clara et xii mansurarum quas habebant in villa Clare, ma(n)sure videlicet Sauuini, Willelmi filii Alboldi, Bernardi, Leofuuini, Alfwini, Rengerii canonicorum, Leofirici Longi, Canevaz, Heudonis hostiarii, Ernaldi de Nazandes, Godwini stotarii, Godwini Galilee. Preterea constituit ipse dominus Ricardus quod geldum et scotum et omnes consuetudines que iacebant super Lintonam Roais et terram quam Rogerus carpentarius ad tempus tenuerat debent dari de dominica cultura Clare que vocatur Horscroft. Istas etenim terras fecit predictus Ricardus monachis liberas solutas et quietas a geldo et omnibus consuetudinibus in predicta commutacione perpetuo possidendas. Hac siquidem convencione factum est istud

1 *omnes* interlined.

escambium, quod monachi auxiliante domino Clare construerent apud Stok' ecclesiam Sancti Iohannis Baptiste ad habitandum in ea cum omnibus redditibus et libertatibus et privilegiis et auctoritatibus suis et cum prebendis quas habuerat ecclesia Beati Iohannis Baptiste sita in castello Clare. Dedit eciam eis quoddam nemusculum quod vocatur Stokeho et aliud prope ecclesiam Sancti Augustini. Dedit eciam eis ecclesiam de Caveham cum omnibus pertinenciis suis pro ecclesia de Denham que monachorum erat, quam Alberico de Ver dedit,[2] concedentibus monachis eidem ecclesie de Denham medietatem decime. Gilbertus vero comes filius istius Ricardi dedit eis ecclesiam de Bures cum omnibus pertinenciis suis. Omnes eciam elemosinas quas barones predictorum dominorum seu quilibet alii fideles predictis monachis dederunt confirmamus et corroboramus: ex dono Ernaldi / fo 65v de Nazanda duas partes decime de Hamstedia omnium rerum de quibus decima dari debet, et unum hospitem in villa Clare; ex dono Roberti Psalterium xv acras terre apud Hunedena(m); ex dono Ricardi de Reda xxx acras terre in eadem villa; ex dono Roberti de Neiela decimam de Denarnestune, decimam de Stanesfelda de omnibus unde decima dari debet; ex dono Hunfridi cognomento Burnardi terram de Geldham de feudo domini Gilberti de Clara; ex dono Elinaudi vicecomitis totam decimam suam de Finchingefelda et decimam de Fornham et ibidem x acras terre et molendinum de Waldingefeld cum Adam filio suo leproso, quem monachum fecit, et terram ad molendinum pertinentem; ex dono Galfridi filii eius totam terram suam de Forenham et terram suam de Reda et terram Wlgari de Tya et terram Huctredi de Mora et tres mansuras in Clara; ex dono Gaufridi filii Haymonis et Ansgoti de Buchehala duas partes decimacionis de Bucheshala; ex dono Herluini filii Goismeri x solidatas terre de terra Wlvrici Smukel apud Finstede; ex dono Radulfi de la Cressunera duas partes decimacionis sue de Haukeduna et de Chemesingas; ex dono Rogeri de Carlevilla duas partes decimacionis sue de Alveredesfeld et de Hertsterst; ex dono Canevaz duas partes decimacionis sue de Herningewella; ex dono Galfridi filii Hamonis duas partes decimacionis sue de Samford et totam minutam decimam; ex dono Ricardi filii Hugonis duas partes decimacionis sue de Meleford et de Culinges et de Nedham et totam terram suam de Brochola; ex dono Rogeri de Sancto Germano decimam de Cavenedis; ex dono Rogeri de Gisnei duas partes decimacionis sue in Haveringelande et Witewella et de terra sua apud Norwicum et ecclesiam Beati Clementis Martiris cum pertinenciis suis in eadem villa; ex dono Gaufridi de Favarches duas partes decimacionis de Walsingeham; ex dono Osulphi Maskerel duas partes decimacionis sue de Cavenedis; ex dono Gaufridi duas partes decimacionis sue de Badeleia; ex dono Goismeri duas partes decimacionis sue de Chipeleia;[3] ex dono Elye coci duas partes decimacionis sue de Poselinge- worthe; ex dono Roberti pincerne et Mabilie uxoris sue ecclesiam de Trillawia cum pertinenciis suis et v solidatas terre in eadem villa; ex dono Symonis filii Arnaldi terram Ingenulphi de Bradeleia; ex dono Albrici de Ca-/ fo 66r pell' totam moram suam de Stok'; ex dono Baldewini filii Galfridi totam terram quam Willelmus claviger de eo tenuit apud Claram; ex dono Adam filii Warini terram de Heni; ex dono Roberti de Cloptune decimam suam de eadem villa; ex dono Galfridi de Blavenni xii acras terre in Bridebroc; ex dono Roberti de Blaveni et Richardi filii eius xii acras terre ibidem; ex dono Ingeranni de Abernun ecclesiam

---

2 *dedit* interlined. 3 MS C(h)ipeleia, *h* interlined.

de Frisentune cum pertinenciis suis et totam decimam suam de Barue et illam de Labisse; ex dono Roberti de Pressinni et Mabilie uxoris sue et Helie filii eius decimam suam de Boctune; ex dono Tebaldi de Stamburna iii acras terre in eadem villa; ex dono Danielis de Crevequer x acras terre apud Gaisleia(m); ex dono Rogeri de Dalham v acras terre in eadem villa; ex dono Osberti parcarii ii acras terre apud Heham; ex dono Alexandri de la Cressunere ii acras terre apud Nedham; ex dono Algeri filii Goismeri decimam de terra sua de Bellocampo; ex dono Walteri cum Barba terciam partem decime quam habet in Stok' et totam decimam de terra sua apud Priditune et ii acras terre in villa de Stok'; ex dono Ernaldi Buzecalla et uxoris eius et Roberti filii eius totam decimam suam de Topesfeldia et de Holeneheia;[4] ex dono Willelmi Capra Robertum de Bolileia reddendo annuatim vi solidos, duas eciam partes decimacionis Roberti Flandrensis in Bumstedia et duas partes decimacionis Ricardi filii Guberti in eadem villa et duas partes decimacionis Fulconis de Blendac in Stamburna et totam decimam Ade filii Warini in Binnisleia et duas partes decimacionis Hugonis de Wicham in eadem villa et totam decimam Willelmi de la Landa in Essa et dimidiam decimacionem Salomonis in Tilleberi et duas partes decimacionis Rainaldi de Codeham in Mucheleia. Hec omnia predicte ecclesie Beati Iohannis Baptiste de Stok' confirmamus et sigilli nostri apposicione corroboramus et auctoritate Beati Petri Apostoli et ecclesie Cantuariencis cui auctore Deo presidemus et nostra interdicimus et sentencia excommunicacionis percellimus siquis ex predictis donacionibus antenominate ecclesie Beati Iohannis Baptiste aliquid violenter auferre presumpserit. Testes Rogerus archidiaconus Cantuariensis ecclesie, Thomas clericus de Lond', magister Iohannes Saleb', Iohannes de Cantuar', Philippus de Sal', magister Guido de Pressenni, magister Iohannes de Tyleberia, magister Rogerus Species,[5] Osebertus clericus crucifer, Willelmus, Gilbertus, Rogerus, Lechardus nepotes domini archiepiscopi, Thomas clericus Ebroisensis magister eorum, Elinaudus cancellarius, Ricardus de Clare, (Walterus)[6] de Gloucestre monachi et capellani archiepiscopi, Robertus pincerna, Ricardus dispensarius, Gilbertus camerarius, Odo senescallus, Willelmus magister cocus, Laurencius ostiarius, Willelmus filius Pagani portarius, Baylehache marescallus et multi alii.

4 MS Holene(he)ia, *he* interlined.
5 Original transcript ends *Rogerus Species et multi alii*; further witnesses added in later hand.
6 For Walter of Gloucester, see Saltman, *Theobald*, no. 225, p. 545.

Date: after Theobald received the legatine commission, and before John of Canterbury became Treasurer of York in 1153.
Printed: Monasticon, vi. 1659; Saltman, *Theobald*, no. 255.

137. Confirmation charter of Theobald archbishop of Canterbury, reciting the charters of the founder and his successors and of other donors.
i. In 1090 Gilbert Fitz Richard gave to the monks of Bec the church of St John at Clare with all its prebends and possessions. This he did for the souls of his

father and mother, and especially for his brother Godfrey, who was buried in the cemetery of the church, and for his own soul. In addition to the possessions of the church, he provided from his demesne sustenance for four monks, and he gave for the lighting of the church a mill producing an annual rent of twenty shillings. This grant was made at the castle of Clare on his father's anniversary.

ii. For the sustenance of the said four monks he gave from his demesne the ploughland called *Horscroft*, and another called Walton, and four ploughmen in the vill of Stoke with all their land, and the wood of Clare adjoining the vill of Thurlow and the villein who lived there with all his land, and two villeins in the ploughland of *Horscroft*, and the meadows next to the ploughland along the old millstream, and the mill of Clare, and the church of Great Bardfield with its appurtenances, and two ploughteams, and one house, and Alvric the fisherman with all his land, and fifty acres at Hundon adjoining the wood, and every year two hundred cheeses and four thousand eels from the fishery at Lakenheath, and five thousand herrings at Desning, and his garden and yardland at Clare adjoining the mill. In token of this gift he placed a candlestick on the altar, and he then exhorted his barons that, without the disherison of their heirs, they should from their churches and tithes make grants to the monks, and they freely made the following concessions for themselves and their men. 1090.

iii. Gilbert also gave everything that Gurulf his chaplain held in Norfolk, in lands, churches, tithes and villeins. (1090-1117).

iv. Gilbert also gave a water meadow adjoining his meadow at Walton. (1090-1117).

v. Gilbert also gave the right to fish one day a year in his fishpond at Cavenham. (1090-1117).

vi. Gilbert also gave Edmer the villein of Hundon with all his land held of the lord's fee, whom Robert Psalter had first given to the church of St John, and wood from his woodland at Hundon before Christmas each year to warm the monks. (1090-1117).

vii. Richard Fitz Gilbert gave the scrubland called *Stokeho*. (1114-36).

viii. Richard conceded that Solomon should hold of the monks all the land granted to him by Gilbert as freely and as honourably as he had held it of his father, and for this concession Solomon gave a palfrey, and Richard compacted with Solomon that he should enter into no further plea against anyone for this land. (1114-36).

ix. Richard gave the church of Denham with all its appurtenances. (1114-36).

x. Richard granted to the monks a buck to be taken each year from his park at Hundon. (1114-36).

xi. Richard ordered his barons and men that they should allow the monks to do whatever they would with their tithes, and that they should collect them at the doors of the granges. (1114-36).

xii. Richard conceded that when the prebends of the church of St John became vacant, the monks should immediately take seisin of them, and should require no further right of seisin. (1114-36).

These are the grants made in the time of the foresaid lords and confirmed by them:

xiii. Alstan the priest of Hundon and Edward his son gave the church of Hundon, with all their possessions there and all the tithes of the church. (*temp.* Gilbert).

xiv. Robert Psalter gave fifteen acres at Hundon. (*temp.* Gilbert).

xv. Richard de Rede gave thirty acres at Rede. (Late eleventh – early twelfth century).

xvi. Robert de Neiela gave his tithe in Denston and Stansfield. (Late eleventh – early twelfth century).

xvii. Humphrey called Burnard, afterwards a monk of Bec, gave the land at Little Yeldham which he held of the lord Gilbert.

xviii. Roger the carpenter gave the tithe of his land at Stoke. (1124; see no.70).

xix. Roger de Carleville gave a third of his tithe in Aldersfield and Hartest. (Early twelfth century).

xx. Ingram d'Abernon gave the church of Friston, and all his tithe in Barrow, and the tithe of *Labisse*, and the church of Woking. (Early twelfth century).

xxi. Herluin son of Goismer gave a rent of ten shillings from Wlric Smucle at Fenstead, for the soul of his son Gilbert and with the consent of the lord Gilbert and Richard his son.

xxii. Ralph de la Cressonière gave his tithe in Hawkedon and Kensings. (Early twelfth century).

xxiii. Canevaz gave his tithe in Herringswell, and a villein in Stoke. (*temp.* Gilbert).

xxiv. William de St German and Emma his mother gave all their tithe in Cavendish, Siam Hall, Bentley and Naylinghurst, for their souls and that of Roger their lord, as Walter de St German, Roger's brother, once held. (*temp.* Gilbert).

xxv. Richard son of Hugh gave his tithe in Denham, Cowling and Melford, and his land in Bradley, with the consent of Gilbert his lord.

xxvi. The same Richard son of Hugh, when he became a monk, confirmed what he had given before, with the consent of his wife and sons. (Early twelfth century).

xxvii. Geoffrey son of Hamo and Ansgot de Buxhall gave two thirds of the tithe which Ansgot held of Geoffrey his lord in Buxhall, and at the Nativity of St John the Baptist they both placed a candlestick on the altar. (Probably *temp.* Gilbert).

xxviii. Walter de Aldersfield and his wife and sons gave everything they held in the channel of the millstream of Waldingfield and on the bank of the stream, and if by chance the bank should break, it shall be repaired by whomsoever holds the mill of the monks. They have quitclaimed all rights there. (Late eleventh – early twelfth century).

xxix. Wlviva, on her deathbed, gave an acre at Stoke. (Late eleventh – early twelfth century).

xxx. Alexander the knight gave three acres adjoining the monks' mill, by the road. (Late eleventh – early twelfth century).

xxxi. Godfrey son of Elinald and his wife gave to the monks their tithe in Buxhall, which their sons confirmed. (Early twelfth century).

xxxii. Godfrey son of Elinald, on his deathbed, gave a rent of twelve pence from a serf called Uthred at Stoke. (Early twelfth century).

xxxiii. Godfrey son of Elinald confirmed the grant of the mill of Waldingfield with an acre and a half of land, which his father had given for Adam his son. (Early twelfth century).

xxxiv. Elinald *vicecomes* gave all his tithe in Finchingfield and in Fornham, and his mill of Waldingfield with one and a half acres, and ten acres at Fornham, with the consent of his sons Bernard and William. (*temp.* Gilbert).

xxxv. Arnold de Nazanda gave two thirds of his tithe in Hempstead, and a villein at Clare, with the consent of his wife and sons. (*temp.* Gilbert).

xxxvi. William the macebearer gave the tithe of all the land which he held or might acquire. (Early twelfth century).

xxxvii. Richard de Halstead gave two thirds of his tithe in Halstead. (Early twelfth century).

xxxviii. Alger son of Goismer gave his tithe in Belchamp. (Early twelfth century).

xxxix. Sivard the huntsman gave his tithe and three acres of land, with the consent of his son and his brothers. (Late eleventh – early twelfth century).

xl. Hervey d'Abelgar and his wife gave an acre of meadow and two acres of arable. (Late eleventh – early twelfth century).

xli. Godric Grance gave three roods of land. (Late eleventh – early twelfth century).

xlii. Oilard de Baillol and Ida his wife gave eight acres of land and one acre of meadow, for which he received twenty shillings. (Early twelfth century).

xliii. William Pecche gave all his land in Gestingthorp. (Early twelfth century).

xliv. Robert son of Richard gave all his part of the water of Stour Mere, for the souls of himself and his ancestors, and for the love of Gerard Giffard the prior, his kinsman. (Before 1136).

xlv. Hugh de Berners and his wife gave a meadow near Wixoe. (Early twelfth century).

xlvi. Geoffrey de Blaveni, knight of Roger son of Richard, when he became a monk, gave twelve acres at Birdbrook, with the consent of Roger his lord, and of his wife, his son Robert and his other sons. (Early twelfth century).

xlvii. Robert de Blaveni, son of Geoffrey, after his father's death, added six acres of arable and two and a half acres of meadow. (Early twelfth century).

xlviii. Richard Fitz Gilbert, lord of Clare, gave the church of Cavenham in exchange for that of Denham, which he then gave to Aubrey de Vere, and the monks conceded to the church of Denham half its tithe. (1114-36, probably before 1124).

xlix. Richard Fitz Gilbert gave the church of St Augustine at Stoke, and all the land which Martin the chaplain held in that vill, and the land of Roger the carpenter, free from geld and scot and all customs, and the lord's mill at Stoke, in exchange for the church of St Paul and the land and meadow which the monks held in Clare, and the mill of Clare and twelve houses there, on the understanding that the monks should build at Stoke a church dedicated to St John the Baptist, which should have all the possessions and privileges of the church of St John the Baptist in the castle of Clare. All the geld and custom which lay upon *Lintune Rohais* and the land which used to be held by Roger the carpenter shall be discharged from the demesne. (1124).

l. Gilbert lord of Clare, earl of Hertford, gave the church of Bures. (1139-45; *cf.* no.21).

li. Robert Pincerna and Mabel his wife gave the church of Little Thurlow, and also land in the same vill rendering five shillings. (Early twelfth century).

Theobald's confirmation: 1150 – April 1161.

Fo 66v Confirmacio T(heobaldi) Cantuariensis archiepiscopi de omnibus hominibus, decimis, redditibus et ecclesiis.

T(heobaldus) Dei gracia Cantuariensis archiepiscopus Anglorum primas et sedis
apostolice legatus episcopis et universo clero et populo per Angliam constitutis
salutem. Paci et utilitati fratrum religiosorum in omnibus secundum racionem
pro posse studere et providere ipsa nos inju(n)cti nobis officii episcopalis solli-
citudo et cura hortatur et compellit. Sanctorum igitur antecessorum nostrorum
exemplo et auctoritate provocati et corroborati donaciones et elemosinas que
presenti scripto notantur ecclesie Sancti Iohannis Baptiste de Stok' et monachis
ibi Deo servientibus pertinentes in manu et proteccione nostra suscipimus et
sigillo nostro munimus et ut inperpetuum illibata sibi permaneant censemus et
precipimus. (*i*) Anno ab Incarnacione Domini mic[1] Gilbertus de Clara filius
Ricardi filii Gilberti comitis dedit ecclesie Sancte Marie Beccensi et monachis in
ea Deo servientibus ecclesiam Sancti Iohannis de Clara cum illis omnibus que ad
eam pertinent, in prebendis in decimis in silvis in vineis in terris et aquis iure perpetuo possidendam in subjeccionem abbatum qui in Beccensi ecclesia preerunt.
Hanc donacionem fecit ipse Gilbertus pro anima sua et pro animabus patris et
matris sue et maxime pro anima fratris sui Godefridi, qui in cimeterio Sancti
Iohannis de Clara sepultus requiescit, pro cuius anima, exceptis prebendis et aliis
ipsius ecclesie redditibus, ex suo dominio victum iiii monachorum ibi constituit
et ad luminaria ecclesie quoddam molendinum quod ei per singulos annos xx
solidos reddebat concessit. Hec donacio facta est apud castrum quod vocatur
Clara, eratque tunc dies anniversarius patris sui. (*ii*) Dedit eciam ipse Gilbertus
Deo et eidem ecclesie Sancti Iohannis Baptiste apud Claram ad victum supra-
dictorum iiii monachorum ibidem Deo serviencium de rebus suis ista: culturam
que appellatur Horscrofst et aliam culturam que appellatur Waltuna et quatuor
bubulcos in villa que vocatur Stok' cum omnibus terris suis et boscum Clare qui
est iuxta villam que vocatur Trillavia et illum villanum qui ibidem manet cum
omni terra sua et alios duos villanos in supradicta cultura Horscrofto manentes
et prata que sunt iuxta culturam sicut cursus fluminis veteris molendini fluxit et
molendinum de Clara et ecclesiam de Berdevelda cum omnibus que ad eam
pertinent et duas carucas boum et unum caballum et Alricum piscatorem cum
omni / *fo 67r* terra sua et l acras terre apud Hunedenam iuxta predictum boscum
et singulis annis ducentos caseos et quatuor milia anguillarum de piscatura
Lacchingeth' et v milia alleccium apud Deseninges' et ortum et virgultum suum
apud Claram quod est iuxta molendinum. Hec omnia de suo dominio dedit ipse
Gilbertus et posuit super altare Sancti Iohannis Baptiste per quoddam candelabrum eiusdem ecclesie. Deinde obsecrando precepit baronibus suis ut eidem
ecclesie de terris suis ecclesiis vel decimis quantum vellent absque exheriditacione
successorum suorum donarent, quod omnes de se suisque hominibus libentissime
concesserunt. Horum omnium qui affuerunt predictorum testes fuerunt isti,
Girulfus capellanus, Goifridus filius Hamonis, Elinaudus vicecomes, Razo dapifer,
Oilardus de Algo, Goifridus de Burg', Arnulfus de Bria, Ernaldus de Nazanda,
Willelmus Hurant, Adam filius Uuarini, Hubondus cubicularius, Robertus
pincerna, Radulfus de la Cressunere, Willelmus de Curtuna, Robertus Folet,
Robertus de Suuna, Willelmus filius Tezonis, Canevaz Makerel. (*iii*) Dedit idem

---

[1] *Sic* in MS, *recte* mxc.

Gilbertus Deo et Sancto Iohanni de Clara quicquid Girulfus capellanus suus habebat in Norfolc in terris scilicet, ecclesiis decimis acque villanis, testantibus et credentibus Adelizia uxore eius et filio eius Ricardo. Testibus eciam Elinaudo vicecomite, Ricardo filio Hugonis, Radulfo presbitero filio Germundi. (*iv*) Adhuc eciam dedit ipse Gilbertus quendam holmum iuxta pratum suum de Waltuna. Testes Gilbertus filius eius et Walterus Dabernun. (*v*) Dedit eciam singulis annis piscacionem unius diei in vivario suo apud Cavenham. Testes Hunfridus filius Goismeri, Adam filius Warini, Galfridus filius Hamonis, Radulfus de la Cressunere, Albricus de Capell', Gilbertus filius Rainaldi; (*vi*) et Edmarum villanum de Hunedena cum tota terra quam tenebat de feodo domini, quem villanum prius dederat Robertus Psalterium Sancto Iohanni de Clara, (et) quod singulis annis quendam stocum in bosco apud Hunedenam ante Natale Domini ad calefaciendum monachos (facerent). Testes Helinaudus vicecomes et Hugo presbiter[2] de Stratesele. (*vii*) Ricardus filius predicti Gilberti dedit Deo et Sancto Iohanni de Clare nemusculum quod vocatur Stokeho. Testes Gilbertus frater eius, Walterus capellanus, Mauricius de Cassel, Hugo de Ovintun', Galfridus filius Elinaudi, Robertus filius Ernaldi, Willelmus claviger, de hominibus monachorum Eliet, Sigar, Willelmus. / *fo 67v* (*viii*) Concessit eciam idem Ricardus quod Salomon teneret totam terram quam dominus Gilbertus dederat eidem Salomoni de Sancto Iohanne et monachis Clare ita bene et honorifice sicut melius et honorabilius tenuerat eam de patre suo Gilberto, et pro hac concessione dedit ei Salomon unum palefridum. Testibus Waltero et Roberto filiis Ricardi, Alberico de Ver, Hunfrido filio Goismeri, Alveredo de Bennewilla, Adam filius Uuarini, Alberico[3] de Capell'; pepigitque sibi dominus Ricardus coram iisdem[4] testibus quod numquam amplius intraret Salomon in placitum contra aliquem pro hac eadem terra. (*ix*) Dedit idem Ricardus Deo et Sancto Iohanni de Clara ecclesiam de Denham cum omnibus que ad eam pertinent. Testes Robertus capellanus, Adam filius Warini, Galfridus filius Elinaudi, Albertus Francigena, Willelmus de Bascetvilla. (*x*) Dedit eciam idem Ricardus eidem Sancto Iohanni de Clara unoquoque anno unum dammam in parco de Hunedena. Testes Adam filius Warini, Robertus de Wanceio, Rogerus de Carlevilla, Godefridus filius Elinaudi, Robertus filius Gaufridi. (*xi*) Precipit idem Ricardus omnibus baronibus suis et hominibus quatinus monachis suis de Clara de decimis suis facere permitterent quicquid ipsi monachi vellent et eas ad hostia grangiarum colligerent, quod preceptum constituit ipse inperpetuum servari et nullus unquam temeritate quassari. (*xii*) Concessit iterum ipse Ricardus predictis monachis ut cum prebende[5] ecclesie Sancti Iohannis deliberare forent, ipsi eas sicut suas statim saissirent neque inde alium saisiatorem requirerent.

Hee sunt donaciones que date sunt predictorum dominorum temporibus ipsis eisdem testimonium istis rebus adhibentibus et suo testimonio eas confirmantibus: (*xiii*) Alestanus presbiter de Huneden' et filius eius Eduuardus dederunt ecclesiam Sancti Petri de Hunedena Sancte Marie Becci Sanctoque Iohanni de Clara et omnia que ad ipsam ecclesiam pertinent, totam scilicet terram quam habebat in Hunedena et omnes decimas ad eandem ecclesiam pertinentes. Testes Robertus Psalterium, Arnulfus de Bria, Elinaudus vicecomes, Girulfus capellanus.

---

2 MS presbitero.
3 MS Albericus.

4 MS idem.
5 MS prebente.

(*xiv*) Robertus Psalterium dedit Sancto Iohanni de Clara xv acras terre apud istam Hunedenam. Testis Elinaudus vicecomes. (*xv*) Ricardus de Reda dedit Sancto Iohanni de Clara xxx acras terre in ipsa villa. Testes Ansuuidus presbiter et Robertus de Neiela. (*xvi*) Robertus de Neiela dedit decimam suam de Denardestune et illam de Stanesfelda de omnibus de quibus / *fo 68r* decima dari debet. Testibus Ansuuinus sacerdos, Ricardus de Reda. (*xvii*) Hunfridus cognominato Burnardus postea monachus[6] Sancte Marie Becci dedit Sancto Iohanni de Clara terram quam tenebat apud Geldham de feudo domini Gilberti de Clara. Testes Willelmus filius eius cognominato Paganus, Willelmus Hurandus, Walterus de Poselingeuuorda, Norioldus de eadem villa, Herveus, Robertus, Benedictus, Radulfus filius Hurandi, Osbernus, Ricerius. (*xviii*) Rogerus carpentarius dedit Sancto Iohanni de Clara decimam de terra sua de Stok' omnium rerum de quibus decima debet dari. Testibus Ansehetillo, Alvrico, Osberto de Gellam, Gilberto coco. (*xix*) Rogerus de Carlewille dedit Sancto Iohanni de Clara decimam de Aluredesfelda et de Hertsterste, duas scilicet partes omnium rerum de quibus decima debet dari. Testantibus acque concedentibus uxore sua et filio suo Galfrido et Radulfo de la Cressunere, Elrico presbitero, Baldeuuino, Watemanno, Hugone, Ricardo, Gilberto, Wlmero, Anschitillo, Aluuino de Totinges, Benedicto de Belvaco. (*xx*) Ingerannus Dabernun dedit Sancto Iohanni de Clara ecclesiam de Frinsentune cum omnibus que ad eam pertinent et totam decimam suam de Berue et decimam de Labysse et ecclesiam de Wochinges cum omnibus que ad eam pertinent. Testantibus acque concedentibus fratribus suis Iordano acque Waltero et Willelmo Dabernun cognato eorum et Baldewino presbitero. (*xxi*) Herlewinus filius Goismeri dedit Sancto Iohanni de Clara omni anno x solidos de terra Uulvrici Smucle apud Finstede perpetuo possidendos pro anima filii sui Gilberti, concedente domino suo[7] Gilberto et filio eius Ricardo. Testes Ricardus filius Hermeri, Radulfus de la Cresunere, Willelmus de Watevilla, Gunzel' filius Goismeri, Hunfridus frater eius, Radulfus filius Hurandi, Ricardus filius Algeri, Elinaudus vicecomes, Robertus de Sethune, Robertus filius Hugonis. (*xxii*) Radulfus de la Cresunere dedit Sancto Iohanni de Clara decimam suam de Hauechedune et decimam de Chemesinge de omnibus de quibus decima dari debet. Testes Gilbertus et Gaufridus filii eius, Rogerus de Carleville, Willelmus famulus, Gilbertus cocus, Wlmerus. (*xxiii*) Canevaz dedit Sancto Iohanni de Clara decimam suam de Herningewelle et hospitem unum quem habebat in Clara. Testes Ricardus, Walterus Dabernun, Osbernus de Gellam, Heldeuuinus, Gilbertus cocus, Wlmerus Allehalegen, Ailwinus Catus. (*xxiv*) Willelmus de Sancto Germano et Emma mater eius dederunt Sancto Iohanni / *fo 68v* de Clara totam decimam suam de Cavenedis et illam de Saiham et illam de Benetlee et illam de Nailingeherst de omnibus de quibus debet decima dari pro animabus suis et pro anima domini sui Rogeri sicut Walterus de Sancto Germano frater Rogeri eas unquam melius habuerat. Testes Albericus de Ver, Robertus de la Cresunere, Elinaudus vicecomes, Ansfredus, Gilbertus cocus, Wlmerus, Willelmus, Azo, Terri, Moberd. (*xxv*) Ricardus filius Hugonis dedit Sancto Iohanni de Clara decimas suas de Denham et de Culinges et de Meleford de omnibus de quibus debet decima dari et totam terram suam de Brochole, concedente domino suo[8] Gilberto et uxore

---

[6] MS monachis.

[7] MS nostro.

[8] MS nostro.

118

eius Adelizia. Testes Elinaudus vicecomes, Wlmarus et frater eius, Gilbertus cocus, Willelmus Israel et Elieth. (*xxvi*) Postea vero idem Ricardus quando suscepit habitum monachi iterum concessit et confirmavit totum quod antea dederat et totam terram illam quam antea dederat, liberam et quietam, concedentibus filiis suis et uxore sua, quorum hec sunt nomina, Hugo et Bartholomeus et Gaufridus filii eius et Matildis. Testes Alvivus de Culinges et Adelardus gener eius, Gosleus et Robertus frater[9] eiusdem uxoris Ricardi, Hugo Alein, Manasses filius Burnench', de hominibus monachorum Rogerus clericus et Osebernus et Herbertus. (*xxvii*) Galfridus filius Hamonis et Ansgotus de Bucheshale dederunt Deo et Sancto Iohanni de Clara duas partes tocius decime terre quam tenebat idem Ansgotus de eodem Gaufrido domino apud Bucheshale, ita quod in die nativitatis Sancti Iohannis ambo venerunt et ante videntibus multis per candelabrum posuerunt. Inde testes multi Sauuinus canonicus et Leuuinus prepositus et Gilbertus cocus et Wlmarus pistor frater eius. (*xxviii*) Walterus de Aluredesvilla cum uxore sua et filiis suis concesserunt Deo et Sancto Iohanni de Clara quicquid habebant in alveo fluminis molendini de Waldingefelde et in ripa eiusdem fluminis, et ita ut si aliquo eventu fregerit ripa in toto feudo suo sine causacione et eciam licencia restaurabitur ab his qui tenebunt molendinum de monachis Clare et quicquid in ibi calumpniabant ante totum quietum dimiserunt. Testes Robertus de Carlevilla, Norman et alii plures. (*xxix*) Wluuiva moriens dedit Deo et Sancto Iohanni de Clara unam acram terre apud Stok'. Testis Wluuivus presbiter. (*xxx*) Alexander miles dedit Deo et Sancto Iohanni de Clara tres acras terre ex altera parte molendini monachorum iuxta viam. Testes Robertus de Blavinn' et alii. (*xxxi*) Godefridus filius Elinaudi et uxor eius reddiderunt Deo / *fo 69r* et Sancto Iohanni decimam de Bucheshale quod concesserunt et confirmaverunt filii sui. Testes Gervasius et Rogerus capellanus eius. (*xxxii*) Idem vero Godefridus moriens dedit redditum xii denariorum apud Stok' de quodam rustico nomine Uhtred. Testes Hunfridus filius Goismeri, Albericus de Capell'. (*xxxiii*) Godefridus filius Elinaudi concessit Sancto Iohanni de Clara molendinum de Waldingefeld[10] et acram et dimidiam terre quam pater suus Elinaudus dederat pro Adam filio suo. Testes Willelmus frater eius, Mauricius de Brochole. (*xxxiv*) Elinaudus vicecomes dedit Sancto Iohanni de Clara totam decimam suam de Finchingefeld et illam de Forneham et quoddam molendinum apud Waldingefelde et acram et dimidiam terre pertinentem ad molendinum et x acras apud Fornham, concedentibus filiis suis Bernardo et Willelmo. Testes Gilbertus filius Ran', Teodoricus presbiter. (*xxxv*) Ernaldus de Nazanda dedit Deo et Sancto Iohanni de Clara duas partes decime de Hamestede rerum quarum decima debet dari et unum hospitem Clare, concedentibus uxore sua et filiis. Testes Adam filius Warini, Rogerus de Carleville. (*xxxvi*) Willelmus claviger dedit Sancto Iohanni de Clara decimam de terris quas habet et adquirere poterit. Testes Hutredus cementarius, Gilbertus cocus. (*xxxvii*) Ricardus de Halstede dedit Sancto Iohanni de Clara duas partes decime tocius terre quam habebat in Halstede. Testes Willelmus filius Goismeri, Algerius frater eius. (*xxxviii*) Algerius filius Goismeri dedit Sancto Iohanni de Clara decimam terre sue de Bellocampo. Testantibus et concedentibus Ricardo filio eius et Willelmo fratre eius. (*xxxix*) Siuuardus venator dedit Sancto Iohanni de Clara decimam suam et tres acras

---

9 MS fratris.   10 MS Walsingefeld.

119

terre, concedentibus[11] filio suo et fratribus eius. (*xl*) Herveus Dabelgar et uxor eius dederunt Sancto Iohanni de Clara unam acram prati et duas acras terre arabiles. Testes Walterus cum Barba, Sigarus. (*xli*) Godricus Grance dedit Sancto Iohanni de Clara tres rodas terre. Testes Sigarus, Ailmerus. (*xlii*) Wildelardus de Bailol et Ida uxor eius dederunt Sancto Iohanni in villa de Stok viii acras terre et i de prato, pro quo dono habuerunt xx solidos. Testes Gaufridus nepos Oilardi, Salio presbiter. (*xliii*) Willelmus Peccatum dedit Sancto Iohanni de Clara totam decimam de Gestingethrorp perpetuo de omnibus unde decima debet dari. Testes Hunfredus filius Goismeri, Robertus de Uuanceio et alii multi. (*xliv*) Robertus filius Ricardi dedit Deo et Sancto Iohanni et monachis et Clara totam partem aque suam de Sturemere pro anima sua et omnium antecessorum suorum et pro amore Gi-/ *fo 69v* rardi Giphardi prioris cognati sui inperpetuum possidendam. Testes Willelmus Capra, Matheus constabulator, Robertus filius Walteri, Sigarus, Willelmus Cusin, Mabun. (*xlv*) Hugo de Berneres et uxor sua dederunt Sancto Iohanni Baptiste de Clara quoddam pratum quod est situm iuxta Witechesho. Testes Willelmus filius Goismeri, Rogerus filius Walteri. (*xlvi*) Gaufridus de Blavineio miles Rogerii filii Ricardi veniens ad conversionem monachatus dedit Deo et Sancto Iohanni de Clara duodecim acras terre apud Bridebroc, eodem domino suo Rogero et uxore eiusdem Gaufridi et Roberto filio eius et ceteris filiis concedentibus. (*xlvii*) Predictus eciam Robertus filius et heres eius addidit predicte donacioni post mortem patris sui sex acras terre arabiles et duas et dimidiam prati. Testes Gaufridus filius Elinaudi, Robertus pincerna. (*xlviii*) Ricardus filius Gilberti dominus Clare dedit Sancto Iohanni et monachis de Clara ecclesiam de Caveham cum omnibus ad eam pertinentibus pro ecclesia de Denham que erat monachorum, quam dedit Alberico de Ver, concedentibus monachis eidem ecclesie de Denham medietatem decime. Testes Gaufridus filius Elinaudi, Adam filius Wazonis, Alvere(dus) de Bennevilla. (*xlix*) Ricardus filius Gilberti dedit monachis Clare ecclesiam Sancti Augustini de Stok' et totam terram quam Martinus capellanus habebat in eadem villa et illam que fuit Rogerii carpentarii, solutam et quietam a geldo et scoto et omnibus consuetudinibus, et molendinum suum quod ipse dominus habebat in eadem villa dedit in escambium ecclesie Sancti Pauli et terrarum et pratorum que monachi habebant in Clara et molendini eorum de Clara et mansurarum xii quas habebant in Clara. Hac siquidem convencione factum est istud escambium, quod monachi constituerent apud Stok' ecclesiam Sancti Iohannis Baptiste ad habitandum in ea, cum omnibus privilegiis et auctoritatibus et libertatibus et redditibus quos habuerat ecclesia Sancti Iohannis sita in castello Clare. Geldum autem et omnes consuetudines que iacebant super Lintune Rohais et super terram que fuit Rogerii carpentarii dabunt de dominica cultura domini. Testes Baldevinus filius Gilberti, Albericus de Ver, Baldevinus filius Gaufridi. (*l*) Gilbertus dominus Clare comes Hertfordie filius predicti Ricardi dedit Sancto Iohanni de Stok' ecclesiam de Bures cum ad eam pertinentibus omnibus iure perpetuo possidendam. Testes comes Albericus et Willelmus frater eius, Gaufridus filius Elinaudi, Adam filius Warini. (*li*) Robertus pincerna concedentibus Matilde uxore sua et filiis suis dedit mo-/ *fo 70r* nachis de Stok' ecclesiam de Trillawa cum omnibus que ad eam pertinent, et insuper in

---

11 MS concedente.

predicta villa dedit terram que reddebat quinque solidos. Testes Iohannes presbiter, Willelmus de Landa.[12]

[12] Theobald's charter as transcribed in the cartulary ends abruptly here.

Date: Archbishop Theobald's legatine commission.
Printed: Monasticon, vi. 1660; Saltman, *Theobald*, no.256.

137a. Notification by Master Hugh de Mortuomaro, archdeacon of Canterbury, that when he was exercising the officiality of the Court of Canterbury he sequestrated the tithes of Naylinghurst in the parish of Stisted, which were claimed by the prior and convent of Stoke by Clare. Master Robert de Thwynested, proctor of the monks, appeared before him, and in the presence of Walter, rector of Stisted, exhibited certain privileges granted to the monks by the apostolic see. Thereupon the Official relaxed the sequestration with regard to the collection of tithes henceforth, ordering that all strife and litigation between the monks and the rector should cease. He ordered that the rector should pay the monks half a mark for the tithes of the current year, which according to the sequestration were in his hands, but for the tithes of the previous year when they were sequestrated the rector should pay nothing. The right was reserved to the rector of proceeding in law against the prior and convent concerning these tithes whenever he wished. Orpington, 19 October 1270.

Note: this document was added in a later hand.

137b. *Fo 70v* These are the names of the fees of Gloucester from which the prior of Stoke by Clare receives two thirds of the tithes, and the names of the tenants contained in the book, that is, of the tenements of *Smokeles* and *Ferthyng*. Mid-fourteenth century.

BOXSTED

Dominus John de Haukedoun holds fourteen acres in *le Homcroft* where the windmill stands, and thirteen acres which lie next to *Somertounhel*.
John de Burgh holds two acres which lie in the field of *Somertoun* and abut on *Pullyngispet*.
Ralph Pyk holds one acre called *Pikesaker*.
John Pye holds seven acres which lie in *le Lowefeld*, which were once Ferthyng's; he also holds one acre which lies next to the road running from Finstead to *Somertounhel* which is called *Phelipscroft*, which he acquired from John de Glemesford.

121

CORNARD

John Pekok, lord of Cornard, holds seven acres which lie in *le Lowefeld*.

John de Glemesford holds four acres in *le Lowefeld*, which he acquired from the rector of Glemsford.

Robert le Shepherd holds two acres which lie in *le Lowefeld*, which he acquired from John de Glemesford.

John le Hobiloun holds two acres in *le Lowefeld* of the *Smokeles* tenement.

The land of Henry le Mellere, two acres in *le Lowefeld*.

Geoffrey Attelee holds six acres in *le Lowefeld*, which William Attelee acquired from Richard Syger.

The same Geoffrey Attelee holds two acres in *le Lowefeld* of the *Ferthyng* tenement.

John de Glemesford holds one acre called *le Redelond* in *le Lowefeld*.

Dominus John de Haukedoun holds two acres of the *Ferthyng* tenement, which lie next to *Garlekeisdych*.

John de Aldeby holds one acre of the *Ferthyng* tenement called *le Schortlond*.

The same John de Aldeby holds one acre of the same tenement called *Reverislond*.

Geoffrey Attelee holds two acres in the field of *Rouleye* by *le Busch*, which William Attelee acquired from the wife of Henry de Boxstede.

Walter de Glemesford holds two acres in the same field of *Rouleye* next to the land of Geoffrey Attelee.

Walter de Glemesford holds twelve acres lying by *le Wardewode* and called *Seyntmariecroft*, once held by Richard le Wek.

William Snow holds two and a half acres in the field called *Toalstedfeld* of the *Smokeles* tenement.

The same William Snow holds one acre in *Malstedefeld* of the *Ferthyng* tenement.

John de Glemesford holds one acre called *Malstedeaker* in *Malstedefeld* of the *Ferthyng* tenement.

John de Aldeby holds one and a half acres of the *Ferthyng* tenement, which he acquired from John Hendman, and which abuts on the road leading from the green of Boxsted to Glemsford.

John Glemesford holds half an acre and Adam Silvester half an acre which lies beside the half acre of John Glemesford, which abut on the same road.

Clarice Troket holds two acres which lie by *Boxstedetye*, which Hamo Troket acquired from Roger le Heyward.

fo 71r The same Clarice holds two acres which lie next to the tenement once held by Simon Troket.

The same Clarice holds three roods of land called *le Redelond*, which abut on the messuage of Walter son of John son of William.

Walter son of John son of William holds three acres called *le Redelond*.

Walter de Glemesford holds of the *Smokeles* and *Ferthyng* tenements *le Cornwallefeld*, in which field two acres pertain to the church of Glemsford, except for those acres which pertain to the church of Somerton.

Walter de Glemesford holds nine acres called *le Dykerislond*.

Walter de Glemesford and John Freier hold ten acres which lie between the road which leads from the house called *le Dykeres* to the door of John son of William and *Sparvescroft*.

122

Walter de Glemesford holds eight acres in the field called *Reynlond*.

William son of Stephen holds three roods which lie by *Tydewraleswode*.

Walter de Glemesford holds three acres called *Sonesdounenlond*.

Robert Trop holds one acre in *Malstedfeld*.

John Pye holds one acre called *Garlekescroft*, which he acquired from Roger Garlech.

Lucy Troket holds one piece of land which lies between (*sic*) the messuage once held by Simon Troket.

Memorandum that the prior of Stoke by Clare receives the tithes of *Cherchefeld*, and of the croft called *Baronnes*, and of the croft of John Heray, and of *Estfeld*, and of the field called *le Cley*. He receives the tithe of hay of *Brodemedwe* next to *le Monte*, from three roods of meadow called *le Hok* once held by Walter Martyn, from one acre of meadow held by James de Bures and Richard Selern of the fee of John de Bynelle, of one acre of meadow held by Richard Selern of the same fee, of half an acre of meadow which was held by John Attehyde, of one rood of meadow held by Agnes Pilat, of one acre of meadow held by Agnes Pilat in *Thoumenholm* by *Crudmelle*, of half an acre of meadow once held by the lady de Ponyng, of a parcel of meadow at *Edichok* once held by John Attemedwe and now held by Roger Selern, and of the meadow of John Hyde by the river Stour.

LITTLE CORNARD AND ASSINGTON

The rector of Little Cornard receives the tithe in *Dunstalmedwe* of the meadows of John Gilberd, John Attestoure, William Harwelle and Adam le Ram.

The vicar of Assington receives the tithe in *Brademedwe* of the meadows of Walter Symond and Walter le Reve, and of the meadows once held by John Carles and Thomas Attehyde.

The prior of Stoke by Clare receives the tithe of three roods of meadow of the lady de Gray, which lie between the meadow once held by Richard Symond and that once held by John de Assyngtone, which meadow is now in the hands of Hanylia de Peyton. He also receives the tithe of three roods of meadow of the lady de Grey, which lie between the meadow once held by John Cukkon and the meadow of John Carles and the lady de Grey; and of half an acre of the lady's land which abuts on the path at one end and on the meadow of John Carles at the other; and from a rood of the lady's land called *le Longerode*; and of the meadow of Adam Meriot; and of one rood held by John le Bret; and of the meadow of Richard Symond, and of the meadow of Nicholas Aubry which adjoins it, and from one / *fo 71v* rood of meadow of the lady de Grey which lies next to the meadow of Nicholas Aubry, and of half an acre called *le Roundehalf-acre* which is in the hands of the lady de Grey, and of the meadow of William Holelyn and John Faber, and of the half acre of the lady de Grey which adjoins the meadow of John Attestoure and the meadow of Oliver de Strattone.

BUXHALL

Memorandum of the tithes of the prior and convent at Buxhall, *Lynenesfeld*, *Acelinesfeld*, *Stubbyngs* and *Kenst* by *Redeles*:

from the two acres of *Ylgereslond*

from *Fouleslond*, at the head of the land called *Kenst* by *Redeles*

from the two acres or thereabouts of Adam Croumont

from the land called *Pesecroft* which contains ten acres or thereabouts

from the land called *Sewynesfeld*

from the land called *Molnedoune* which contains five acres or thereabouts

from the land called *Sevenacres*

from the land called *Fyveacres*

from the land called *Reylond Attecokestoll*

from the land called *Foureteneacres*

from the land called *Nineacres*

from two acres adjoining *Nineacres*

from two acres held by the mother of John de Boukeshale

from the land called *Grifhey* which contains six acres

from other land called *Grifhey* which contains five acres

from other land called *Grufhey* which contains four acres or thereabouts

from the two acres at the upper end of that land

from the two acres called *Fouleslond*

from the land called *Furtas*

from the land called *Attehallegate* which contains nine acres or thereabouts

from the land called *Lytelcroft*

from the land called *Attehallegate* which contains eighteen acres or thereabouts

from *Bakehousfeld*

from one and a half acres of *Melnereslond*

from one rood of *Pottereslond*

from two acres which were held by Ralph Carpenter

from two acres of thereabouts of the land of the same Ralph Carpenter

from the land of Ylger called *Stubbyngs*, which contains two acres

from the land of *Diswaldesfeld* two acres or thereabouts.

From all the above lands the prior and convent of Stoke by Clare should receive two parts of the tithes and the rector the third part.

MELFORD

Memorandum of the tithes of the prior of Stoke by Clare in Melford:

in *Wallifeld*: from two acres of the warden of the hospital of St Saviour, from one acre of Edmund de Cheventoun, from ten acres of John Peytevyn, from two acres of Walter de Elmiswelle;

in *Bernefeld*: from all the tenements in that field which are held by John Peytevyn senior and minor;

in *Sonmanfeld*: from five acres held by John de Ediswos of Ymer de Walton;

in *Stubbynge*: from five acres of John de Ediswote; and from seven acres of the land which was held by Edmund de Stubbyng, of which five acres abut on the wood of St Saviour's hospital, and two acres are called *Potteriscroft*; from the eleven acres which abut on *Freynsemanistrete* and which were held by Roger de Coulyng and Gilbert Moysent, and from five acres held by the master of St Saviour's hospital.

The prior and convent receive all the tithe of the field called *Wodefeld*, except from one piece called *le Berton*, and all the tithe from the field called *Rechenfeld* except for two acres which lie beside the land called *Soundercroft*, and from all the meadow adjoining *Rechenfeld* except that adjoining the foresaid two acres, and all the tithe of the field called *Rolanisfeld*.

Note: this document is added in a later hand, which also wrote no.69b.

138. Confirmation by Pope Gregory IX of the possessions of the priory of Stoke by Clare, and especially of the church of Crimplesham which was recently granted to the monks by the bishop of Norwich, and grant of papal protection. 4 February 1234.

Fo 72r Confirmacio Gregorii pape de ecclesia de Cremplesham.
Gregor(i)us episcopus servus servorum Dei dilectis filiis priori et conventui de Stokes ordinis Sancti Benedicti Norwicensis diocesis salutem et apostolicam benediccionem. Iustis petencium desideriis dignum est nos facilem prebere consensum et vota que a racionis tramite non discordant effectu prosequente complere. Ea propter, dilecti in Domino filii, vestris iustis postulacionibus grato concur(r)entes assensu, personas vestras et locum in quo divino vacatis obsequio cum omnibus bonis que in presenciarum racionabiliter possidet aut in futurum iustis modis prestante Domino poterit adipisci sub Beati Petri et nostra proteccione suscipimus, specialiter autem ecclesiam de Cremplesham cum pertinenciis suis quam ex concessione venerabilis fratris nostri Norwicencis episcopi spectantem ad ipsum de capituli sui assensu canonice proponitis vos adeptos, necnon terras, possessiones, redditus et alia bona vestra sicut ea omnia iuste ac pacifice possidetis vobis et per vos monasterio vestro auctoritate apostolica confirmamus et presentis scripti patrocinio communimus. Nulli ergo omnino hominum liceat hanc paginam nostre proteccionis et confirmacionis infringere vel ei ausu temerario[1] contraire. Si quis autem hoc attemptare presumpserit, indignacionem omnipotentis Dei et Beatorum Petri et Pauli apostolorum eius se noverit incursurum. Datum Laterani ii non. Februarii pontificatus nostri anno septimo.

1 MS tenerario.

139. Confirmation by Pope Innocent III of the possessions of the priory of Stoke by Clare, and especially of the church and chapel of Bures, which the monks may appropriate when they become vacant, and grant of papal protection. 28 May 1203.

Confirmacio pape Innocencii de ecclesia de Bures.

Innocencius episcopus servus servorum Dei dilectis filiis priori et conventui Sancti Iohannis Baptiste de Stok' salutem et apostolicam benediccionem. Cum a nobis petitur quod iustum est et honestum, tam vigor equitatis quam ordo exigit racionis ut id per sollicitudinem officii nostri ad debitum perducatur effectum. Ea propter, dilecti in Domino filii, vestris iustis precibus inclinati monasterium et personas vestras cum omnibus que in presenciarum racionabiliter possidetis aut in futurum iustis modis prestante Domino poteritis adipisci sub Beati Petri et nostra proteccione suscipimus, specialiter autem ecclesiam de Buris et capellam de Bures cum omnibus earum perti-/ *fo 72v* nenciis devocioni vestre auctoritate apostolica confirmamus et presentis scripti patrocinio communimus, sicut in diocesani episcopi scripto[1] autentico continetur. Ex consueta sedis apostolice clemencia dispensacione vobis duximus indulgendum ut liceat vobis predictam ecclesiam et capellam cum pertinenciis suis cum eas vacare contigerit[2] nullius contradiccione aut prohibicione in manu vestra retinere ad sublevandam vestram necessitatem et ad ampliandam domus vestre hospitalitatem, obvenciones et fructus ex inde proventuros in proprios usus convertere, salva honesta sustentacione presbiterorum qui in eis ministrabunt. Decernimus[3] ergo ut nulli omnino hominum liceat hanc paginam nostre proteccionis,[4] confirmacionis et indulgencie infringere vel ei ausu temerario contraire. Si quis autem hoc attemptare presumpserit, indignacionem omnipotentis Dei et Beatorum Petri et Pauli apostolorum eius se noverit incursurum. Datum Ferent(ini) quinto kal. Iunii pontificatus nostri anno sexto.

[1] MS scripta.
[2] MS contingerit.
[3] MS Dicernimus.
[4] MS protecciones.

Printed: Cheney, *Letters of Innocent III*, no. 480.

140. Confirmation by Pope Innocent III of the possession by the priory of Stoke by Clare of the church of Little Thurlow and the tithes of Clare and Chilton. 6 July 1199.

Confirmacio Innocencii pape de ecclesia de Trillawe cum decimis de Clara et de Chiltune.

Innocencius episcopus servus servorum Dei dilectis filiis monachis de Stok' salutem et apostolicam benediccionem. Iustis petencium desideriis dignum est nos facilem prebere consensum et vota que a racionis tramite non discordant effectu prosequente complere. Ea[1] propter, dilecti in Domino filii, vestris iustis postulacionibus grato concur(r)entes assensu, ecclesiam de Trillawe cum decimis de Clara et de Chiltun', sicut eam iuste ac pacifice possidetis et in auctenticis diocesani episcopi plenius continetur, auctoritate vobis apostolica confirmamus et presentis scripti patrocinio communimus. Nulli ergo omnino hominum liceat hanc paginam nostre confirmacionis infringere vel ei ausu temerario contraire. Si

[1] MS Eia.

126

quis autem hoc attemptare presumpserit, indignacionem omnipotentis Dei et Beatorum Petri et Pauli apostolorum eius se noverit incursurum. Datum Laterani ii non. Julii pontificatus[2] nostri anno secundo.

[2] MS pontifatus.

Printed: Cheney, *Letters of Innocent III*, no.151.

141. Confirmation by Pope Innocent III of the possession by the priory of Stoke by Clare of the churches of Great Bardfield, Bures, Cavenham, Steeple Bumpsted and Thaxted, as granted for their own use and for the help of the poor by the bishops of London and Norwich. 21 September 1214.

Confirmacio eiusdem de ecclesiis de Berdefeld', Bures, Caveham, Bumsted et de Taxted'.
Innocencius episcopus servus servorum Dei dilectis filiis monachis de Stok' salutem et apostolicam benediccionem. Cum a nobis petitur quod iustum est et honestum, tam vigor equitatis quam / *fo 73r* ordo exigit racionis ut id per sollicitudinem officii nostri ad debitum perducatur effectum. Ea propter, dilecti in Domino filii, vestris iustis postulacionibus gratum impertientes assensum ecclesias de Berdefelde, Bures, de Caveham, de Bomstede et de Taxtede, sicut eas ex concessione Lundoniensis et Norwicensis episcoporum ad usus proprios et sustentacionem pauperum iuste et pacifice possidetis,[1] vobis et per vos ecclesie vestre ad eosdem usus auctoritate apostolica confirmamus et presentis scripti patrocinio communimus. Nulli ergo omninio hominum liceat hanc paginam nostre confirmacionis infringere vel ei ausu temerario contraire. Si quis autem hoc attemptare presumpserit, indignacionem omnipotentis Dei et Beatorum Petri et Pauli apostolorum eius se noverit incursurum. Datum Perusii xi kal. Octobris pontificatus nostri anno septimo decimo.

[1] MS possideritis, with *er* expunged.

Printed: Cheney, *Letters of Innocent III*, no.979.
Note: Cheney considers the authenticity of this letter to be doubtful, since the pope is not known to have been in Perugia in September 1214 or September of any year after 1198, and wrote to the people of Perugia from Viterbo on 19 September 1214.

142. Indulgence of Pope Innocent IV to the monks of Stoke by Clare that they shall not be compelled by apostolic letters to accept any person as recipient of a pension or ecclesiastical benefice, unless those letters make full mention of this indulgence. 3 October 1247.

Indulgencia Innocencii pape ne monachi de Stok' teneantur ad recepcionem alicuius nec ad provisionem in beneficiis.

Innocencius episcopus servus servorum Dei dilectis filiis priori et conventui monasterii de Stokes ordinis Sancti Benedicti Norwicencis diocesis salutem et apostolicam benediccionem. Paci et tranquillitati vestre ac monasterii vestri paterna volentes sollicitudine providere, auctoritate vobis presencium indulgemus ut ad recepcionem vel provisionem alicuius in pensionibus et ecclesiasticis beneficiis compelli per literas apostolicas minime[1] valeatis, nisi litere ipse plenam fecerint de hac indulgencia mencionem. Nulli ergo omnino hominum liceat hanc paginam nostre concessionis infringere vel ei ausu temerario contraire. Si quis autem hoc attemptare presumpserit, indignacionem omnipotentis Dei et Beatorum Petri et Pauli apostolorum eius se noverit incursurum. Datum Lugdun(ii) v non. Octobris pontificatus nostri anno quinto.

[1] MS munimie.

143. Confirmation by Pope Alexander III of the possessions of the priory of Stoke by Clare, and specifically of their churches: in the diocese of Norwich, the churches of Hundon, Gazeley, Clare, Little Bradley, Little Thurlow, Bures, Cavenham, Crimplesham, St Clement's Norwich and Friston; in the diocese of London, Great Bardfield, Thaxted, Ashen, Little Yeldham and Stambourne; in the diocese of Winchester, Woking; and in the diocese of Rochester, East Peckham; and confirmation of their tithes in Sampford, Great Bardfield, Pitley, Finchingfield, Toppesfield, Wickham (probably both Wickhambrook and Wickham St Paul), Badley, Hartest, Denham, Desning, Gazeley, Stansfield, Clare, Hundon, Hempstead, Steeple Bumpstead, Haverhill, Buxhall, Fenstead, Long Melford, Chipley, Cowlinge, Poslingford, Bulley, Siam Hall, Cornard, Belchamp St Peter and Belchamp Asperies (? Belchamp Otten), Dalham, Gestingthorpe, Ridgewell, Codham, Naylinghurst, Bentley, Halstead, Aldersfield, Clopton, Harefield, Denston, Hawkedon, Cavendish, Sturmer, Barrow Hall (in Little Wakering), Tilbury iuxta Clare, Chediston, Alresford, and the tithe of William de Gisney in Haveringland and Whitwell; the land of Roger the carpenter in Stoke by Clare; the land in Fornham given by Geoffrey son of Elinald; the land in Henny given by Adam son of Warin; the mill in Waldingfield given by Elinald, steward of the earl of Clare; the land in Thurlow given by Robert Pincerna; the land in Birdbrook, Haverhill, Pooley, Bradley, Little Yeldham and Ashen, and the land worth one hundred shillings which Earl Roger gave them on his deathbed.

They may grant burial to those who choose this as their burial place, providing that they are not excommunicate or interdicted, and providing that no injury is suffered by the parish church of the deceased. They may celebrate the divine office in time of interdict, with closed doors, silent bells and the interdicted excluded. They may receive as monks clerks and laymen fleeing from the world. No professed monk may leave without the consent of the prior, unless to join a stricter order. In their parish churches they may choose priests and present them to the bishop. No new customs are to be imposed upon their churches. They are exempt from payment of tithes on lands newly brought into cultivation. 30 June 1174.

Confirmacio Alexandri pape de omnibus ecclesiis et bonis aliis specialiter in ea nominatis.

Alexander episcopus servus servorum Dei dilectis filiis Nicholao priori ecclesie de Stokes eiusque fratribus tam presentibus quam futuris regularem vitam professis inperpetuum. Religiosis desideriis dignum est nos facilem prebere consensum ut fidelis devocio clerem sorciatur effectum. Ea propter, dilecti in Domino filii, vestris iustis postu-/ *fo 73v* lacionibus clementer annuimus et prefatam ecclesiam in qua divino mansipati estis obsequio sub Beati Petri et nostra proteccione suscipimus et presentis scripti privilegio communimus, in primis siquidem statuentes ut ordo monasticus qui secundum Deum et Beati Benedicti regulam in eodem loco noscitur institutus perpetuis ibidem temporibus inviolabiliter observetur. Preterea quascumque possessiones quecumque bona eadem ecclesia in presenciarum iuste et canonice possidet aut in futurum concessione pontificum, largicione regum vel principum, oblacione fidelium seu aliis iustis modis prestante Domino poterit adipisci, firma vobis vestrisque successoribus et illibata permaneant, in quibus hec propriis duximus exprimenda vocabulis: locum ipsum in quo prefatum monasterium situm est cum omnibus pertinenciis suis, ecclesiam de Huneden', ecclesiam de Gaisle, ecclesiam de Clara, ecclesiam de Bradelea Parva, ecclesiam de Trillawe, ecclesiam de Bures, ecclesiam (de) Caveham, ecclesiam de Cremplisham, ecclesiam Sancti Clementis de Norwico, ecclesiam de Frisentun' constitutas in episcopatu Norwicensi; in episcopatu Lundoniensi ecclesiam de Berdefeld, ecclesiam de Taxtede, ecclesiam de Essa, ecclesiam de Gelham, ecclesiam de Stamburnia; in episcopatu Wintonienci ecclesiam de Wokinges; in episcopatu Roffensi ecclesiam de Peccham; decimas quas habetis in Samford, decimas quas habetis in Berdefeld, decimas quas habetis in Pitilingehege, decimas quas habetis in Finchingefeld, decimas quas habetis in Toppesfeld, decimas quas habetis in Wicham, decimas quas habetis in Badeleia, decimas quas habetis in Hertstert, decimas quas habetis in Denham, decimas quas habetis in Deseninge, decimas quas habetis in Gaisle, decimas quas habetis in Stanesfeld, decimas quas habetis in Clara, decimas quas habetis in Huneden', decimas quas habetis in Hamstede, decimas quas habetis in Bomestede, decimas quas habetis in Hawerelle, decimas quas habetis in Bucheshale, decimas quas habetis in Finstede, decimas quas habetis in Meleford, decimas quas habetis in Chippelee, decimas quas habetis in Culinges, decimas quas habetis in Poselingeworde, decimas quas habetis in Beli-/ *fo 74r* lee, decimas quas habetis in Seham, decimas quas habetis in Corneres, decimas in Belcham Petri, decimas in Belcham Asperies, decimas in Delham, decimas in Gestingetorp, decimas in Redeswelle, decimas in Chodham, decimas in Neillingeherst, decimas in Benetlee, decimas in Halstede, decimas in Alveredesfeld, decimas in Cloptune, decimas in Harrefeld, decimas in Denardestune, decimas in Hauchesdune, decimas in Cavenedis et in Sturemare et in Barue et in Tillebere et in Chedintune et in Halesford, et in Haveringeland et in Witewelle, decimas Willelmi de Gisnai; terram Rogeri carpentarii in Stokes que fuit escambiata pro terra vestra de Clar', terram de Ferneham quam dedit vobis Galfridus filius Alinaudi, terram de Heni quam dedit vobis Adam filius Guarini, molendinum de Waldingefeld quod dedit vobis Helinaudus dapifer comitis Clare, terram de Trillawe quam Robertus Pincerna dedit vobis, terram de Bridebroc, terram de Haverelle, terram Polee, terram de Bradelee, terram de Gelham, terram de Esse, et centum solidatas terre quas habetis ex dono Rogerii comitis Clare

129

cum ageret in extremis. Sepulturam quoque ipsius loci liberam esse decernimus, ut eorum devocioni et extreme voluntati qui se illic sepelliri deliberaverint, nisi forte excommunicati vel interdicti sint, nullus obsistat, salva tamen iusticia illarum ecclesiarum a quibus mortuorum corpora assumuntur. Cum autem commune interdictum terre fuerit, liceat vobis clausis ianuis, exclusis excommunicatis et interdictis, non pulsatis campanis, suppressa voce divina officia celebrare. Liceat quoque vobis clericos vel laicos liberos et absolutos e seculo fugientes ad conversionem vestram recipere et eos absque illius contradiccione in vestro monasterio retinere. Prohibemus insuper ut nulli fratrum vestrorum post factam in eodem loco professionem liceat de claustro sine licencia prioris sui discedere, discedentem vero absque communium litterarum caucione nullus audeat retinere, nisi ad arciorem[1] vitam voluerit transmigrare. In parochialibus autem ecclesiis quas tenetis liceat vobis sacerdotes eligere et episcopo[2] representare, quibus si idonei fuerint episcopus animarum curam committat, ut de plebis quidem cura episcopo / *fo 74v* vobis autem de temporalibus debeant respondere. Prohibemus eciam ne alicui licitum sit novas et indebitas consuetudines in ecclesias vestras inducere. Sane novalium vestrorum que propriis manibus aut sumptibus colitis sive de nutrimentis vestrorum animalium nullus a vobis decimas presumit exigere. Decernimus ergo ut nulli omnino hominum liceat prefatam ecclesiam temere perturbare aut eius possessiones auferre, vel ablatas retinere, minuere seu quibuslibet vexacionibus fatigare, sed illibata omnia et integra conserventur eorum pro quorum gubernacione et sustentacione concessa sunt usibus omnimodis pro futura, salva sedis apostolice auctoritate et diocesani episcopi canonica iusticia. Si qua igitur in futurum ecclesiastica secularisve persona hanc nostre constitucionis paginam sciens contra eam temere venire temptaverit, secundo terciove commonita nisi presumpcionem suam digna satisfaccione correxerit, potestatis honorisque dignitate careat reasque se divino iudicio existere de perpetrata iniquitate cognoscat, et a sacratissimo corpore ac sanguine Dei et Domini redemptoris nostri Jhesu Christi aliena fiat acque in extremo examine districte ulcioni subiaceat. Cunctis autem eidem[3] loco sua iura servantibus sit pax Domini nostri Jhesu Christi, quatinus et hic fructum bone accionis percipiant et apud districtum iudicem premia eterna pacis inveniant.[4] AMEN. Datum Anagnie per manum Graciani sancte Romane ecclesie subdiaconi et notarii ii kal. Iulii indiccione vii, incarnacionis dominice anno mclxxiiii, pontificatus vero domini Alexandri pape tercii anno quintodecimo.

[1] MS areciorem.
[2] MS episcopos.
[3] MS eidiem.
[4] MS inveniat.

144. Grant by Geoffrey son of Elinald to the monks in perpetuity of all his land of Fornham, a villein at Stoke, land at Rede rendering 10s annually, two dwelling-houses at Clare rendering 12d annually, all the land he held of Hugh de Berners at Stambourne, and Wigar de Tia with his land; so that Geoffrey and his nephew Richard might become monks. The donation was made upon the altar in the presence of the prior and monks. 1136-66, probably 1150s or earlier.

Fo 77r Carta Galfridi filii Elinaldi de terra de Fornham et multis aliis.

Gaufridus filius Helinaudi universis sancte matris ecclesie filiis salutem. Notum sit omnibus fidelibus tam futuri temporis quam presentis, quod ego dedi ecclesie Sancti Iohannis Baptiste et monachis de Stochiis ibi Deo servientibus et servituris, libere et quiete omnimodis iure[1] perpetuo possidendam, totam terram meam de Forneham cum omnibus que ibi possidebam, et insuper unum villanum cum terra sua apud Stoches, scilicet Hucstredum de Morua, et apud villam que dicitur Reida terram que michi reddebat decem solidos et duas masuras apud Claram, pro una quarum Ernaldus presbiter, clericus, reddebat annuatim duos solidos, pro alia Robertus filius Warini duos, et de Willelmo de Finsted', xii denarios; preterea, totam terram quam tenebam de Hugone de Berners, que est apud Stamburn', et Wigarum de Tia cum tota terra sua. Hec omnia predictis monachis dedi pro me et pro Ricardo nepote meo, ut ambo fieremus monachi, necnon et pro animabus parentum meorum et omnium antecessorum meorum. Hanc prescripcionem in perpetuum ratam manere confirmans, sigilli mei apposicione munivi. Quam meam donacionem siquis in posterum quassare conabitur, mihi et omnibus predecessoribus meis et omnibus amicis meis adversabitur. Hanc donacionem posui super altare Sancti Iohannis in presencia dompni Roberti prioris et tocius conventus eiusdem loci, coram testibus istis, Alberico de Capell(is), Willelmo de Landa, Nigello presbitero de Essia, Symone de Bures et aliis.

1 iure repeated.

Date: prior Robert's predecessor last occurs 1136-43 (no.70); the gift is confirmed in no.37 (1152-73, probably early in that period). Ralph, Geoffrey's heir, occurs in no.25 (before 1166).

The Fornham concerned is in Stoke parish. No.37 confirms three houses in Clare, perhaps referring to William de Finsted's rent.

145. Grant by Robert the baker to the monks in free alms of one acre in *Wudecroft*, and two small pieces in *Sandbulle* (described), for half a mark. Early thirteenth century.

Carta donacionis Roberti pistoris de una acra terre in Wodecroft.

Sciant presentes et futuri quod ego Robertus Pistor de Stok' dedi, concessi et hac presenti carta mea confirmavi Deo et Sancto Iohanni Baptiste de Stok' et monachis ibidem Deo servientibus pro salute mea et omnium meorum unam acram terre in Wudecroft, que iacet iuxta terram Henrici venatoris et duas particulas terre in Sandbulle, que abutant super terram Roberti Gambun, tenendas et habendas de me et heredibus meis in puram et perpetuam elemosinam in perpetuum. Et ego et heredes mei predictam terram prefatis monachis warantizabimus et adquietabimus contra omnes mortales. Pro hac vero concessione, donacione et huius carte mee confirmacione, dederunt mihi prefati monachi dimidiam marcam argenti. Hiis testibus, Reginaldo capellano de Stok', Nicholao capellano, Baldewino de Stamburn' et aliis.

131

Date: other charters of the donor (146-8, 150-52, 154). Baldwin de Stambourne occurs in 1237 (no.199).

146. Grant by Robert the baker to the monks in free alms of 1¾ roods called 'Black Acre' next to *Pimeshege*, and three roods by the house of Godfrey Bige. Early thirteenth century.

Fo 77v Carta eiusdem Roberti de duabus acris et dimidia.

Sciant presentes et futuri quod ego Robertus Pistor de Stok' dedi, concessi et hac presenti carta mea confirmavi Deo et Sancto Iohanni Baptiste de Stok' et monachis ibidem Deo servientibus in puram et perpetuam elemosinam duas acras terre et dimidiam, quarum due acre una roda minus iacent iuxta Pimeshege et vocatur nigra acra, et tres rode iacent subtus domum Godefridi Bige, et abutant ad pratum. Et ego et heredes mei predictam elemosinam prefatis monachis warantizabimus et adquietabimus contra omnes mortales. Hiis testibus, Reginaldo capellano de Stok', Giliberto de Petrino, Waltero clerico, Willelmo Ruffo et aliis.

Date: other charters of the donor (see no.147).

147. Grant by Robert the baker son of William the baker to the monks in free alms of a piece of land in Stoke next to his messuage. Early thirteenth century.

Carta eiusdem de alia.

Sciant presentes et futuri quod ego Robertus pistor filius Willelmi pistoris dedi et concessi et hac presenti carta mea confirmavi Deo et ecclesie Sancti Iohannis Baptiste de Stok' et monachis ibidem Deo servientibus pro salute mea et omnium meorum totam illam peciam terre in villa de Stok' que iacet inter terram Roberti coconarii et terram Ricardi Longi, quam de eisdem tenebam et abutat versus mesuagium meum ex una parte et versus terram Ricardi clerici ex alia, in liberam puram et perpetuam elemosinam sine aliqua reclamacione mei aut heredum meorum. Et ut hec mea donacio et concessio firma et stabilis in perpetuum permaneat, presens scriptum sigilli mei apposicione roboravi. Hiis testibus, Iohanne de Landa, Iohanne filio Lamberti, Willelmo cum Barba et aliis.

Date: John de Landa occurs between 1224 (no.283), and in or after 1246 (no. 182). John son of Lambert occurs between 1198 (Palgrave i, 187) and 1242-3 (*Bk Fees* ii, 918). William cum Barba occurs between 1219 (*CRR* viii, 19) and 1237 (no.199), but possibly as early as 1203 (*R Lib*, 55).

148. Grant by Robert the baker of Stoke, to the monks in perpetuity, of two acres of arable in Stoke, one by *Sywardesheg*, the other next to *Haddingewell*, for 6s. Early thirteenth century.

132

Carta eiusdem de alia.

Sciant presentes et futuri quod ego Robertus pistor de Stok' dedi et concessi et hac presenti carta mea confirmavi Deo et ecclesie Sancti Iohannis Baptiste de Stok' et monachis ibidem Deo servientibus duas acras terre mee arabilis in parochia de Stok' cum pertinenciis, quarum una acra iacet ex una parte iuxta terram Thome Gemelin et abutat ad unum caput apud Sywardesheg', et ad aliud caput apud terram Mychaelis hominis monachorum, et alia acra iacet iuxta Haddingewell' inter terram Ricardi clerici et terram Ricardi Longi, tenendas et habendas libere et in pace in perpetuum sine aliquo clamio mei vel heredum meorum. Pro hac vero donacione et carte mee confirmacione dederunt mihi prefati monachi de caritate domus sue sex solidos argenti. Hiis testibus, Rogero capellano de Stok', Waltero de bosco et aliis.

Date: other charters of the donor (see no.147).

149. Grant by John the baker of Stoke to Geoffrey son of Richard of Stoke, his heirs and assigns, of a piece of land seven perches long by two wide (described), for a consideration of 4s 7d and 4½d annually. Early thirteenth century.

Carta Iohannis pistoris facta Galfrido filio Ricardi de Stok'.

Sciant presentes et futuri quod ego Iohannes Pistor de Stok' dedi et concessi et / *fo 78r* hac presenti carta mea confirmavi Galfrido filio Ricardi de Stok' pro homagio et servicio suo et pro quatuor solidis et septem denariis quos mihi dedit in gersumam unam partem terre scilicet septem percatas terre in longitudine et duas percatas in latitudine, que iacent de longo in longum mesuagii Thome carettarii de Stok' et unum caput abutat super cheminum et aliud caput abutat super terram Iohannis Sturdi et Roberti Cokeler', habendam et tenendam de me et heredibus meis illi et heredibus suis vel cuicumque illam dare vel alio modo assignare voluerit, libere, quiete, integre et hereditarie, reddendo inde mihi et heredibus meis quatuor denarios et obolum ad tres terminos anni scilicet ad festum Sancti Michaelis duos denarios, et ad festum Sancte Marie in Quadragesima duos denarios, et ad Natale obolum, pro omni servicio, auxilio et demanda et consuetudine. Et ego Iohannes et heredes mei warantizabimus predicto Galfrido et heredibus suis vel suis assignatis predictam terram per predictum servicium contra omnes gentes. Hiis testibus, Willelmo cum Barba, Alano venatore et aliis.

Date: Geoffrey son of Richard possibly occurs in 1234 (*CRR* xv, no.566). For William cum Barba, see no.147n. See also no.155.

150. Grant by Robert the baker of Stoke to Geoffrey son of Richard of Stoke, his heirs and assigns, of a piece of land seven perches long by two perches six feet wide, between his house and the land his son John held of him, for a consideration of 4s, and ½d annually. Early thirteenth century.

Carta eiusdem et eidem de alia.

Sciant presentes et futuri quod ego Robertus Pistor de Stok' dedi et concessi et hac presenti carta mea confirmavi Galfrido filio Ricardi de Stok' unam peciam terre mee inter domum meam et terram quam Iohannes filius meus de me tenet, videlicet septem percatas in longitudine, et duas percatas et sex pedes in latitudine, et abutat unum caput super magnum cheminum, et aliud caput super terram Iohannis Sturdi, pro homagio et servicio suo et pro quatuor solidis quos mihi dedit in gersummam, habendam et tenendam de me et heredibus meis illi et heredibus suis vel cuicumque dare vel assignare voluerit, libere, quiete, integre et hereditarie, reddendo inde annuatim mihi et heredibus meis ille et heredes sui unum obolum ad duos terminos, scilicet ad festum Sancti Mychaelis unum quadrantem, et ad festum Sancte Marie in Marcio unum quadrantem, pro omnibus serviciis, consuetudinibus et demandis. Et ego Robertus pistor et heredes mei warantizabimus predictam terram predicto Galfrido vel cuicumque dare vel assignare voluerit et heredibus suis per predictum servicium contra omnes gentes. Hiis testibus, Willelmo cum Barba, Alano venatore et aliis.

Date: see no.147n, 149. Before no.153.

151. Grant by Robert the baker of Stoke to Geoffrey son of Richard of Stoke, his heirs and assigns, of a piece of land seven perches long by two wide, lying as in no.150, next to the messuage of Thomas *Caretarius*, for a consideration of 4s, and ½d annually. Early thirteenth century.

Carta eiusdem et eidem de alia.

Sciant presentes et futuri quod ego Robertus pistor de Stok' dedi et concessi et hac presenti carta mea confirmavi Galfrido filio Ricardi de Stok' septem percatas terre in longitudine et duas percatas in latitudine, scilicet que iacet inter mesuagium meum et terram quam / *fo 78v* Iohannes filius meus tenuit de me sub mesuagio Thome Caretarii, et unum caput abutat super cheminum et aliud caput super terram Iohannis Studi, pro homagio et servicio suo et pro quatuor solidis quos mihi dedit in gersummam, habendam et tenendam de me et heredibus meis illi et heredibus suis vel cui illam dare vel alio modo assignare voluerit, libere, quiete, integre et hereditarie, reddendo inde mihi annuatim et heredibus meis ille et heredes sui unum obolum ad duos terminos, scilicet ad festum Sancti Michaelis unum quadrantem, et ad festum Sancte Marie in Marcio unum quadrantem pro omni servicio, auxilio, consuetudine et demanda. Et ego Robertus pistor et heredes mei warantizabimus predictam terram predicto Galfrido et suis heredibus vel suis assignatis per predictum servicium contra omnes gentes. Hiis testibus, Willelmo cum Barba, Alano venatore et aliis.

Date: see no.147n, 149. Before no.153.

152. Grant by Robert the baker of Stoke to his son John, his heirs and assigns of part of the land of his own messuage, for a consideration of 3s, and 4d annually to himself and his heirs. Early thirteenth century.

Carta eiusdem facta Johanni filio suo de alia.
Sciant presentes et futuri quod ego Robertus pistor de Stok' dedi et concessi et hac presenti carta mea confirmavi Iohanni filio meo pro homagio et servicio suo, et pro iii solidis quos mihi dedit in gersummam, unam partem terre de mesuagio meo, scilicet que iacet de longo in longum mesuagii domine Helene scilicet duas virgas in latitudine et septem virgas in longitudine et plus, tenendam et habendam illi et heredibus suis vel cuicumque dare vel vendere vel aliquo modo assignare voluerit, libere, quiete, integre, pacifice, in feodo et hereditate reddendo inde annuatim mihi et heredibus meis quatuor denarios ad duos terminos, scilicet ad festum Sancti Mychaelis, duos denarios et ad festum Sancte Marie in Marcio, duos denarios pro omnibus serviciis, consuetudinibus, exaccionibus et demandis. Ego autem et heredes mei warantizabimus predicto Iohanni et heredibus suis vel eorum assignatis predictam terram per predictum servicium contra omnes homines et feminas. Hiis testibus, Willelmo cum Barba, Alano venatore et aliis.

Date: see no.147n, 149.

153. Grant by Geoffrey son of Richard to Thomas son of Eadwin and Helen his wife, and their assigns, of the land Geoffrey held of Robert the baker in Stoke, for a consideration of 10s 6d and 4½d annually. Early thirteenth century.

Carta Galfridi filii Ricardi facta Thome filio Eadwini et Helene uxori sue.
Sciant presentes et futuri quod ego Galfridus filius Ricardi dedi et concessi et hac presenti carta mea confirmavi Thome filio Eadwini et Helene uxori sue pro homagio et servicio suo et pro decem solidis et sex denariis quos mihi dederunt in gersummam totam illam partem terre quam tenui de Roberto pistore in villa de Stok', videlicet septem percatas in longitudine et quatuor percatas et sex pedes in latitudine, et iacet inter terram quam dictus Thomas tenet de Roberto pistore, et terram Walteri Gede, et abutat unum caput super magnum cheminum quod ducit versus Clar', et aliud caput abutat super terram Iohannis Sturdi, habendam et tenendam de me et heredibus meis predictis Thome et Helene ux-/
fo 79r ori sue vel cuicumque dare, legare, vendere aut aliquo modo assignare voluerint, libere, quiete, honorifice, bene et in pace, reddendo inde annuatim mihi et heredibus meis quatuor denarios et obolum ad duos terminos anni, scilicet ad festum Beate Marie in Marcio duos denarios et unum quadrantem et ad festum Sancti Michaelis duos denarios et unum quadrantem pro omnibus serviciis, consuetudinibus, auxiliis et demandis. Et ego Galfridus et heredes mei warantizabimus totam illam partem terre predictis Thome et Helene uxori sue vel cuicumque dare vel assignare voluerint per predictum servicium contra omnes homines et feminas. Hiis testibus, Iohanne filio Lamberti, Roberto fratre eius, Alano venatore et aliis.

135

Date: for Geoffrey son of Richard see no.149n and 155n. For Helen see 152. For John son of Lambert see 147n; Robert son of Lambert occurs in 1219 (*CRR* viii, 112). The land granted is that acquired in nos 150 and 151.

154. Grant by Robert son of William the baker of Stoke to Thomas son of Eadwin, Helen his wife, and their assigns of a piece of land seven perches long by two wide next to his own land, for a consideration of 7s 10d, and ½d annually. Early thirteenth century.

Carta Roberti de eisdem.
Sciant presentes et futuri quod ego Robertus filius Willelmi pistoris de Stok' dedi et concessi et hac presenti carta mea confirmavi Thome filio Eadwini et Elene uxori sue pro homagiis et serviciis suis et pro septem solidis et decem denariis quos mihi dederunt in gersummam, unam partem terre, scilicet longitudinem septem percarum et latitudinem duarum percarum, que iacet inter feodum Ricardi clerici et terram meam, et abutat ad unum caput super viam, et aliud caput super terram quam Robertus le Cokener' tenuit in feodum de me habendam et tenendam cum omnibus pertinentiis suis de me et heredibus meis predictis Thome et Helene uxori sue, vel cuicumque dare, vendere aut assignare vel legare post decessum eorum voluerint, libere, quiete, honorifice, bene et in pace, reddendo inde annuatim michi et heredibus meis unum obolum ad duos terminos, scilicet ad festum Sancti Mychaelis unum quadrantem, et ad Annunciacionem Beate Marie unum quadrantem pro omnibus serviciis, consuetudinibus, auxiliis et demandis. Et ego Robertus et heredes mei warantizabimus predictam partem terre cum pertinenciis suis predictis Thome et Helene uxori sue vel cuicumque dare, vendere, legare voluerint et eorum assignatis per predictum servicium contra omnes homines et feminas. Hiis testibus, Iohanne filio Lamberti, Roberto fratre eius, et alii.

Date: see no.147n, 153n.

155. Quit-claim by Geoffrey the baker, son of the late Richard Symon of Stoke, to the monks of all his rights in the tenement of the fee which Robert Bluber and his father held in Stoke. Early thirteenth century, probably after 1232.

Carta Galfridi super quieta clamacione facta monachis de Stokes.
Sciant presentes et futuri quod ego Galfridus Pistor filius quondam Ricardi Symon' de Stok', concessi, remisi, et omnino quietum clamavi de me et heredibus meis in perpetuum, Deo et Beato Iohanni Baptiste de Stok' et monachis ibidem Deo servientibus pro salute anime mee, antecessorum et successorum meorum, totum ius et clamium quod habui vel quod aliquo modo habere potui, in toto tenemento cum edificiis, redditibus, releviis, excaetis, et aliis pertinenciis, de feodo quod Robertus Bluber et pater eius quondam tenuerunt / *fo 79r* in Stok' iuxta Clar' ita quod nec ego nec heredes mei nec aliquis per nos in dicto

136

tenemento cum suis pertinenciis exigere, vendicare poterimus. In cuius rei testimonium presenti scripto sigillum meum apposui. Hiis testibus, domino Iohanne
de Landa milite, Roberto filio Lamberti, Willelmo cum Barba et aliis.

Date: the donor, presumably the Geoffrey of no.149 and 153, may be the son of
Richard son of Simon who was dead in 1232 (*Exc e R Fin* i, 234). For the
witnesses see no.147n and 153n.

**156. Grant by Robert son of Richard de Brockley to the monks in free alms, of
six acres of arable (described) at Brockley, for the soul of his father who was
buried at Stoke. Early thirteenth century.**

Carta Roberti filii Ricardi de Brochole de vi acris terre apud Brochole.
Sciant presentes et futuri quod ego Robertus filius Ricardi de Brochole dedi et
concessi et hac presenti carta mea confirmavi Deo et ecclesie Sancti Iohannis
Baptiste de Stok' et monachis ibidem Deo servientibus pro anima Ricardi patris
mei cuius corpus ibidem requiescit et pro salute anime mee et omnium meorum
sex acras terre mee arabilis, quarum quinque acre excepta una roda et dimidia
iacent apud Brochole in cultura que dicitur Sorelbe, inter terram Galfridi molendinarii ex una parte et terram Benedicti filii Baldewini ex altera parte, et quinque
rode et dimidia roda que iacent in cultura que dicitur Crowepond, et abutant ad
unum caput super Crowepond', et ad aliud caput super pratum quod se extendit
versus Waltereslee,[1] tenendas et habendas de me et heredibus meis in puram et
perpetuam elemosinam, liberam et quietam ab omni seculari servicio. Ego vero
Robertus et heredes mei warantizabimus prefatis monachis prefatam terram
contra omnes homines et omnes feminas. Et ut hec mea concessio et donacio
firma sit et stabilis, presens scriptum sigilli mei munimine roboravi. Hiis testibus,
Waltero filio Humfridi, Ricardo filio Hugonis, Willelmo de Landa et aliis.

[1] or Waltereslec.

Date: the donor occurs in 1231 (*CRR* xiv, no.1737). William de Landa occurs
between 1198 (or c.1182) and 1230 (see no.229n). Walter son of Humphrey
occurs between 1199 and 1226 (see no.227n). Richard son of Hugh occurs
between 1208 (*CRR* v, 211, 283) and 1235/6 (*Bk Fees* i, 484). 'Brockley' is
probably Brockley Green in Hundon parish.

**157. Grant by Claricia, widow of Benedict son of Baldwin de Stoke, in her
widowhood to the monks in free alms, of a piece of land in the field called
Strelbe in Stoke, saving 2d per £1 scutage to the lord of the fee. Mid-thirteenth
century.**

Carta Claricie relicte Benedicti filii Baldewini facta monachis de Stok' in Stok'.
Sciant presentes et futuri quod ego Claricia relicta Benedicti filii Baldewini de

Stok' in libera et pura viduitate mea concessi et dedi et hac presenti carta mea confirmavi Deo et domui Sancti Iohannis Baptiste de Stok' et monachis ibidem Deo servientibus et servituris unam peciam terre lucrabilis cum pertinenciis in villa de Stok', iacentem in campo qui appellatur Strelbe, iuxta terram dictorum monachorum, extendentem uno capite super terram eorumdem monachorum, et alio capite super cheminum quo itur ad molendinum de Brochole, habendam et tenendam predictam terram cum omnibus pertinenciis suis prefatis monachis et eorum successoribus in perpetuum in liberam, puram et perpetuam elemosinam, liberam et quietam ab omni servicio et demanda seculari, salvo servicio domini regis faciendo scilicet inde domino illius feodi ad scutagium viginti solidorum quando generaliter evenerit duos denarios, ad plus, plus et ad minus, minus. Et ego Claricia / *fo 80r* et heredes mei warantizabimus, adquietabimus et defendemus predictam terram cum omnibus pertinenciis suis predictis domui et monachis et eorum successoribus in perpetuum contra omnes gentes. In cuius rei testimonium, hanc cartam sigilli mei inpressione roboravi. Hiis testibus, Iohanne Sturdi, Willelmo cum Barba et aliis.

Date: John Sturdi occurs in 1230 (*CRR* xiv, no.462), accused of an offence committed some years previously, and 1237 (no.199). For William cum Barba see no.147n. Baldwin de Stoke occurs c.1186-91 (*Kalendar*, 65).
Note: see no.221, where the field called *Strelbe* is said to lie in Hundon.

158. Grant by John de Rushbrooke, with the assent of Alice his wife and Hugh his heir, to the monks in free alms, of two acres (described). Early thirteenth century.

Carta Iohannis de Rissebroc de duabus acris terre.
Sciant presentes et futuri quod ego Iohannes de Russebroc assensu et voluntate Alicie uxoris mee et Hugonis heredis mei dedi et concessi et hac presenti carta mea confirmavi Deo et Sancto Iohanni Baptiste de Stok', et monachis ibidem Deo servientibus duas acras terre que iacent inter terram quam dedi Benedicto Sartrinar' cum filia mea et terram Ricardi de Brochole in puram et quietam et liberam elemosinam, pro salute mea et uxoris mee et omnium meorum. Quare volo ut predicti monachi illam terram habeant et possideant in perpetuum honorifice et libere sicut puram elemosinam suam. Et ut mea donacio firma et stabilis in perpetuum permaneat, presens scriptum sigilli mei apposicione roboravi. Hiis testibus, Waltero de bosco, Hugone de Gardino, Baldewino de Stamburn' et aliis.

Date: a Walter de Bosco occurs in 1209 and 1210 (*PRs 11 John*, 194, *12 John*, 199). Benedict, and Baldwin of Stambourne both occur in 1237 (no.199). For a probably later charter of Hugh de Rushbrooke, see no.217.

159. Grant by Reginald cum Barba, with the assent of Walter his son and heir, to the monks in free alms of five acres in Brockley, his land of *Crawestuneswelle*, and an acre at *Loshage*. Late twelfth century.

Carta Reginaldi cum Barba de v acris apud Brochole.
Sciant omnes qui sunt et qui futuri sunt quod ego Reginaldus cum Barba concedo et do decem acras terre in perpetuam elemosinam, scilicet quinque acras apud Brochole, a la Leie, et terram meam dictam Crawestuneswelle, scilicet quatuor acras et unam acram apud Loshage, iuxta terram monachorum, liberas et quietas ab omni servicio seculari, concedente Waltero filio et herede meo, Deo et Sancto Iohanni Baptiste et monachis Becci Stok' manentibus pro anima patris et matris mee et mea et omnium antecessorum meorum. Huius donacionis testes sunt Thomas capellanus de Stok' et Godefridus diaconus, et Rogerus subdiaconus, et alii.

Date: Reginald's son Walter was active before 1205 (no.160). Reginald himself occurs in no.206.

160. Grant by Walter cum Barba to the monks in free alms, of one acre in the monks' *cultura* towards Brockley, over which he had sued the monks in the time of Hugh de St Edmunds, prior of Stoke, and come to agreement in the hundred court of Risbridge; confirmation of his father's gifts. 1204-6.

Carta Walteri cum Barba de una acra terre.
Omnibus sancte matris ecclesie filiis ad quos presens scriptum pervenerit, Walterus cum Barba salutem. Noverit universitas vestra me dedisse et presenti carta confirmasse ecclesie Sancti Iohannis Baptiste de Stok' et monachis ibidem Deo servientibus et servituris in perpetuam et liberam elemosinam ex omni exaccione seculari quietam pro salute mea etiam antecessorum meorum unam acram terre cum pertinenciis suis que iacet in medio culture eorum versus Brochole, de qua eos in placitum miseram tempore Hugonis de Sancto Eadmundo tunc prioris et de qua pacem fecimus in hundredo in Risebreg'. Illam / *fo 80v* igitur acram cum pertinenciis et cum omni terra quam dedit illis pater meus libere et quiete in perpetuum a me et heredibus meis predictis monachis possidendam confirmo. Hiis testibus, Rogero capellano, Albrico de Capellis, Mychaele Capra, Willelmo de Landa et aliis.

Date: Michael Chevre's widow occurs in August 1206 (Dodwell, *Fines* ii, no.96). The phrasing implies that prior Hugh is dead; he last occurs in 1204, and his successor first in 1205 (see List of Priors).

161. Grant by William cum Barba of Stoke to the monks in free alms of land in *Scortecroft* in Stoke. Early thirteenth century, before 1240.

Carta Willelmi cum Barba de terra de Scortecroft in Stok'.

Sciant presentes et futuri quod ego Willelmus cum Barba de Stok' dedi concessi et hac presenti carta mea confirmavi Deo et Sancto Iohanni Baptiste de Stok' et monachis ibidem Deo servientibus pro salute anime mee, antecessorum et successorum meorum in puram et perpetuam elemosinam totam terram illam integram cum omnibus suis pertinenciis, que iacet in campo illo qui vocatur Scortecroft, inter terram dictorum monachorum ex utraque parte, in parochia de Stok' sine ullo retinemento, habendam et tenendam dictis monachis et eorum successoribus, libere, quiete, integre, bene et in pace absque omni clamio vel contradiccione mei vel meorum heredum in perpetuum. Et ego Willelmus cum Barba et heredes mei defendemus, adquietabimus, warantizabimus et ab omnibus quiete et integre deliberabimus totam predictam terram cum suis pertinenciis predictis monachis et eorum successoribus contra omnes Christianos et Iudeos in perpetuum. In cuius rei testimonium presens scriptum sigilli mei munimine roboravi. Hiis testibus, domino Iohanne de Landa, Iohanne Sturdi, Willelmo de Taxted', Alano de Berdefeld' et aliis.

Date: William of Thaxted had recently succeeded to his land in 1203 (*CRR* iii, 36), and his widow occurs in 1240 (see no.477). For the donor see no.147n.

162. Grant by Thomas son of John son of Lambert to the monks in free alms of one acre in *Cherechfeld* in Stoke. Before 1252.

Carta Thome filii Johannis Lamberti de una acra terre in Stok'.

Sciant presentes et futuri quod ego Thomas filius Iohannis filii Lamberti concessi et dedi et hac presenti carta mea confirmavi Deo et ecclesie Beati Iohannis Baptiste de Stok' et monachis ibidem Deo servientibus pro salute anime mee et omnium meorum in liberam, puram et perpetuam elemosinam unam acram terre lucrabilis cum pertinenciis in parochia de Stok', iacentem in campo qui vocatur Cherechfeld', inter terram meam ex utraque parte in longitudine et abutat unum caput super Cherechwei, et aliud caput super terram meam, habendam et tenendam dictis monachis de me et heredibus meis tamquam liberam, puram et perpetuam elemosinam. Et ego dictus Thomas et heredes mei warantizabimus predictam terram cum pertinenciis predictis monachis sicut predictum est contra omnes gentes in perpetuum. Hiis testibus, domino Humfrido filio Walteri, domino Iohanne de Landa, domino Iohanne de Cramavil' et aliis.

Date: John de Cramaville last occurs in 1243, and was dead by 1252 (*Essex Fines* i, 143, 189). For other charters of the donor, see nos 163, 226, 231.

163. Quit-claim by Egidia, widow of Thomas son of John son of Lambert of Bumpstead, in her widowhood to the monks of rights over land granted in no. 162. Mid-thirteenth century.

Carta Egidie relicte Thome filii Iohannis Lamberti super confirmacione predicte acre.

Sciant presentes et futuri quod ego Egydia relicta Thome filii Iohannis filii Lamberti de Bumpsted remisi et in perpetuum quietum clamavi in ligia viduitate mea, de me et heredibus meis Deo et ecclesie Beati Iohannis Baptiste de Stok' et monachis ibidem Deo servientibus pro salute / *fo 81r* anime mee et omnium meorum totum ius et clamium quod habui vel aliquo modo habere potui in quadam acra terre arabilis cum pertinenciis in Stok', in campo qui vocatur Cherechfeld' quam dictus Thomas dedit dictis monachis sicut carta testatur quam hiidem monachi habent de eodem, et iacet inter terram meam ex utraque parte et accapitat ad unum caput super cheminum ecclesie parochialis de Stok', et ad aliud caput, super boscum meum. Et ne ego vel heredes mei aliquod ius in dicta acra terre cum pertinenciis suis aliquo modo de cetero vendicare possimus, presens scriptum sigilli mei apposicione munivi. Hiis testibus, domino Iohanne de Landa, Willelmo cum Barba, Iohanne Sturdi, Alano filio Ricardi clerici et aliis.

Date: after no.162; William cum Barba and John Sturdi both occur in 1237 (no. 199).

164. Confirmation by William son of Robert, butler of the earl of Clare, to the monks in free alms of Thurlow church, and land rendering 5s 4d; grant of a widow, her tenement and her son in Stoke rendering 2s annually; any necessary service to be acquitted by the donor and his heirs; the donation was made upon the altar of St John the Baptist. Mid-twelfth century, probably before 1166.

Donacio Roberti pincerne comitis de Clar' facta de ecclesia de Trillawe et de quodam redditu in Stok'.

Willelmus filius Roberti pincerna domini comitis Clar' omnibus hominibus, vicinis et amicis suis tam presentibus quam futuris salutem. Notum sit omnibus quod ego pro salute mea et uxoris mee et omnium parentum meorum concessi et hac mea carta confirmavi monachis Beati Iohannis Baptiste de Stok' ecclesiam de Trillawe in elemosinam cum omnibus ad eam pertinentibus iure perpetuo possidendam, et in eadem villa dedi et similiter confirmavi predictis monachis unam terram que reddebat quinque solidos et quatuor denarios, quietam videlicet ab omni servicio seculari, et Iustinam viduam cum omni tenemento suo in villa de Stok', que reddit annuatim duos solidos cum omnibus pertinentibus predicto tenemento, sine ullo retinemento de me aut de heredibus meis. Et insuper Willelmum filium illius predicte vidue liberum in perpetuum concedo. Prenominatam vero terram de Trillawe et illam de Stok' quietam illis amodo et liberam esse volens et in perpetuum constituens de omnibus et erga omnes ego et heredes mei de meo proprio cum opus fuerit adquietabimus. Et ut huius predicte mee donacionis elemosina de cetero rata et inconcussa, et tam mihi quam omnibus meis salubris et necessaria apud Deum existat, eandem donacionem per carte mee auctoritatem et sigilli mei apposicione super altare Beati Iohannis Baptiste cum manu mea propria presbiteris tunc temporis consistentibus devotus apposui. Testibus Matheo pincerna, Giliberto filio Roberti dapifero comitis Clar', Hugone filio Ade, Roberto Tracelu et aliis.

141

Date: William son of Robert owed scutage in 1162 (*PR 8 Henry II*, 71), but does not occur in the 1166 *Carta*; he occurs in *Bk Seals*, no. 105 (1156-73). Matthew the butler, Hugh son of Adam and Robert Tracelu all witness no. 24 (shortly after 1152); Tracelu received one quarter of a fee from Earl Roger (*Red Bk Exchq* i, 405).

For Robert the butler's gift see no. 273.

165. Agreement in the court of St Edmunds between Richard, prior of Stoke, and William son of Justina, that William and his heirs shall hold the tenement in Stoke granted by William the butler, of the monks of Stoke for 2s annually; William did homage to the prior of Stoke. 1179-97.

Concordia facta in curia Sancti Eadmundi inter monacos de Stok' et Willelmum filium Iustine de tenemento que fuit Willelmi pincerne.

Hec est concordia facta in curia Sancti Eadmundi inter Ricardum priorem et conventum de Stok' et Willelmum filium Iustine, quod ipse Willelmus recognovit et concessit pro se et heredibus suis ad tenendum de ipsis totum tenementum suum cum pertinenciis in villa de Stok' quod Willelmus pincerna concessit eis in liberam elemosinam, reddendo inde annuatim prefatis monachis duos solidos ad duos terminos anni, scilicet ad Pascha duodecim denarios, et ad festum Sancti Mychaelis, / *fo 81v* duodecim denarios, et predictus prior et conventus de Stok' concesserunt predicto Willelmo et heredibus suis ad tenendum predictum tenementum de ipsis ita libere et quiete de sectis et aliis querelis, sicut unquam liberius ipse et antecessores sui tenuerunt de comite Clar' aut de conquestu terre de Willelmo pincerna. Et per istam concordiam fecit prefatus Willelmus homagium prenominato priori de Stok', de predicto tenemento in curia Sancti Eadmundi. Et prior et conventus de Stok' warantizabunt predictum tenementum prenominato Willelmo et heredibus suis contra omnes gentes per predictum servicium. Et ut hec concordia firma sit et stabilis, predictus Willelmus huic scripto sigillum suum apposuit. Hiis testibus, Willelmo de Franchevill' constabulario, Willelmo clerico tunc senescallo, Adam de Falesham' et aliis.

Date: William son of Justina was granted in no. 164; the prior is consequently Richard I.

166. Grant by Geoffrey son of Baldwin to the monks in free alms of 5s rent from the mill of Manwin in Stoke; confirmation of two parts of the greater and lesser tithes from his demesnes at Sampford and Harefield formerly owed to the secular canons and which the monks have continued to possess as the canons' successors; for the souls of his father, Alice his wife, Beatrice his mother, Earl Roger and others. 1166-80.

Confirmacio Galfridi filii Baldewini de v solidis redditus in Stok' de molendino Mandewini.

Galfridus filius Baldewini omnibus hominibus et amicis suis francis et anglis salutem. Notum sit vobis me dedisse et hac mea carta confirmasse ecclesie Sancti Iohannis Baptiste de Stok' et monachis ibidem Deo servientibus[1] quinque solidos de redditu meo qui est de molendino Manwini in Stok' in perpetuam elemosinam possidendos et[2] ad duos terminos, scilicet triginta denarios ad Pascha et triginta denarios ad festum Sancti Mychaelis annuatim recipiendos. Preterea concedo et confirmo eisdem monachis duas partes decimacionum tam minutarum quam maiorum[3] tocius dominii mei de terris et de boscis et de omnibus aliis rebus unde decima dari debet[4] de Samford et de Herrefeld, que quidem decime ad ecclesiam Sancti Iohannis Baptiste de Clar' tempore canonicorum secularium spectaverunt, et quas hiidem monachi tamquam canonicorum successores continue possederunt. Hec autem omnia in puram et perpetuam et liberam elemosinam predictis monachis de Stok' concessi et confirmavi pro salute anime mee et Baldewini patris mei necnon et pro salute Alize uxoris mee et Beatricis matris mee et omnium parentum meorum et pro anima comitis Rogeri et omnium dominorum et antecessorum meorum. Testes Gilibertus filius Roberti, Rogerus de Sancto Germano, Angotus filius Ric(ardi), Baldewinus filius Serlonis, Stephanus filius Engan'[5] et alii.

1 B: monachis eiusdem loci.	4 B: omits de terris ... debet.
2 B: omits et.	5 B: Stephanus, Baldewinus Engaine.
3 B: omits tam ... maiorum.	

A: no.166   B: no.198.

Note: nos 166 and 198 appear to be two recensions of the same charter. The gift was confirmed by Earl Roger in no.37 xvi, soon after 1152, thus shortly after the donor became the earl's ward (*Regesta* iii, no.201; Douglas, *Feudal Documents,* no.78). The donor's mother, Beatrice, is probably the Beatrice 'de Builers' who held fourteen fees from Earl Roger in 1166 (*Red Bk* i, 403), when Geoffrey had still not come of age. Geoffrey's charter was confirmed by Gilbert Foliot in no.118 (before 1180).
The donor's father, Baldwin son of Geoffrey, was Earl Gilbert's *dapifer,* witnessing nos 21 (1139-45) and 137 xlix (1114-36).
Gilbert son of Robert was *dapifer,* probably of Earl Roger (no.164). The gifts of Richard and William, Ansgot's sons, were confirmed before 1173 (nos 34, 71). A gift of Baldwin son of Serlo was confirmed before 1180 (no.123).

167. Quit-claim by Gregory the clerk, son of Peter the clerk of Stoke, to the monks of all the land he held of them (described) in Stoke, when they received him as a brother. Early thirteenth century.

Resignacio et quietaclamacio Gregorii clerici facta monachis de Stok'.
Sciant presentes et futuri quod ego Gregorius clericus filius Petri clerici de Stok' resignavi et quietam clamavi de me et omnibus meis in perpetuum dominis mei priori et monachis de Stok' ibidem Deo servientibus pro salute anime mee et patris mei Petri clerici et omnium meorum totam terram meam quam de ipsis

habui et tenui in parochia de Stok' quando me receperunt ad paciandum tota vita mea tamquam fratrem suum sicut carta eorum testatur quam de ipsis habui, videlicet mesuagium quod fuit Godson', cum duodecim acris adiacentibus, et unam / *fo 82r* acram et rodam que abutant super ipsas duodecim acras et illam terram que dicitur Pimesheg, et totam viam de Pimesheg usque ad predictum mesuagium, et quatuor acras apud Standon et quatuor acras apud domum que fuit Roberti Bigge et tres rodas ad magnam viam apud Purcepet, et tres rodas super Hoggilowe, et unam acram inter terram Ricardi fabri et terram Ricardi de Berdefeld' ut unam acram prati cum pastura in Brademedwe, ut habeant et teneant predictam terram et prenominatum pratum in perpetuum cum omnibus pertinenciis libere, quiete, integre et honorifice sine ulla reclamatione mea aut aliquorum meorum. Et ut hoc firmum et stabile in perpetuum permaneat presens scriptum sigilli mei apposicione roboravi. Hiis testibus, Iohanne de Landa, Thoma Balistario, Iohanne filio Lamberti, Giliberto et Roberto fratribus et aliis.

Date: the donor may be the Gregory *capellanus* who witnessed no. 263 (1240). Richard of Bardfield occurs 1236-7 (*CRR* xv, no. 2055), Thomas Balistarius in 1230 (*CRR* xiv, no. 462). For John de Landa and John son of Lambert see no. 147n.

168. Grant by Henry the huntsman to the monks in free alms of six acres at Fornham, one acre at *Chalpente*, one acre at *Widegat'*, and three roods of pasture at Stour Mere (or Sturmer). Early thirteenth century.

Carta Henrici venatoris de vi acris terre apud Fornham.
Sciant presentes et futuri quod ego Henricus venator dedi et concessi et hac presenti carta mea confirmavi Deo et Sancto Iohanni Baptiste de Stok' et monachis ibidem Deo servientibus pro salute anime mee et omnium antecessorum meorum in puram et perpetuam elemosinam sex acras terre lucrabilis apud Fornham que iacent sub grava predictorum monachorum et unam acram que iacet apud Chalpente et unam acram que iacet apud Widegat' et tres rodas pasture que iacent apud Sturemer'. Hec omnia sine ullo retinemento de me et heredibus meis sepe dictis monachis contuli. Ego vero et heredes mei warantizabimus predictas terras predictis monachis contra omnes, et hec mea donacio perpetuam ut habeat firmitatem, presens scriptum sigilli mei apposicione corroboravi. Hiis testibus, Willelmo de Landa, Iohanne Balistario, Waltero cum Barba, Willelmo de Stafford, Waltero coco et aliis.

Date: John Balistarius occurs in 1203 (*CRR* ii, 44), 1206 (*Kalendar*, no. 130, p. 151) and 1218 (no. 256). For Walter cum Barba see no. 160, for William de Landa, no. 229n.

169. Grant by Henry the huntsman of Stoke to the monks, with the assent of his heir, of all his marsh (described) at Stour Mere (or Sturmer), for a consideration of 4s, and 2d annually. Early thirteenth century.

Carta eiusdem de marisco circa Sturemere.

Sciant presentes et futuri quod ego Henricus venator de Stok' voluntate et assensu heredis mei dedi et concessi et hac presenti carta mea confirmavi Deo et Sancto Iohanni Baptiste de Stok' et monachis ibidem Deo servientibus totum mariscum meum quod habui circa Sturemer' scilicet tres percatas in latum versus meridiem, et unam percatam in latum sub via que descendit de Bouer' et tres percatas in latum sub via que descendit de Boiton', habendas et tenendas de me et heredibus meis libere, quiete, integre et honorifice, reddendo inde annuatim mihi et heredibus meis duos denarios ad duos terminos anni, scilicet ad Pascha, unum denarium, et ad festum Sancti Mychaelis, unum denarium, pro omnibus serviciis, consuetudinibus et demandis. Ego vero et heredes mei predictum mariscum predictis monachis debemus warantizare. Pro hac autem donacione et confirmacione, predicti monachi dede-/ *fo 82v* runt mihi quatuor solidos in gersumam. Et ut hec mea concessio firma et stabilis permaneat, presens scriptum sigilli mei apposicione roboravi. Hiis testibus, Willelmo de Landa, Roberto de Blavenni, Iohanne filio Lamberti, Ricardo de Mara, Willelmo Iustin', Baldewino de Stamburn' et aliis.

Date: Robert de Blavenni occurs in 1199-1200 (no. 342), and in 1229 (*CRR* xiii, no.1715): the same or another in 1244 (*Essex Fines* i, 147). Richard de Mara occurs in 1218 (*Essex Fines* i, 49). Compare no.168.

170. Quit-claim by Henry the huntsman of Stoke to the monks of 2d rent for meadow at Stour Mere (or Sturmer), for which the monks gave him 2s. Early thirteenth century.

Carta Henrici venatoris de redditu duorum denariorum.

Sciant presentes et futuri quod ego Henricus venator de Stok' remisi penitus et quietum clamavi de me et de heredibus meis in perpetuum, redditum duorum denariorum monachis de Stok', quem redditum hiidem monachi mihi solebant reddere pro prato meo quod habebant de me apud Sturemer'. Et pro ista quieta-clamacione et remissione huius redditus dederunt mihi prefati monachi duos solidos. Et ut hec mea quieta clamacio et remissio redditus firma et stabilis predictis monachis in perpetuum permaneat, presens scriptum sigillo meo robor-avi. Hiis testibus, Reginaldo capellano de Stok', Willelmo de Landa, Iohanne filio eius, Alano venatore, Gregorio fratre eius, et aliis.

Date: the 2d referred to is that provided for in no.169. For William de Landa see no.229n, for John, no.147n. Alan the huntsman occurs in nos 149-153, and is Henry's son (see no.171).

171. Grant by Alan son of Henry the huntsman to the monks in free alms of half an acre (described) in Stoke. Early thirteenth century.

145

Carta Alani venatoris de dimidia acra terre in Stok'.
Sciant presentes et futuri quod ego Alanus filius Henrici venatoris dedi et concessi et hac presenti carta mea confirmavi Deo et Sancto Iohanni Baptiste de Stok' et monachis ibidem Deo servientibus pro salute anime mee et patris mei et omnium meorum unam dimidiam acram terre lucrabilis in parochia de Stok', que iacet inter terram Reginaldi[1] cementarii et terram Levenot', in puram et perpetuam elemosinam et quietam in perpetuum possidendam. Ego vero et heredes mei predictam terram prenominatis monachis warantizabimus. Hiis testibus, Iohanne filio Lamberti, Willelmo cum Barba, Ricardo clerico, Rogero filio Iuliani, Roberto filio Lamberti, et aliis.

[1] 607, Rogeri.

Date: Robert son of Lambert occurs in 1219 (*CRR* viii, 112). For John son of Lambert and William cum Barba see no.147n.
Note: repeated in the MS as no.607.

172. Grant by Walter Passelewe son of Richard de Brockley, to the monks in free alms, of 6d annual rent from the tenement (described) in Stoke held by Richard son of Gilbert son of Basil, to maintain a lamp in the chapel of the Holy Trinity at Stoke. Early thirteenth century.

Carta Walteri Passelewe de vi denariis redditus in Stok'.
Sciant presentes et futuri quod ego Walterus Passelewe filius Ricardi de Brochole concessi et dedi et hac presenti carta mea confirmavi pro salute anime mee, antecessorum et successorum meorum Deo et Beato Iohanni Baptiste de Stok', et monachis ibidem Deo servientibus sex denarios annui redditus cum homagiis, serviciis, releviis, excaetis, et omnibus aliis pertinentibus quos Ricardus filius Giliberti filii Basil' mihi solebat facere per annum et reddere de tenemento quod de me tenuit in Stok', ad duos terminos anni, scilicet ad Pascha, tres denarios, et ad festum Sancti Mychaelis tres denarios, pro quinque rodis terre lucrabilis et dimidia roda prati, de quibus una dimidia acra iacet in campo qui vocatur Wykesfeld, iuxta terram quondam Ricardi de Berdefeld'. Alia vero dimidia acra iacet in campo qui vocatur Bouield', iuxta terram quondam Tyhelis de Boiton'. Et una roda iacet ad Wydisac' et dimidia roda prati iacet in Doradimed'[1] ad molendinum de Mara, iuxta pratum Willelmi Palli; habendum et tenendum de me et heredibus meis predictis Deo et / *fo 83r* Beato Iohanni Baptiste de Stok' et monachis ibidem Deo servientibus ad sustentacionem luminaris in capella Sancte Trinitatis eiusdem loci tamquam liberam, puram et perpetuam elemosinam, libere, quiete, integre, bene et in pace in perpetuum. Et ego Walterus predictus et heredes mei warantizabimus, adquietabimus et defendemus predictum redditum cum homagiis, serviciis, releviis, excaettis, et aliis pertinenciis predictis Deo et Beato Iohanni Baptiste de Stok' et monachis ibidem Deo servientibus tamquam liberam,

[1] ? Noradimed'.

puram et perpetuam elemosinam contra omnes homines et feminas. Hiis testibus, domino Iohanne de Landa, Willelmo cum Barba, Waltero fabro et aliis.

Date: the donor is presumably the brother of Robert de Brockley (see no.156). For the first two witnesses, see no.147n.

173. Confirmation by John Balistarius to the monks in free alms of the gift made by Thomas his father on his deathbed, of two acres in Standon field in Stoke held of his fee by Michael son of Syward. Very early thirteenth century.

Carta Iohannis Balistarii de duabus acris terre in Stok'.
Omnibus sancte matris ecclesie filiis ad quos presens scriptum pervenerit, Iohannes Balistarius salutem. Notificetur universitati vestre me dedisse et hac presenti carta mea confirmasse pro salute anime mee et patris mei et matris mee et omnium heredum meorum, ecclesie Sancti Iohannis Baptiste de Stok' et monachis ibidem Deo servientibus, duas acras terre arabiles in villa de Stok', in campo qui vocatur Standun', que sunt de feodo meo quas Mychael filius Syward' tenuit in liberam et perpetuam et quietam elemosinam in perpetuum possidendas quas eciam pater meus Thomas Balistarius in obitu suo eis concesserat. Et ut hec donacio mea firma et stabilis in perpetuum perseveret, presens scriptum sigilli mei apposicione roboravi. Hiis testibus, Waltero filio Humfridi, Nycholao capellano, Willelmo capellano de Clar' et aliis.

Date: the donor's father was probably dead by 1212 (*CRR* vi, 216); for John see no.168n. Walter son of Humphrey occurs from 1199 — see no.227n.

174. Grant by Hugh son of Adam to the monks of two acres held of him by Michael son of Syward, and 7d rent held of him by Richard son of Hugh in Stoke, in exchange for land and meadow held of the priory by Turkill de Wanteford and Godson in Chilton. Probably early thirteenth century.

Carta Hugonis filii Ade de duabus acris terre.
Sciant tam presentes quam futuri quod ego Hugo filius Ade dedi et concessi et hac carta mea confirmavi monachis de Stok' duas acras terre quas tenuit de me Mychael filius Syward' in villa de Stok', et redditum septem denariorum quod Ricardus filius Hugonis tenuit de me in villa eadem. Tenenda de me et heredibus meis libere et quiete in escambium illius terre quam tenuit de illis Turkill' de Wanteford et prati quod tenuit ab illis Godson' in villa de Childton'. Hec vero donum et huius carte mee confirmacionem et hoc escambium warantizabo ego et heredes mei illis contra omnes homines et feminas. Hiis testibus, Theobaldo Sorel, Ada filio Hugonis, Hugone fratre suo, Petro clerico, Henrico venatore, et aliis.

Date: men bearing the donor's name occur in the mid twelfth (no. 376) and the mid thirteenth century (no. 182); and in between (e.g. *CRR* i, 36; iii, 201-2; *CPR 1225-32*, 288). Adam son of Hugh occurs between 1198 (*PR 9 Richard I*, 78) and 1212 (*CRR* vi, 297); Hugh son of Hugh between 1198 (*PR Soc* xxiv (1900), no. 68) and 1208 (*CRR* v, 277).

175. Grant by Theobald Sorel in free alms of 1½ acres and meadow, for the souls of his wife and Earl Roger. Late twelfth century, probably before 1173.

Carta Theobaldi Sorel de una acra terre et dimidia et de prato.
Sciant presentes et futuri quod ego Theobaldus Sorel do et concedo in perpetuam elemosinam unam acram terre et dimidiam que iacet retro domum Eadyth' vidue que fuit uxor Symonis Baber et pratum eidem terre pertinens pro anima mea et anima domini mei Rogeri comitis et Mabilie uxoris mee et omnium antecessorum meorum quietam ab omni servicio seculari. Testes Henricus et Robertus filii mei, Iohannes clericus de Huneden', Robertus Appelgar' et alii.

Date: Earl Roger probably alive, but not necessarily. The gift was confirmed by the donor's son in no. 179.

176. Grant by Richard son of Simon to the monks in free alms of his marsh and meadow at Clare which Gilbert Folebarbe held of his father. Late twelfth century.

Fo 83v Donacio Ricardi filii Symonis de mara de Clara.
Sciant omnes qui sunt et qui futuri sunt quod ego Ricardus filius Symonis concedo et do in perpetuam elemosinam Deo et Sancto Iohanni et monachis de Stok' pro anima patris et matris mee et mea et uxoris mee et omnium antecessorum meorum maram meam de Clar', cum toto prato meo, quam moram et pratum tenuit Gilibertus Folebarbe de patre meo Symone. Huius donacionis testes sunt Walerannus filius Rand', Ricardus de Lazand', Omell' de Wattevil', Henricus Ioie, Bode prepositus et alii.

Date: the donor held 13½ fees in 1166 (*Red Bk Exchq* i, 403) and occurs until 1192 (*PR 4 Richard I*, 188). The first witness is probably Waleran, the donor's *dapifer*, who witnessed no. 272. A gift of Richard de Nazanda was confirmed before 1180 (no. 123 ix), as was another of Richard son of Simon (no. 123 v).

177. Grant by Reginald de Stoke, son of Robert, to the monks in free alms, with power of distraint, of 2s annual rent, 16d at Easter and 8d at Michaelmas, including 8d from the meadow of *Hereforde* which Robert Stonhard held, to provide a pittance for the monks on his anniversary; and 8d annual rent from the tenement (described) in Bures which Robert Frizou held. Early thirteenth century.

Carta[1] Reginaldi de Stok' de duobus solidis redditus.
Noverint universi has litteras inspecturi quod ego Reinaldus de Stok' filius
Roberti concessi et dedi et hac presenti carta mea confirmavi Deo et ecclesie
Sancti Iohannis Baptiste de Stok' et monachis ibidem Deo servientibus pro salute
anime mee et omnium meōrum in puram et liberam et perpetuam elemosinam
duos solidos annui redditus ad pitanciam monachorum in die anniversarii mei,
annuatim percipiendos ad duos terminos, sexdecim denarios scilicet ad Pascha,
octo denarios ad festum Sancti Mychaelis, octo denarios de prato de Hereforde
quod Robertus Stonhard tenuit de me quod iacet inter pratum aule de Boiton'
et pratum Henrici Chaure, et homagium et servicium scilicet octo denarios ad
duos terminos anni, scilicet ad Pascha quatuor denarios et ad festum Sancti
Mychaelis quatuor denarios de una pecia terre cum omnibus ad eam pertinentibus
quam Robertus Frizou tenuit de me in villa de Bures, que iacet iuxta terram
eiusdem Roberti, et unum caput abutat super mesuagium quod quondam fuit
Radulfi aurifabri. Volo eciam et concedo quod si tenentes predictorum tenement-
orum in solucione predicti redditus cessaverint, liceat predictis monachis distrin-
gere dicta tenementa pro dicto redditu sine contradiccione de me et de omnibus
meis. Et ego dictus Reinaldus et heredes mei warantizabimus prenominatis
monachis prədictum redditum sicut puram et liberam et perpetuam elemosinam
contra omnes homines. Et in huius rei testimonium huic scripto sigillum meum
apposui. Hiis testibus, Baldewino de Stamburn', Rogero clerico, Gregorio clerico
et aliis.

1 donacio expunged.
Date: the donor occurs in 1204 (*PR 6 John*, 245), Baldwin de Stambourne in
1237 (no.199).
Note: a clause describing the provenance of the 16d rent may have been omitted.

**178. Grant by Reginald Ruffus of Brockley to the monks in free alms of three
acres and one rood held of him by Theobald Ruffus in *Wagenist* in Brockley,
rendering 4d annually; and of one rood next to his messuage. Late twelfth or
early thirteenth century.**

Carta Reginaldi de Brochole de tenemento quod Theobaldus Ruffus de Brochole
tenuit.
Sciant presentes et futuri quod ego Reginaldus Ruffus de Brochole concessi, dedi
et hac presenti carta mea confirmavi Deo et Sancto Iohanni Baptiste de Stok' et
monachis ibidem Deo servientibus in puram et perpetuam elemosinam totum
tenementum quod tenuit de me Theobaldus Ruffus de Brochole in eadem villa,
scilicet tres acras terre et unam rodam que iacent in Wagenist, cum homagio et
toto servicio predicti Theobaldi sine ullo retinemento de me et heredibus meis.
Idem vero Theobaldus reddet annuatim quatuor denarios prefatis monachis de
prescripto tenemento ad duos terminos, ad Pen-/ *fo 84r* tecosten duos denarios,
et ad festum Sancti Andree duos denarios pro omni seculari servicio. Preterea,
dedi et concessi unam rodam terre que iacet inter mesuagium meum et terram
prefati Theobaldi. Et ego et heredes mei debemus warantizare omnia prescripta
predictis monachis contra omnes homines et feminas. Hiis testibus, Waltero de
Bosco, Rogero de Huneden', Waltero coco et aliis.

Date: the donor occurs in *Kalendar*, nos 14, 93 (c.1198-1200) and 23 (c.1182-1200). Walter de Bosco occurs in 1209 and 1210 (*PRs 11 John*, 194, *12 John*, 199), and he and Roger de Hundon witness no. 212.

179. Confirmation by Theobald son of Theobald Sorel to the monks in free alms of his father's gifts totalling six acres. Probably late twelfth century.

Carta Theobaldi Sorel filii Theobaldi de iiii acris et dimidia terre.
Noverint universi presentes et futuri quod ego Theobaldus Sorel filius Theobaldi Sorel concessi et hac mea carta confirmavi Deo et ecclesie Beati Iohannis Baptiste de Stok' et monachis ibidem Deo servientibus donacionem patris mei quam eis fecit scilicet de tota terra que iacet inter terram monachorum et terram Roberti de Mandevil' quam tenent pro quatuor acris et dimidia et de terra que iacet retro domum Eadithe vidue que fuit uxor Simonis Baber quam tenent pro una acra et dimidia cum prato eidem terre pertinente, tenendam et habendam in perpetuam et puram elemosinam, liberam et quietam ab omni servicio seculari, pro salute mea et heredum meorum, pro animabus Theobaldi patris mei et Mabilie matris mee et omnium antecessorum meorum. Hiis testibus, Hugone filio Ade, Willelmo de Calnes, Ricardo de Brochole, Iohanne persona de Huneden', Theobaldo filio eius et aliis.

Date: confirms no.175 and 259; John the parson of Hundon witnessed no.175. For Hugh son of Adam see no.174n. Theobald Sorel occurs until 1207 (*CRR* v, 83). William de Calne occurs in 1185 (*PR 31 Henry II*, 237).

180. Grant by Hugh son of Hugh to the monks in free alms, saving royal service, of his messuage held of John son of Robert's fee in Stoke, as John's charter testifies. Early thirteenth century.

Carta Hugonis filii Hugonis de uno mesuagio in Stok'.
Sciant presentes et futuri quod ego Hugo filius Hugonis dedi et concessi et hac presenti mea carta confirmavi Deo et ecclesie Sancti Iohannis Baptiste de Stok' et monachis ibidem Deo servientibus pro salute anime mee et omnium meorum in puram, liberam et perpetuam elemosinam totum mesuagium meum cum omnibus pertinenciis quod tenui in villa de Stok' de feodo Iohannis filii Roberti, salvo servicio domini regis, sicut carta ipsius Iohannis testatur. Et ut hec mea donacio et concessio rata et firma permaneat, huic carte sigillum meum apposui. Hiis testibus, Gregorio clerico, Iohanne filio Lamberti, Willelmo cum Barba, Iohanne clerico, Benedicto filio Baldewini et aliis.

Date: the donor occurs between 1198 (*PR Soc* xxiv (1900), no.68) and 1208 (*CRR* v, 277), and was probably the brother of Adam son of Hugh, who occurs 1198-1212 (see no.174n). For William cum Barba see no.147n. The messuage granted is most likely that acquired in no.181, 'filius Roberti' thus being a scribal error for 'filius Lamberti'.